JN274683

ライフステージから学ぶ
法律入門

吉田 稔/北山雅昭/渡邉隆司
|編著|

ミネルヴァ書房

はじめに

　私たちは，この世に生を受けてから死ぬまで，季節の流れを意識して，一般的には80余年ぐらい生きて，命を終える。生まれるのは，生まれてくる子の意思や責任ではなく，その個人はこの社会に投げ出されたといってもよい。そしてこの社会は，地球・生命の誕生，生物の進化，人類の誕生そしてさまざまな悠久の歴史を経て出来上がった。

　私たちが生まれた社会は，個人が生まれる前からすでに存在しており，一定の秩序がすでにあった。その社会の上に，私たちは新たな社会を築きながら生き，そしてこれを将来の世代へ引き渡す。その意味でいえば，私たちはゼロから出発するのではない。私たちは，引き継いだこの社会をより良い社会にして，将来の世代に引き渡すことになる。将来，その社会がどうなるかは私たちの今の生き方にかかっている。

　この現代の社会をどのように考え，どのように創りあげるかについては多様な考えがある。現代の社会は，私たち各人が，好き勝手・わがまま放題に生きるようになっているわけでなく，一定の秩序を持ち，ルール（規範）に従って生きる社会として考えられている。

　人間の歴史において近代以降の社会は，このルール（規範）に基づく社会として構想され，基本的なルールとして，国民全体の意思に基づく法律が考えられたのである（＝法の支配する社会）。そしてそこに生きる私たちの人生，生き方の基礎には，わが国の法律があり，この法律に基本的に支えられている。したがって国民が法律を知り，理解することが，生きていくためにはどうしても必要である。

　そうはいっても，一個人がすべての法律を知ることは不可能であるし，多くの人にとっては，法律を日常的に絶えず意識して生活しているわけでもない。しかし，成人，就職，結婚，子どもの誕生，両親の死亡といった人生の節目で，あるいは契約，借金，事故，病気，災害といった事態に直面して，さらに会社の設立，選挙の投票，納税，裁判員に選出されたときなど社会に直接関係する

ときに，法律を強く意識することになる。このように私たちの一生は，本人が法律を意識しているかどうかは別にして，けっして法律と関係なく日常生活を送り，生きていくようにはなっていない。

　このような一生を支える法律を知るためには，いろいろな方法があるだろう。一般的に法学部の学生は，六法（憲法，民法，刑法，商法，民事訴訟法，刑事訴訟法）を中心に体系的に，解釈，判例を通じて法律を学ぶ。また特定の仕事をする人（税理士，教師，警察官，会社経営者，保険・不動産・医療の従事者など）は，特定の分野の法律を必要に応じて，より専門的，実務的に勉強することが仕事のうえで重要になってくる。しかし普通のサラリーマン，主婦，学生などは，法律を学問として体系的，専門的に学ぶというよりも，役所などに必要な手続をするときに，あるいはトラブルや問題が発生したときに，はじめて法律の重要性を痛感する。そして法律の専門家である弁護士や司法書士などに相談する。こうして実際の必要に迫られ，法律を学び，考え，利用するのがふつうである。これらに関連して利用できる実務的な本は数多くあり，問題が起きたときには，それらを参考にすることはできる。また法律の体系に沿った各分野の優れた法律書も出版されている。

　そこで本書では，普通のサラリーマン，主婦，学生などが，社会と法律の関係，法律の役割そしてとりわけ人生における法律の重要性を理解できるように工夫した。そして社会の一員として他の人と良い関係を保ちつつ，将来のことも予測しつつ，納得のできる良い人生をおくれるようにできればと考えた。そのためには人生の歩みに即して，法律を考えることが必要であり，かつ分かりやすいのではないかと考えた。とはいえ私たちは人生を考えるとき，一生を命の誕生，成長，衰退の過程として肉体面から考えたり，あるいは何歳で結婚し，何歳で就職し，何歳で家を建て，何歳でリタイアするなど個人の経済面から考えたり，あるいは「子どもらしい考え」「若者の夢」「大人としての常識」「老人の知恵」など心のあり方の変化として精神面から考えたりする。日々の暮らしの中では，お宮参り，成人式，結婚式，銀婚式，葬式などの通過儀礼として，あるいは誕生日，正月，お盆，お彼岸などの年中行事を通して，日常生活や文化の中で考えたりする。

　このように私たちは，人生を取り巻く社会現象との関係の中で人生を考えるので，人生と法律を考える場合も以上の点にも留意した。また，人生の終わり

になって人生の歩みと法律の全体の姿が分かるというのでは意味がない。将来は，本人の予期しないことが多く起こるし，それぞれのステージで出会う法律問題がいつ起こるかなど予想がつかない。"人生いろいろ"である。そこで人生のステージに沿って，その時期に出会う法律があるので，人生の歩みを5つのステージを分けた。各ステージのはじめには，導入のために簡単な要約としての扉をつけ，そこになにが書いてあるかあらかじめ分かるようにした。

　一人ひとりの人生は，社会全体（団体，地方，国，国際社会など）とも根本的に関係があり，この点も踏まえて，法律を理解することが必要不可欠でもある。そのことについても考慮，言及し，広い視野で法律を理解できるようにしている。こうして社会に生きる私たちと法律の関係を，人生の各ステージの流れに即して理解できるようにした。序章では，各ステージを理解する前提として，本書の全体の流れを理解するのに必要な法律の基礎および一生とそれぞれのステージと法律の関係を要約して述べる。本論では，人生を5つのステージに分け，第1ステージ「生まれる」，第2ステージ「育つ」，第3ステージ「大人になる」，第4ステージ「老いる」，第5ステージ「死ぬ」にそれぞれ区分して，それに関連する主な法律について述べていく。それぞれの期間は人により異なり，各人の各ステージで起きる法律問題も人により異なるとしても，人生80年余りの今，多くの人に共通である出来事，法律を取り上げている。本書はすべてを読むことにより，一生と法の関係が理解できるが，読者の関心に基づいて，関係するステージや箇所を重点的に読むことでも理解がすすむように工夫している。また各ステージには最近起きて話題となっている，もしくは社会的に関心を集めているいくつかの問題を，コラムとして取り上げて述べているので，読者のみなさんにも考えてみてほしい。

　なお巻末には，全体の流れを理解するのを助けるために年表と索引を付し，さらに詳しく学習したい方のために各章末に参考文献をあげている。編集者の構想の下に，各執筆者の原稿の提出，各執筆者と編集者との間の意見交換，調整および編集者間の議論を通じ，それを取りまとめて本書ができた。本書を読んだことがひとつの契機となり，読者の法律への関心が高まり，人権が守られ，平和で公正な社会が創られ，そこで人々が豊かで幸せな人生を歩んでいけることを願う。最後に，本書の出版を提案し，長期にわたり辛抱強くご協力と貴重なアドバイスを頂いたミネルヴァ書房と同編集部の安宅美穂さんに感謝したい。

ライフステージから学ぶ法律入門

目　　次

はじめに

序　章　人生にかかわる法律を学ぼう……………………吉田　稔…1
　　1　法律の基礎知識　1
　　2　一生と法　12

第Ⅰ部　生まれる

第1章　家族の一員として生まれる……………………北山雅昭…25
　　1　家族の関係　25
　　2　財産関係と子　33

第2章　日本人，住民として生まれる………………西島和彦 38
　　　　　　　　　　　　　　　　　　　　　　　　　飯　考行
　　1　国籍と戸籍　38
　　2　国の統治——立法，行政　41
　　3　国の統治——司法　46
　　4　地方のしくみ　54

第3章　人類の一員として生まれる……………………吉田　稔 63
　　　　　　　　　　　　　　　　　　　　　　　　　北山雅昭
　　1　世界の平和と日本の平和　63
　　2　国際人権　71
　　3　地球環境を守るための国際ルール　74
　　4　温暖化防止のための国際ルール　78
　　5　地球環境汚染を防止する取り組み　81
　　6　地球の自然を守るために　83

第Ⅱ部　育　つ

第4章　家族のなかで育つ……………………………………北山雅昭…89
　　1　「親権」の意義　89

2　親　　権　90
　3　児童虐待の防止——児童虐待の状況と法律の対応　92

第5章　教育のなかで育つ　………………………………渡邉隆司…99
　1　日本の教育をめぐる歴史　99
　2　公 教 育　103
　3　民間教育　108
　4　教育の本質　110

第6章　社会のなかで育つ　………………………………吉田　稔…115
　1　安全・安心に関する法律　115
　2　少年犯罪に関する法律　118
　3　地方の条例　122

第Ⅲ部　大人になる

第7章　権利と義務　………………………………………吉田　稔…129
　1　国民の権利　129
　2　国民の義務　134
　3　権利と義務をめぐる問題と憲法改正　135

第8章　パートナーと暮らす　……………………………北山雅昭…139
　1　婚　　姻　139
　2　離　　婚　144
　3　DV（ドメスティック・バイオレンス）　150

第9章　社会に出ていく　…………………………………長阪　守…158
　1　会社を取り巻く法律と会社の特徴　158
　2　会社の種類と株式会社の特徴　161
　3　会社を起こすこと，会社で働くこと　164
　4　会社が不正を起こさず，効率よく運営されるためのしくみ　166

第 10 章　労働者として働く……………………………渡邉隆司…172
　1　仕事をさがす　172
　2　仕事をはじめる　176
　3　仕事を変わる　182
　4　仕事をやめる　184

―――――――――――

第Ⅳ部　老　い　る

―――――――――――

第 11 章　生きがいを持ち，家族・親族と暮らす………渡邉隆司
　　　　　　　　　　　　　　　　　　　　　　　　　　北山雅昭…193
　1　高齢者の生活と生きがい　193
　2　私的扶養――家族・親族の助け合い　201
　3　高齢者虐待の防止　204

第 12 章　社会保障の下に暮らす………………………渡邉隆司…211
　1　病気やけがを支える「医療保障」　211
　2　生活を支える「公的年金」　212
　3　貧しさを支える「公的扶助」　213
　4　老いの介助を支える「介護保障」　214

―――――――――――

第Ⅴ部　死　　ぬ

―――――――――――

第 13 章　死とは何だろう…………………………………吉田　稔…221
　1　死に対する見方　221
　2　安　楽　死　222
　3　安楽死から尊厳死へ　224

第 14 章　死後に残す……………………………………北山雅昭…230
　1　相続のしくみ　230
　2　相続資格の剥奪　233

3　相　　続 234
4　相続財産の共有と分割 235
5　相続しない自由 239
6　遺　　言 241
7　遺留分 245

おわりに 249

法律年表 251

索　　引 259

Column

1　生殖補助医療を考える ………………………………………… 35
2　道州制から見る地方のあり方 ………………………………… 61
3　温暖化防止への国際的な取り組みと日本政府 ……………… 86
4　日本の単親家庭の現状 ………………………………………… 98
5　個性と教育 ……………………………………………………… 113
6　情報社会はすばらしいか？ …………………………………… 125
7　新しい権利と新しい社会 ……………………………………… 138
8　少子化と女性の生き方 ………………………………………… 156
9　会社法とコンプライアンス …………………………………… 171
10　労働トラブル解決法 …………………………………………… 188
11　家族を考える――崩壊と再生 ………………………………… 209
12　楽しく老いを過ごそう ………………………………………… 217
13　自殺――死に向かう人々 ……………………………………… 228
14　葬儀とお墓 ……………………………………………………… 247

幸せを求めて

序章　人生にかかわる法律を学ぼう

　法律は，人間社会において，その秩序を維持し，創出する規範（ルール）である。法律を理解するにはどのようなことを知る必要があるだろうか。それには，①人間の社会と法の関係をどのように理解すべきか。②社会に「秩序」をつくりそれを維持する力にはどのようなものがあり，そのために法律はどのような特別の役割を果たすか。③法律とは何であり，そして数多くある法律は，全体としてどのように体系付けられ分類されているのか。④私たちが生きている近代社会，現代社会とはどのような特質を持つ社会であり，それに対応する近代法，現代法はどのような原則や特徴を持っているのか。⑤法律に基づき紛争を解決するとは，具体的にはどのようにすることか。これらの点を考えながら本書を読めば，各編・各章の理解はさらに深まるだろう。

1　法律の基礎知識

社会と法

　法現象は，人間界（人間社会）にだけ存在する特有の現象であり，他の生物界には存在しない。人間の歴史を見れば，人間は国を創り，その国は世界の各地域に広まりやがて近代国家を形成し，近代法を創りあげてきた。

　歴史の視点から見れば，原始共同体社会，古代奴隷制社会，中世封建制社会，近代資本主義社会，現代社会と区分され，維持されてきた。私たちが生きる現代社会は資本主義を基礎とした資本主義社会である。この社会をその時代の特徴から国家独占資本主義社会，高度情報社会，少子高齢社会，脱工業社会，知識社会などという場合もある。また20世紀の世界はアメリカを中心とする資本主義陣営とソ連を中心とする社会主義陣営が対立する東西冷戦構造の世界と理解したこともあったし，21世紀の世界は国家を超えたグローバル化する世界，文明の対立する世界などという場合もある。

　いずれにしても世界史的規模でそのようにいえるのであり，すべての世界の

地域や国に等しく当てはまるわけではなく，歴史を事実から見れば，不均衡に発展している。法の見方も歴史的に考えれば，神の意思として考えられたり，支配者（国王，奴隷主，貴族，領主）の統治の手段であったり，今日のように国が制定する法律ではなかった時代もあった。現在では，国民が守るべき規範（ルール）として法，法律が制定されている。そこでは社会が変化すれば法律は廃止・改正・制定され，その社会に適合する新たな法律がつくられている。現在の日本の基本となる法律の多くは，日本が近代化する明治期に制定され，その後たびたび改正されてきた。それでも法律そのものの妥当性や社会と法律の適合性の問題がたびたび指摘されている。また次々と新しい社会現象も多く現れ（たとえばインターネット社会，国際化する社会，新しい人権，地球環境，生命と法など），それらに対応する法律がますます必要になっている。

　次に，法をそのあり方や機能という視点から見れば，**経済，政治，文化**の3つの領域を反映し機能している。現在の日本は，「法の支配する社会」であり，3つの領域での基本的な部分は法律という規範（ルール）により規律されている。

　①経済活動は，人間の生存（衣食住）を維持し，生活を支え向上させる不可欠の人間活動である。資本主義であるわが国の社会では，それは生産物（商品）の生産，流通，消費という過程を通じて実現される。これらを規律する主な法律には，民法，商法，会社法，産業関連法，労働関係法，取引関係法，消費者関係法などがある。

　②政治活動は，民主主義を基礎とする国・地方のシステムや政府・政党・議員・市民の活動を通じて実現される。そこでは三権分立のシステムを基礎とし，中央の政治活動としては，国民の代表を選出する国権の最高機関である国会（立法），国会で制定された法律を執行する内閣（行政），その活動をチェックする裁判所（司法）である。地方の政治活動としては，地方自治を原則として地方の首長・議員が選出され活動するあるいは地方の条例が制定され，地方の行政が執行される。これらを規律する主な法律には，憲法（第4章立法，第5章内閣，第6章司法），公職選挙法，国会法，内閣法，裁判所法，地方自治法などがある。

　③文化活動は，宗教，道徳，教育，芸術，スポーツなど人間の価値観や生き方，人間関係，生活に主に関係する。それは，各個人が基本的に自由に決定できるが，全体の利益や他人の自由や権利を侵害しないように，あるいは衝突しないようにしなければならない。文化活動を規律する主な法律には，憲法（第

3章国民の権利及び義務），教育基本法，知的財産基本法，宗教法人法，文化財保護法，母体保護法，売春防止法，地方の条例などがある。

このように人間の基本的で重要な活動は法律により規律されているが，「どんな仕事に就くか」「どこに住むか」「どんな人と付き合うか」「どんな趣味を持つか」「何を食べるか」まで，法律はこと細かく命じ規律しているわけでない。「法の支配する社会」であっても，国民は法律に反しない限りは，自由に生き，生活して良いのである。だから，人は法律を絶えず意識することなく，日々の生活を個人の考え，関心，利益に従い送っている。

しかし今日のように社会が複雑になり，多様な意見，利害が対立することが多くなり紛争が多発するようになると，各人が自由に生き，生活すれば良いというわけにはいかない。各個人相互間に，個人と集団（国際社会，国家，企業，地域，家族，サークルなど）の間に意見や利害が対立して，話し合いで合意に達することがなかなか難しくなってくる。そこで問題となるのが個人間の，また公と私の間の相違，対立をどう解決するかが重要になってくる。すなわち私たちは，自分の意見，利益だけを主張することはできず，同時に他人やその他の集団の意見，利益との調和をも考えなければならない社会に生きているわけである。

秩序と法律の役割

国をはじめとする特定の社会（家族，地域，団体などの集団）には，自然の条件，その社会の構成要素を背景として，一定の秩序がある。秩序がなくなればその社会は崩壊してしまう。この秩序を創り維持している力には，主に**社会規範**，**法規範**があり，時に地域により暴力が一定の役割を果たすことが現実にはある。それぞれが一定の役割を果たしている。

①暴力は，武力（軍事力）や私的な暴力などだが，現代の社会においてはその行使は，例外的であり，違法であるとされている。国際社会での国家間の戦争，地域紛争，テロ行為などであり，私的な暴力団の活動，市民の暴力行為，家庭でのDVなどである。暴力を認めれば，力に対して力で対抗するということになって，「暴力の連鎖」が繰り返されることになる。

②社会規範は，宗教，道徳（倫理），教育，慣習，習慣，きまりなどである。宗教は死に関する基本的・根源的な規範である。世界には主に三大宗教といわ

れているキリスト教，イスラム教，仏教があるが，日本はシンクレティズム（重層信仰，多重信仰：さまざまな宗教を同時に敬い信仰する）の社会といわれ，神道や地方の伝統的な行事も大きな位置を占めている。

　道徳（倫理）は，良心に従い善行を行うことである。法は最低限度の道徳であるといわれ，法を支える力の基礎には社会の道徳（倫理）がある。最近は，日本の社会の根底にある道徳心（仏教，儒教の教え，武士道の精神，家族・共同体の協働，相互扶助）による人間の結びつきなどが弱くなりつつあるといわれている。各人は個人的欲望や経済的利害を中心に行動し，公共の利益や道徳あるいは他人のことを考慮しない自己中心的な考えの人が多くなってきたというわけだ。

　教育は，その社会に生きる人々の考えや人格を形成することに大きな影響力を持つ。そのため，教育次第で国の力や国民の人格・意識・方向が，権力者によって一方的に決定されるということも引き起こしかねない。

　慣習や習慣は，各地域により異なることもあり，年中の歳時に反映し，地域・共同体，特定の社会に広く長期にわたり存在してきている。人は無意識にそれに同意し，行動している面があり，それだけに国民に根を持つ強力な規範であり，簡単に変えることは困難ともいえる。社会規範に反する人に対しては，「常識のない人」「付き合いの悪い人」「自分勝手な人」などと非難・批判され，「あの人と付き合うのはやめよう」などとその集団から仲間外れにされたり，無視されたり，さらに「いじめの対象」にされることさえある。

　③法規範は，わが国のように制定法に基づく国では，国民の代表が集まり審議する議会（国会）が制定する法律が主につくりだすものであり，法律の成立には議員の多数の同意（通常は過半数）が必要とされる。ある法律が制定されると，「～できる」「～なければならない」などと国民の権利や義務となり，個人としてはその法律に反対であるとしても，国民全体が遵守すべき法規範になる。そして国がその実現を強制的に担保することになり，その法律に反対する人あるいは知らない人がいるとしても，すべての人はその法律に従わなければならない。すなわち法規範に違反する人に対しては，制裁が加えられる。犯罪を行った人に対しては刑罰（死刑，懲役，禁錮，罰金，拘留，科料，没収）という刑事的制裁が科せられ（例：人を殺した者に対して死刑を科す），不法行為に対しては損害賠償，慰謝料の支払いという民事的責任が問われ（例：交通事故の加害

者は被害者に対し人的・物的損害の責任を負う），行政法規に反する行為に対しては行政的制裁がなされる（例：食中毒を起こした飲食店に対し1ヶ月の営業停止処分にする）。

　このように社会の秩序を創る力には暴力，社会規範，法規範などがある。それが機能する際には権力を持つ者の強制の側面と国民の「同意」の側面が必要であるが，いずれの力が大きな役割を発揮するかは，その時代（時）によりまたはその社会（場所）により異なる。現代の「法の支配する」わが国においては，その3つの中で法規範が最も基本的，根本的かつ最終的な力とされている。

　しかし，日本の実態は，法規範に基づいて形成され，運用されている社会とは必ずしもいえない。企業や各機関で**コンプライアンス（法令遵守）**が強調され，国民の法意識の向上が叫ばれる。また，国民には裁判による決着に対してためらいがあって，話し合いによる解決，調停，和解が好まれている。わが国ではいまだに法に基づく社会（訴訟社会）を形成することの難しさを示している。

法の形式と分類

　法律の役割について述べたが，その前提として何をもって法とするか（法源）ということが問題となる。この法源については一義的に決まっているわけではなく，国により異なる。世界では日本，ドイツ，ラテンアメリカ諸国のように国会が制定する法律を重視する制定法の国（大陸法系），英米のように裁判所の判決を重視する国（英米法系），イラン，サウジアラビア，インドネシアのようにイスラム教を重視する国（イスラム法系）などが主にある。わが国では制定法の国として，法規範としては制定法が重視されるが，慣習法，判例，条理も法規範として考慮される。次にこれを考えてみよう。

　①**実定法**は，文書の形式を備えた法で，後で述べるように国会が制定する法律が代表的なものであり，それには**法律**（〜法）や**基本法**（〜基本法）などがある。41ある基本法は（2012年8月現在），憲法と個別の法律をつなぐものとして重要な役割を果たし，国の制度，政策の基本方針・原則・大綱が示されている。また一般法と特別法（刑法と少年法の関係など），実体法と手続法（民法と民事訴訟法の関係など）とがある。その他，内閣が定める**政令**，総理大臣が定める**内閣府令**，各省大臣が発する**省令**，大臣・委員会・庁が発する**告示**，府や省にお

かれる委員会が定める**規則**がある。これらは，法律に基づき発せられるもので，総称して**命令**という。

　②**慣習法**は，ある地域や集団・団体のなかで長年繰り返し行われてきた慣習（**事実たる慣習**）を，そこの人々が守るべき規範として意識し，国がこれを法（**法たる慣習**）として認めたものである。たとえば，商法1条2項は「商事に関し，この法律に定めのない事項については商慣習に従い商慣習がないときは，民法の定めるところによる」と規定している。慣習法は特定の地域や集団の伝統，ならわし，特質を重視し，その社会に安定をもたらす役割を果たす。

　③**判例**は，裁判所が同種の事件について繰り返し同様の判決を下した場合に，将来下される判決の先例（判例）として裁判が準拠するようになる，裁判の判決例である。このように同様の判決が繰り返されることにより，法規範としての意義を持つようになったものを**判例法**という。「裁判所が，具体的な訴訟事件を裁判するとき事件の解決に必要な限度で違憲審査を行う方式を，**付随的違憲審査制**といい，わが国もこの立場をとる」。この判例を知ることにより，私たちは同種の訴訟の結果をあらかじめ予測することが可能となる。ただ，判例は絶対に変更されないわけではなく，裁判により変更されることもある。

　④**条理**は，社会の深奥にある物事の道理，社会的通念といったものである。社会の変化，人々の意識・考え方により異なる面もあり，一義的に決定することは難しいので法源として認めないとする立場もある。

　その他，学説も判決に影響を与える。学会や多くの学者が支持する学説を通説，多数説，その反対を反対説，少数説という。

　次にわが国の法にはどのようなものがあり，それぞれの法はどのように関係しているのだろうか。法律は，社会の変化・発展に法が適合しなくなると，その法律は改正または廃止され，新しい法律が制定されていく。現在わが国の法律の数は1892件，政令1973件，府庁省令が3500件，その他条約，規則，訓令，告示などがある（2013年7月時点）。これらは無関係にバラバラにあるのではなく，次のように整理・分類され体系付けられている。

　第一に，これらの法律は最高法規である**憲法**を頂点として，規律する対象，目的，方法などにより区分できる。それには**公法**に関連する法律，**私法**に関連する法律，**社会法**に関連する法律がある。

　①**公法**に関連する法律は，国民と国および地方公共団体の関係や公共団体相

互の関係を規律する法律である。主な法律として憲法, 国籍法, 国会法, 公職選挙法, 民事訴訟法, 刑事訴訟法, 裁判所法, 裁判員法, 地方自治法, 行政手続法, 情報公開法, 所得税法, 法人税法, 消費税法, 道路交通法, 自衛隊法, 個人情報保護法, 環境基本法, 教育基本法, 刑法, 少年法, 犯罪被害者保護法などがある。

②私法に関連する法律は, 主に個人と個人, 個人と会社, 会社と会社などのように, 対等な私人間の関係を規律する法律である。主な法律としては, 民法, 借地借家法, 区分所有法, 製造物責任法, 利息制限法, 戸籍法, 商法, 会社法, 手形法, 小切手法, 破産法, 民事再生法などがある。

③社会法に関連する法律は, 私人間の関係に国が関与し私人の関係を憲法の観点(公共の福祉, 基本的人権)から修正する法律である。労働関連法としては, 労働契約法, 労働基準法・労働組合法・労働関係調整法(労働三法という), 男女雇用機会均等法, 最低賃金法, 高齢者雇用安定法などがある。社会保障関連法としては, 国民年金法・厚生年金法, 健康保険法・国民健康保険法, 生活保護法, ホームレス自立支援法, 社会福祉法, 母体保護法, 児童福祉法, 児童虐待防止法, 障害者基本法, 介護保険法, 臓器移植法などがある。

このように数多くある法律の中で最も基本的でかつ重要な法律は, 憲法, 民法, 商法, 刑法, 民事訴訟法, 刑事訴訟法であり, これらを総称して「六法」と呼ぶ。

その他わが国が制定した法ではないが, わが国が国際社会の一員として遵守する**国際法**がある。国際社会では, これまで宗主国と植民地の間の戦争, 帝国主義国と植民地の戦争があり, 第一次・第二次世界大戦を経験し, 最近の国際関係の緊密化・グローバル化の進展により, 国際法の重要性はますます増してきている。

国際法には, 領域・安全保障のような国と国の関係, 国際人権のような国際機関と国・個人の関係を定める規範と, 国際結婚や国際取引のような私人間の関係を定める規範とがある。国際法の形式には各国で繰り返し行われてきた行為が, 守るべき規則とし各国が意識し, 法としての意味を持つようになった国際慣習法, 多国間・二国間で文書により合意されたルールである条約, 国際機関で採択された宣言, 規約, 協定などがある。それには国際連合憲章, ILO条約, 人種差別撤廃条約, 女子差別撤廃条約, 核兵器不拡散条約, 国際人権宣

言，経済的，社会的及び文化的権利に関する国際規約，市民的及び政治的権利に関する国際規約などがある。これら国際法はわが国の立法にもますます影響している。

　第二に，法律を**一般法**と**特別法**に区分することもある。ある事項の一般的，共通の原則を定めている法律を一般法といい，特定の人を対象に個別の事項を詳細に定めている法律を特別法という。たとえば刑事関係では，犯罪と刑罰について定める刑法（一般法）に対して少年の保護・更正，刑事事件への対応について定める少年法（特別法）の関係である。民事関係では，私人間の関係一般を定める民法（一般法）に対して取引や貸借における金利を定める利息制限法（特別法）の関係である。

　第三に，民法，刑法などのように裁判の基準となる規範を定めた法律を**実体法**といい，行政手続法，民事訴訟法，家事審判法，刑事訴訟法のように裁判の手続を定めた法律を**手続法**という。

近代法から現代法へ

　世界史（ヨーロッパ史）を見れば17・18世紀に近代（資本主義）社会が成立し，20世紀から現代社会に入った。わが国は遅れて明治以降に近代に入り，二度の大戦を経て20世紀後半の戦後から現代社会になったとされる。近代社会は，中世封建社会の身分制社会から，人間の生来の自由・平等を認め，人を労働者として雇用し，利潤の獲得を目的として貨幣を媒介に生産物を商品化し，人間をも労働力商品とする商品交換社会を創りあげた。

　この近代社会の近代法の3つの基本原則は，私的所有制に基礎付けられた①**個人の自由・平等**，②**所有権の絶対**，③**契約の自由**であった。この原則は近代資本主義を創出し，維持するのには必要かつ最も適合する原則であった。

　ところが資本主義が発展するにつれて近代資本主義社会の矛盾が明らかになってくる。すなわち国内では，資本家と労働者が対立し，弱い企業が倒産し企業の独占・寡占（かせん）が進行した。一方世界では経済恐慌が発生し，失業者があふれ，国家間の戦争が起こり，世界の各地で紛争は拡大する。また世界の各国での革命の成功などにより，新たなタイプの国も出現した。現代社会になり，この3つの基本原則は修正を迫られることになった。

　その第一は，人間像の変更である。生まれながらに自由で平等とされた形式

的・抽象的人間は，企業で働く具体的な労働者，商品としての農産物をつくる農民，社会や家庭で生活する生活者，男と女，そして国民としてでなく民族，先住民として，具体的・実質的な生きる人間として把握されるようになる。

　第二に，所有権の絶対は，他人，集団あるいは国家（公共）の利益と対立することがさまざまな場面で明らかになり，その調整，制約が必要となってきた。そこで「他者の権利の尊重」「公共の福祉」などの考えや理論が登場し（129頁参照），所有権の絶対を制約することが必要となる。

　第三に，契約の自由も当初は対等な当事者間を予定したが，現実には当事者間（独占企業と個別の企業，企業と労働者，生産者と消費者，貸主と借主など）において，それぞれの資金力，支配力，情報力，地位などに大きな差があり，対等な契約にはならないことが明らかになった。そこで特定の大企業による独占を禁止したり，企業での使用者と労働者の対立を調整したり，売買において消費者の立場を保護したり，貸借において金利の上限を一定の割合に制限したりし，契約の自由に一定の制約をしたりして，より対等な契約が実現されるようにした。

　さらに国際社会では，冷戦構造（東西対立）が崩壊したことで，新たな国際秩序の形成が必要となってきた。

　第一に経済面では，新しい国際経済秩序の形成，発展である。そのひとつが，国家を超えた地域の動きである。ヨーロッパ共同体（EU），アフリカの各経済共同体の形成，自由貿易協定（FTA），北米自由貿易協定（NAFTA），環太平洋連携協定（TPP）などの動きである。その背景には新自由主義の経済政策に基づくアメリカ合衆国を中心としたグローバル化，先進諸国の協力（G7，G20など），国際資本の連携の動きがある。

　しかし，一方では世界の国の間には資本力，商品価格，労働者の賃金，資源，産業構造，輸出品などに差がある。また各国で，経済成長・インフレ・債務危機などの問題，雇用・労働問題（若者の就労の減少，失業の増大，外国人労働者の受け入れの是非），為替の変動（円高，円安）の問題などが多発している。こうした状況の下，南米ではこの新自由主義に基づくグローバル化に対抗する，南米南部共同市場（メルコスル），中南米カリブ海諸国共同体（CELAC）の発足や，FTA，TPPに反対する世界の各国の政府および国民の反新自由主義の動きも起きている。

第二に政治面では，独裁政権に反対する人権・民主主義の擁護の運動，軍事政権から民政へ移行の動きが進展し，さらなる民主主義の実現，国際人権問題の解決が課題となってきている。

　第三に文化面では，イスラム地域と世界の関係をどのように形成するかという，いわゆる"文明の衝突"の問題の解決が迫られている。それは9.11のニューヨーク同時爆破テロを引き起こした原因のひとつともいわれている。その後，多国籍軍の"テロとの戦い"は継続しており，紛争解決に向けての国連の役割がさらに重要となっている。また"核のない世界"の実現，世界の軍事同盟の是非，外国の軍事基地の設置の是非も問題となってきている。わが国では憲法第9条，日米安全保障条約，沖縄の米軍基地をめぐる問題がある。

　第四に，地球環境の問題の深刻さが明らかになり，ますます各国の協力の必要性が叫ばれるようになる。また核兵器の全廃，原発の是非，将来のエネルギーのあり方，さらに世界の人口の増加，人口構成めぐる議論も活発化している。

　第五に，中東，アジア，アフリカ，ラテンアメリカをはじめ世界のすべての地域ではさまざまな民族問題が多発しその解決が求められている。その基礎には長年の歴史で形成された先住民，少数民族の抑圧されてきた歴史と現状とそれに対する彼らの抗議の運動がある。民族問題の解決にあたっては，それぞれの民族の歴史を踏まえたうえでの，経済・政治・生活の多様性，多文化の承認，共存の道の模索が求められている。またこれらを考える際には，国の経済規模だけでなく，国民の幸福度を考えること（たとえば「豊かな国と貧しい国民」「良き生活」）の重要性さえ提起されている。

　現代のわが国の法は，このグローバル化する国際社会にあって，これらの影響も大きく受けることになった。戦争と平和，国際人権などは国際機関の憲章，規約，決議や国家間の条約，協定などが，わが国の法律に反映されるようになってきている。経済では，自国の経済的利益のみを優先する経済システムを超えた国際経済（金融政策，貿易，景気対策，為替相場，関税など）の構築の必要性がある。政治では，民主主義に基礎を置く社会の建設とその実現に向けての各国の協力の重要性がいわれ，環境では，国を超えた地球環境の保護のための国際会議がたびたび開催され，わが国の姿勢・目標が問われている。さらにわが国における外国人の権利の問題が議論されている。この問題に関してわが国

でも立法がなされ，国際社会・国際法に反するあるいは無視する国内法は，国際社会から批判，非難されることとなった。

法の解釈

　法および法律を学ぶ方法については歴史上いろいろな思想・考えがあったが，法律学の中心は**法の解釈**である。現実の社会では個人，団体間で利害が対立することも多く，たくさんの具体的な事件，紛争が発生しそれを解決しなければならない。事件，紛争が話し合いで解決できれば良いが，最終的に裁判になる場合もある。

　そこでまず，裁判では，どんなことがあったかという事実とりわけ**法律事実**（法律要件を構成する要素となる事実）を確定する必要がある。この事実関係の確定もそう簡単でなく証拠，証人の証言などに基づき行われる。次に，この事実にどのような法律を適用すべきかが明らかにされる。そして最後に，結論（判決）が下される。このように法律に基づき紛争を解決する場合，「大前提としての適用すべき法律があり，小前提として法律により判断するのに必要な事実を明らかにし，そしてその事実を法律に当てはめて結論を導き出す」といういわゆる三段論法がとられる。

　「適用すべき法律」といっても法律は沢山あるし，さらにその法律の条文や用語の意味を明らかにする必要がある。必要とされる法律がすでにあり，詳細に書かれているのだから，今さら解釈する必要はないのではないかと思うかもしれない。しかし法律の条文はさまざまな場合に対応できるように一般的・抽象的・定型的にならざるをえない（たとえば「幸福追求する権利～」「最低限度の生活～」「人を殺した者～」「公の秩序又は善良な風俗～」など）。他方，現実の紛争・事件は個別的・具体的・多様であるから，すべての紛争・事件をあらかじめ想定して定めることはできない。そのために法の解釈がどうしても必要となり，この解釈という手法によりこの問題を解決するのである。

　解釈の方法には，**公権解釈**（有権解釈）と**学理解釈**がある。公権解釈とは条文の意味の解釈を国家機関が行うもので，解釈する機関により**立法解釈，行政解釈，司法解釈**がある。また「この法律に於いて「物」とは有体物をいう」（民法85条）のように法律の条文に用語の定義がなされる場合もある。学理解釈は，主に学説に表れる。解釈技術としては**拡大解釈**（法文や言葉を拡張して解釈

する)，**縮小解釈**（法文や言葉を縮小して解釈する)，**類推解釈**（Aが禁止されているならBも禁止されていると解釈する)，**反対解釈**（規定されている事項が禁止されているなら，規定されていない事項は肯定される)，**文字解釈**（文字の意味を解釈する)，**文理解釈**（文字の意味を文法的に解釈する)，**目的論的解釈**（法の目的を理解し目的に沿った解釈する）などがある。

ところで解釈に主に携わる人には裁判官，検事，弁護士，学者，官僚などがいる。法の解釈が解釈者の主観で行われれば法秩序は不安定になり，正義の実現はできない。そこで解釈には上記の方法，技術により一定の枠付けが必要となる。

しかし，解釈するのは人間であり，その人間の考え，経験による価値判断の介入は避けられない。自衛隊の合憲・違憲をめぐる解釈，労働争議をめぐる使用者と労働者の解釈，アパートの所有者と賃借人の解釈など解釈上の対立を見ればよく分かる。解釈が複数あり対立する場合，解釈の最終的判断は法の支配する社会（日本）では裁判において行われる。訴訟の当事者は，自分の主張を有利にするために協力者を集めたり，原告団をつくったり，また政治活動や社会運動などをするわけである。

以上が法律の基礎知識であるが，次に人生に則して，どんな法律が関係してくるのか考えてみよう。

2　一生と法

「将来の夢はサッカー選手になることだ」「いつかは世界一周してみたい」「金儲けして豪華な家に住みたい」「子どものころは楽しかった」「年をとったらのんびりと田舎暮らしをしたい」などと，人は考える。「若者は夢に生き，大人は現実に生き，老人は想い出に生きる」ともいわれる。この時間の観念は，他の生物が持っていない人間に特有な観念であり，「時間とは何か，またそれはどのような形式で存在するか」は哲学の根本問題であり，さまざまに論じられてきた。それでも人は四季を感じ，人生という時の流れをいつも考え，生きる。この時間の観念は，私たちの生活や社会のあり方，法律に関係し，一人ひとりの生きかた，人生にも影響している。そう考えると，人生と法律には密接な関係があり，それを知る必要があることが分かる。

人生の歩みに沿って法律を検討すると、一生のすべてのステージに関係する法律と一生のそれぞれの場面、局面に主に関係する法律がある。人生のステージとしては、人の成長、推移に沿って見てみると、生まれる、育つ、大人になる、老いる、死ぬ、といった5つのステージに大きく分けられる。人が生きていくこれらのステージではどのようなことが起き、それに対応して、どのような法律があり、どう規定されているのだろうか。

人生の第1ステージ——生まれる

　第Ⅰ部では、人が生まれるときに関連する法律問題を取り扱う。このステージで考えられるのは、どのような家族に（親子関係）、どの国に（国籍）、どのような社会に生まれたかである。子は父、母そして国、社会を選んで生まれることはできない。誰が親であり、その親の国籍はどこで、どのような社会に生まれるかは、生まれる子にとっては、決定的ともいえるほど重要だ。だがそれは子の生まれる前にすでに決定されている。

　第一は、生き物（人間）にとって第一次の絆といわれる重要な親子関係である。それらは生まれた後にある程度は主体的に変えることができるとしても、生まれる時点では子はそれを基本的に受け入れざるをえない。父が誰で母は誰かを決めてこれを戸籍に記載する。このとき、シングルマザーの問題、その子が婚内子か婚外子かの問題、離婚後に生まれた子の父の推定の問題、さらに生殖医療が発達した今日では卵子、精子、出産のいかなる組み合わせで生まれたかという問題、人工授精や体外受精で生まれた子の問題、胎児の権利など出産にまつわるさまざまな問題が起こる。

　第二は、私たちの多くは日本人として生まれるのが一般的だが、国際結婚が多くなる現代では夫・妻の国籍および両親の国籍取得、離脱そして子どもの国籍、無国籍の問題も起こる。

　第三は、私たちが生まれる日本では、国のしくみ（統治）の基本は日本国憲法が定めており、子の生まれる前にすでに決定されている。このしくみを最終的に決定するのは国民であり（**国民主権**という）、これは憲法の三大原則（国民主権、基本的人権の尊重、平和主義）のひとつである。具体的には**立法権、行政権、司法権**の三権のあり方は、国民の意思を反映し創られ、行使される。

　立法権は、国権の最高機関であり唯一の立法機関である国会が行使する。国

会議員は成年者の選挙を通じて選出され国民の代表となる。行政権は内閣に属し，内閣総理大臣は国会議員の中から国会の議決で指名され，天皇が任命する。司法権は最高裁判所および下級裁判所に属し，裁判官になるには一定の資格が必要である。国民は最高裁判所裁判官を国民審査し罷免でき，検察審査会の委員として検察の起訴・不起訴についてチェックしている。そして司法改革のひとつとして，国民が重大な刑事事件に参加する**裁判員制度**ができた。他方で，国民は地域（都道府県）の住民としても生きており，この地域のしくみはその住民の生活と最も密着している。憲法，および地方自治法はこの地方のしくみを定める。

しかし，国民は，このように日本の統治機構の枠内で生きていくが，所与（すでにあるもの）として絶えず受身の立場にあるわけではなく，国民主権の原則から一定の年齢に達すると積極的に参加していくことができる。

さらに現在では世界の国々との関係も日本にもさまざまな影響を与えており，同時に日本の行動が国際的にも意味あるものになっている。国際的なしくみ（国際平和，国際人権，国際環境など）は，国連憲章，核拡散防止条約，国際人権規約，気候変動枠組み条約および女子差別撤廃条約などを定める。世界の地域では，北大西洋条約機構（NATO），欧州連合（EU），米州機構などを創り，日米関係では日米安全保障条約を締結する。これらの共同体の動きは，日本の社会のしくみ，法律にも影響を与えている。他方，日本の外交，平和政策・安全保障政策，人権規定，環境政策は世界の国，地域に影響を与えている。

人生の第2ステージ——育つ

第Ⅱ部では，子は親とのその第一次の絆を脱し，新しい世界（社会）と第二次の絆を形成しようとする期間があり，この時期の法律問題を取り扱う。この成長期の青少年は，親から離れ自立しようとする。子は手探りの状態におかれ，友人関係が気になり，親への反抗心も現れ，精神的に不安定な状態になる。その結果，周りの環境や人間関係の環境の影響を強く受けることとなる。ところで人の子は他の動物とは異なり，生まれてからすぐに一人前（成人）になるのではなく20年ぐらいの長い年月を要する。何歳からを成人と見るかは人により意見は異なるし，国によって違うが，世界では満18歳とする国が多い。

第一に，子は基本的には親の愛情ある保護，養育の下に生きる。「子は親の

鏡」などとよくいうが，どのような家庭環境の下で育てられるかは，後のその子の人生に大きな影響を与える。法律的には，親には子を育てる権利と義務（親権）があり（民法818条），それだけに親の責任は重い。そこで親権を濫用し，又は著しい不行跡(ふぎょうせき)があるときは親権を喪失する（民法834条）としている。

　第二に，子は親から離れ個人として自立するようになるためには，社会のなかで生きていく能力（生きる力）を身につけなければならない。かつては国が個人の生きる意味，生きる方向を示していたこともあったが，現在では個人一人ひとりが生きる意味，生きる方向，さらには職業を見つけなければならない。

　この能力はいろいろな場所，さまざまな機会に身につけることとなる。親戚・近所・地域との付き合い，友人関係，公教育，民間教育，習い事などで身につけるが，その中心は形式的には多くの時間を過ごす学校教育である。憲法第26条は教育を受ける権利及び義務を定め，さらに教育基本法，学校教育法，私立学校法などの法律はこれを詳細に定める。現実の教育の場面では，法律の定める教育の理念と現実の教育をめぐる問題が発生し，絶えず具体的に教師，親，子どもが教育の現場で悩みながら解決していかなければならない。

　第三に，子は，親から自立する過程で社会の強い影響を受けながら育っていく。親は心配でたまらないが，社会がその子にどのような影響を与えているか考え，また社会はどのように対応しているのか見守っていかなければならない。親は，現実の社会が子，児童にとって安全・安心な社会になっているのかを考え，より安全・安心な社会をつくる責任がある。

　子が犯罪に巻き込まれないような環境をつくると同時に，子が犯罪をした場合に成人とは異なる特別な対応が必要ではないかと考えた。そのため少年法は，少年への性格の矯正，保護処分そして特別の措置に関して規定を持つ。また地方では青少年の健全な育成のためにその地方の実情に合った青少年保護条例などを定めている。さらに情報社会になった今，現実に最も広範にかつ強く子に影響を与えているのはインターネットである。もちろんインターネットの影響を受けるのはすべての人であるが，子は経験も少なく判断力，批判力も十分でなくその影響を直接かつ強力に受けてしまう。親は携帯がほしいという子にいつ与えるか悩んでしまう。

　このように今の社会では，法律でインターネットの影響をどのように規制すべきかはますます重要な課題となってきている。

人生の第3ステージ――大人になる

　一般的には青少年は自立し，いよいよ社会に出て行き（就職），新たな人間関係を築いていく。これがうまくいかなくて「大人になれない子どもたち」「子どものままの大人たち」が現れ，パラサイト現象が起こることもしばしばある。第Ⅲ部では，大人になってからの法律問題を考えてみる。人は大人（成人）になると，一人前の人間として社会や国に認められる。

　第一に，本人の意思で結婚をして新たな家族をつくる。結婚できるといっても相手がいなければはじまらないし，結婚したとしても婚姻が継続できない夫婦も多い（単身世帯，離婚の増加）。また自分で財産を形成しそれを所有できるし，契約も法定代理人の同意は必要でなく本人だけでできる。

　第二に，成人になると，日本国民として一定の**権利**を行使し一定の**義務**を負う。これらの基本的な権利・義務については憲法に明記されている。しかし権利が認められているといっても，なんでも好き勝手にできるわけではなく，そこには一定の制約（全体の利益，公共の福祉に反しない）がある。また国民の三大義務として**教育**，**勤労**，**納税**の義務が課せられる。

　第三に，子は，中学，高校，大学を卒業しあるいは中退し，自分で食べていくために社会に出て働きはじめる。社会で働く場所としては，一般的には会社（企業）である。会社にはいくつかの種類があり，従業員や資本金の規模の点から大企業，中企業，小企業，零細企業などあり，株式の点から上場企業，非上場企業などさまざまである。会社のなかで会社を管理する立場に就く人（使用者）とその監督下で指揮命令に従い労働する人（労働者）がいる。

　その他，既存の会社に就職せず起業する人，商売など自営をする人，作家，芸術家，スポーツ選手，競馬の騎手や芸人などになる人もいる。親は子どもの将来を心配し，有名大学を卒業し，安定した仕事に就くこと，一流会社に就職することを望むことが多い。

　ここでは多くの人が就職する会社および法律について考えてみる。一般的に若者は労働者として会社に就職する（就職できず失業に陥る場合もある）ので，就職活動から退職まで労働者は，どのような法律の下でそしてどのような労働環境下で生きていくのかを見てみよう。

人生の第4ステージ——老いる

　第Ⅳ部では，どんな人も，長い成人の期間を経てやがて老いていく。ここでは，この期間の法律問題を取り扱う。高齢者は過去を想い，分別もあり，悠々自適に生きていく人とこれまで漠然と思われている。しかし実際は高齢者の生活・生きがいも一様でなく，孫と一緒に暮らし，ゴルフをしたり海外旅行に行ったり，趣味を楽しむ老人もいれば，人間関係が希薄な孤独な老人，万引きをして警察に捕まる老人，ホームレスになったり，「暴走老人」として語られる老人もいるし，社会環境の急速な変化に適応できない老人もいる。また高齢者に何歳からなるかは，人により異なり，若くても年寄りくさい人もいれば年をとっていても精神的にも肉体的にも若々しい人もいる。さらに現役として働く体力や気力を持っている人の中には再雇用され，働き続ける人もいる。

　しかし法律は，一定の年齢（満65歳）を定年とし，75歳以上の人を後期高齢者とし，その人にそれまでとは異なった対応をするように定めている。

　第一に，高齢者は現役を退いた後は，財産や貯蓄が沢山ある人を除いて一般的には収入がなくなり，人間社会に特徴であるところ（他の動物は，一定の時期になれば親と子は別に生きていく）の家族・親族の協力，扶養の下に生きていく。そこで民法は一定の親族間には相互扶養の義務があると定める。これを**私的扶養**といい，扶養の義務のある者の順位を決めている。だが今日では核家族化が進み，親族間の行き来も少なくなり，独居老人，高齢者だけの老老介護の世帯も多くなってきて，従来の私的扶養にだけ頼ることは現実には難しくなってきている。

　第二に，わが国では，**社会保障**の制度があり，具体的には社会保険，公的年金制度，介護保険制度である。国が一定の金額を高齢者に給付するのであるが，現役のときに保険料を納めておく必要があり，給付される金額も十分なものとはいえない。少子高齢社会の急速な進展，保険料の未納者の増加などがあり，社会保障制度が今のままで維持していけるかという問題も起こっている。そこで民間保険会社の保険（年金保険，終身保険など）に入る人もいるし，高額なお金を払い介護付有料老人ホームに入居する人もいる。

　少子高齢社会に入った日本では社会保障を一層充実させなければならないが，政府は「小さな政府」「自己責任」「財政の不足」「活力ある社会の実現」などといって社会保障は切り下げられている。また高齢者間の格差，老後の生きが

いの問題，安心した生活の確保，高齢な老人たちの「限界集落」となった高層住宅，老人の孤独死，餓死，自殺の防止などさまざまな新たな問題も起こっている。早急に社会保障制度を見直し，充実させて，このような問題を解決する必要性がある。

人生の第5ステージ——死ぬ

　人は最期には死を迎えるが，死のありかた，迎え方は人により異なる。死ぬことは避けることのできない人の運命である。死については，これまで専ら宗教や倫理がこれを取り扱っているが，第Ⅴ部では，死ぬときに関連する法律を考えてみよう。ところで人は老いて寿命で死ぬのが普通である。だが病気，交通事故，自殺，殺人の被害者，死刑，災害・戦争の被害者などで若くして亡くなる場合もありうる。ここでは年老いて病気になり，寿命で死ぬ場合を考えてみよう。

　第一は，人は，病気になり治療を受けるが回復の見込みがないとき残された時間をどう過ごすかを考える。思い残すことなく「安らかに死を迎えたい」と考えるし，「惨めな姿を他人に見せたくない。人間としての尊厳をもって死にたい」と思うかも知れない。これらに関連して終末期の死の苦しみから免れる**安楽死**，医療医術の進歩に伴う**尊厳死**の問題があり，尊厳死は**クオリティ・オブ・ライフ**（生命の質）と関係することとして最近は考えられている。ここでは法律はこれらにどう関わっているのか考えてみよう。

　第二に，死んでしまえば本人にとって後はどうなろうと関係ないはずだが，「死んだらどうなるのだろう？」「逝くのは天国（極楽）それとも地獄？」「葬式，墓，財産はどうする？」「残された家族はどうなるのか？」などと人は考える。実際，死は本人だけの問題でなく，残された遺族や関係者にいろいろな問題を引き起こし，法律的に解決する必要があることがいろいろと起こってくる。遺言，葬式，お墓，埋葬，借金・遺産相続，残された家族の扶養などである。

　これらの問題を解決する際に，生前のその人の人生（生きざま）が集中して現れてきて新たな問題が発生することもある。最近では孤独死，餓死した老人の死体が死後に発見されることもある。以上が本書で扱う死のステージと法律である。

各年齢で関係する法律については，次頁の表序 - 1 にまとめているので，各章を読み進める前，もしくは読み進めながらぜひ見ていただきたい。

> 参考文献

三日月章『法学入門』弘文堂（1962年）
川島武宜『日本人の法意識』岩波新書（1967年）
吉田稔『社会に生きる法』北樹出版（1995年）
波平恵美子『暮らしの中の文化人類学（平成版）』出窓社（1999年）
副田隆重・浜村彰・棚村政行・武田万里子『ライフステージと法　第5版』有斐閣（2008年）
金井正元『女性のための法律』日本評論社（2010年）
法令用語研究会編『法律用語辞典　第3版』有斐閣（2006年）
『図解による法律用語辞典　補訂4版』自由国民社（2011年）

（吉田　稔）

表序 - 1　年齢と関係する主な法律とその条文

年　齢	法　　　律
胎　児	損害賠償請求権（民法721条），相続能力（民法886条），受遺者の資格（民法965条）
出　生	権利能力（民法3条），出生届（戸籍法49条），国籍の取得（国籍法2条），国籍の留保（国籍法12条，戸籍法49条） ＊出生後57日目以降公立保育所（園）に入所（園）可能（労働基準法65条，児童福祉法39条）
満1歳未満	乳児（児童福祉法4条）乳児院に入所可能（児童福祉法37条）
満1歳以上	幼児（児童福祉法4条） ＊児童養護施設入所可能（児童福祉法41条）
満3歳以上	幼稚園に入園可能（学校教育法26条）
満6歳未満	幼児（道路交通法14条）
満6歳以上	少年の定義（児童福祉法4条），児童の定義（道路交通法14条），保護者の子女を小学校又は盲学校，聾学校若しくは養護学校の小学部に就学させる義務（学校教育法17条①）
満12歳以上	保護者の子女が小学校を終了した翌日以降中学校又は盲学校，聾学校若しくは養護学校の中学部に就学させる義務（学校教育法17，②）
満13歳未満	児童を映画，演劇の子役に使用できる（労働基準法56条），相手の同意があっても男女にたいして強制わいせつ罪，強姦罪が成立（刑法176条）
満13歳以上	軽易な労働への児童の使用（労働基準法56条） ＊損害賠償の責任を負う
満14歳未満	触法少年（少年法3条）
満14歳以上	刑事責任能力（刑法41条）
満15歳未満	児童の定義（労働基準法58条）
満15歳以上	氏の変更（民法791条），遺言能力（民法961条），養子縁組同意能力（民法797条），年少者の使用（労働基準法56条）
満16歳以上	女の婚姻年齢（民法731条），普通二輪・原付免許取得（道路交通法88条），証人宣誓能力（民事訴訟法201条）
満18歳未満	児童の定義（児童福祉法4条），（児童買春，児童ポルノに係る行為等の処罰及び児童の保護に関する法律2条），（児童虐待防止法2条），（インターネット異性紹介事業法2条），死刑は無期刑に減刑（少年法51条），年少者の証明書備え付け（労働基準法57条），パチンコの年齢制限（風営法18条），風俗営業者の禁止行為（風営法22条），深夜業の禁止（労働基準法61条），危険有害業務の就業制限（労働基準法62条），坑内労働の禁止（労働基準法63条） ＊映画の年齢制限（R12，R15，R18など映画倫理委員会の規程がある） ＊青少年とは，おおむね満18歳以下の者をさす（青少年の法律上の規定はない） ＊満18歳未満を児童とする（児童の権利に関する条約第1条）

序　章　人生にかかわる法律を学ぼう

満18歳以上	投票権（国民投票法3条），男の婚姻年齢（民法731条），大型二輪・普通免許の取得（道路交通法88条），所持許可（銃刀法5条），風俗営業者の禁止行為（風俗営業法22条），死刑の可能性（少年法51条）
満19歳未満	＊スポーツ振興投票券（サッカーくじ）の購入等禁止（スポーツ振興投票券の実施に関する法律9条）
満20歳未満	少年の定義（少年法2条），児童の定義（母子及び寡婦福祉法5条），未成年者（民法4条） ＊公営競技に関する年齢制限（競馬法28条，モーターボート競走法12条，自転車競技法9条，小型自動車競走法は学生・生徒及び未成年者10条の2） ＊契約には法定代理人の同意が必要
満20歳以上	成年（民法第4条） ＊婚姻した男女は，成年に達したものとみなす（民法753条）。選挙権（公職選挙法9条），裁判員の資格（国民裁判員法13条），飲酒（未成年者飲酒禁止法1条），喫煙（未成年者喫煙禁止法1条），帰化（国籍法5条），国民年金被保険者資格取得（国民年金法8条），保険料納付義務（国民年金法88条） ＊適用事業所に使用される70歳未満の者は，厚生年金保険の被保険者とする（厚生年金保険法9条）。 国民健康保険法被保険者資格資格取得（国民健康保険法76条），保険料納付義務（国民健康保険法76条） ＊適用事業所に使用される者は，健康保険の被保険者とする（健康保険法3条）。 大型免許の取得（道路交通法88条） ＊養親になれる（民法792条）。 ＊特別養子は原則25歳以上（民法817条の4）
満22歳未満	国籍離脱（国籍法14条）
満25歳以上	衆議院議員の被選挙権，市町村の首長及び議員の被選挙権，都道府県議員の被選挙権（公職選挙法10条）
満30歳以上	参議院議員の被選挙権，都道府県知事の被選挙権（公職選挙法10条）
満40歳以上	最高裁判所の裁判官に任命（裁判所法41条），介護資格取得（介護保険法10条），保険料の納付（介護保険法129条）
満60歳以上	＊厚生年金の一部を受給することができる
満65歳以上	国民年金・厚生年金の受給資格（国民年金法26条，厚生年金法42条）
満70歳以上	国選弁護人がつけられる（刑事訴訟法37条）。刑の執行を停止することができる（刑事訴訟法482条）。裁判員を辞退可能（裁判員の参加する刑事裁判に関する法律16条）
満75歳以上	後期高齢者医療制度の対象となる
死亡まで	介護保険加入可能（介護保険法9条）

注：1．法律により用語の定義が異なる。
　　2．年齢に関しては民法の特別法「年齢計算ニ関スル法律」がある。
出所：筆者作成。

第 I 部

生まれる

　この世に生まれる赤ちゃんの一生がどうなるかは，誰にも分からない。それでも周りの人は「可愛い子だね」「将来はお父さんの後を継いで社長さんだ」「指が長いのでピアニスト向きよ」「日本人に生まれてよかったわ」「国際的に活躍する人になって欲しい」などという。なぜそのようにいうかというと，生まれてきた赤ちゃんには将来につながる一定の環境が，生まれる前からすでに準備されているからである。それは生まれた家族関係であり，生まれた土地であり，子の国籍であり，21世紀の世界の状況である。「努力半分，運半分」などとよくいうが，子の環境を見ればその子の一生がある程度予測されるわけだ。生まれてすぐ飢餓で死んでいく世界の赤ちゃんの姿を見て，また各分野での二世，三世の活躍を見聞きすると，その人の運を感じる。もちろん人により，運命を変えるべく努力する人もいるし，運命に甘んじてしまう人もいる。

　一方で多くの思想家は，"人は生まれながらに自由，平等である"といい，国の法律は，国民の自由・平等を定め，国の政策も，国民が自由・平等になるように行われている。世界の国々でも同じように定め，そうなるように努力している。だが人は，白紙の自然状態のなかに生まれるのではない。ここでは，生まれてくる赤ちゃんに関係する現在の家族制度，わが国と地方のしくみ，そして世界の状況としくみを見てみよう。

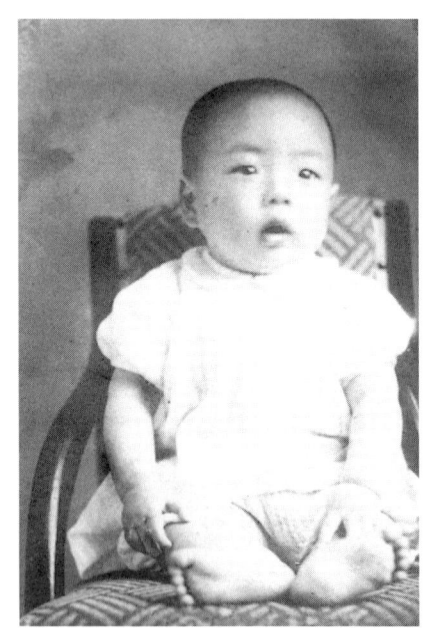

誕　生

第1章　家族の一員として生まれる

　女性は体内にひとつの生命をやどし，育み，出産する。新しい生命は，父親と母親とのつながりのうちに生まれてくる。親子の関係は，もっともつながりの深い家族としての関係である。人によっては兄弟姉妹や祖父母がいることもある。自分以外の人間との関係としては，家族関係がそのスタートであろう。家族は親密な生物的な関係であったり，互いの意思に基づいて形づくられる関係であったりするものである。他方で家族は，法律上の関係でもあり，社会的な単位・制度としての人間関係でもある。

　法は，この家族の間にも一定のルールを設け，経済的，社会的に弱い立場にある子の生育を見守りつつ，人がまっとうに生きていくために家族関係を整え，修復し，維持することができるよう配慮している。

1　家族の関係

家族と法

　家族に関する法にも歴史があり，近代社会のあり方が，家族に関する法にも色濃く表れている。近代社会においては，人はみな自由，平等そして独立して生きていくことができるという理念が掲げられ，近代法はこれを原則としている。しかし幼少児が自立して生きていくのは困難であり，他の哺乳類では見られない長期の保護が必要である。法は社会生活の基本に家族を据え，家族間での扶養を第一とする。

　また近代社会における経済活動と私有財産の継承といった課題も，家族のありようと密接に関係している。労働の疲れを癒やす場，次の世代の労働力を創り出す場としての家庭，社会の安定の基本単位として家族関係が重視されている。経済・社会の維持・発展を課題とする国家にとって，安定した家族を維持していくことは重要な政策課題でもある。すなわち家族に関わる法律は，個人の人生を見守るとともに，経済・社会の維持と安定を図っているのである。

日本における家族と法

第二次大戦後、日本国憲法が制定され、個人の尊厳と男女平等の理念の実現を図るため、家族に関する法律は根本から改正された。とくに改正前の民法には家制度についての定めがあり、そこでは、家族の長である戸主が強力な権限によって家族を統率し、他の家族(含まれる個々人)は戸主の命令と監督に服するというものであった。家族の財産はその家の長男が相続し(家督相続)、妻は夫に従うものと定められ一人前として扱われていなかった。

戦後改正された民法はこうした家制度を廃止して、「個人の尊厳と両性の本質的平等」(2条)を基本に据えた。それからすでに60年以上経過したが、人びとのなかには今なお、かつての家意識が残存している(そうした意識は「入籍する」「嫁に行く」「嫁をもらう」などの言葉にも表れている)。その一方で、結婚、離婚、出産、親子関係のありようにはさまざまな変化が生まれてきている。家族に関する法律は大きく揺れ動いているのである。

親子の関係を法律はどのように扱っているか

親子の関係は、生む、生まれるという血縁に基づく実の親子関係(実親子関係)と、血縁関係にない者の間で法的に結ばれる親子関係(養親子関係)に区別される。実子は、さらに父親・母親の婚姻関係のもとに生まれた子(婚内子)と、婚姻関係外で出生した子(婚外子)に区別される。法律上は、前者を嫡出子、後者を非嫡出子という。婚姻外で生まれた子は、生んだという事実に基づいて、母親との親子関係ができるが、父親については認知があってはじ

3世代の食卓

表1-1 法律で規定される親子の関係

生理上の親子関係（血縁）に基づく実親子関係（実子） 　婚姻関係から出生した子（婚内子＝嫡出子） 　婚姻関係外で出生した子（婚外子＝非嫡出子）
血縁関係にない者の間での法的な養親子関係（養子） 　普通養子縁組 　特別養子縁組
里親制度 　養育里親 　親族里親 　専門里親

出所：筆者作成。

めて親子関係が確認される。また，婚姻外で生まれた場合も，その後父母が婚姻した時には，婚姻から生まれた子として扱われる（これを**準正嫡出子**という）。

血縁関係にない者の間で，養子縁組によって創られる親子関係が**養親子**関係である。養子縁組については，当事者の届出による**普通養子縁組**と，実親の**監護**（実際の子育て）が受けられないか実親の監護が子どもにとってきわめて不適切な場合に家庭裁判所の審判によって成立する**特別養子縁組**に区別される。

また，身寄りのない子や，親に監護させることが不適当であると認められる児童を，養育を希望する者に委ねる制度がある（**里親制度**）。

親子関係

生まれてくる子の父親，母親はどのようにして決まるのか。母親は，**分娩**という事実によって定まる。父親は，結婚している夫婦の間に生まれてくる子については，法律によって夫の子と推定される（民法772条1項）。出産と婚姻・離婚との関係について，法律は次のような規定をおいている。まず医学的な観点から，妊娠期間を200日から300日と設定し，婚姻成立の日から200日後，又は婚姻の解消・取消の日から300日以内に生まれた子は，婚姻中に懐胎したものと推定される（同条2項）。この期間に生まれた子は，妻が婚姻中に夫によって懐胎した子と推定されるので「嫡出推定を受ける嫡出子」と呼ばれる。婚姻後200日経たない間に未熟児として生まれた場合，あるいは婚姻解消から300日以上経って出産予定日を過ぎて生まれた場合なども，「推定を受ける嫡出子」と考えられる（図1-1）。

第Ⅰ部　生まれる

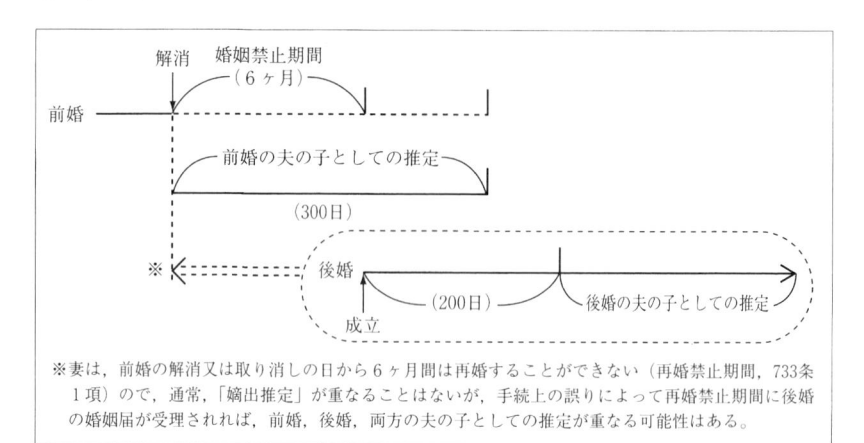

```
前婚 ────┬────────────────────┤
         解消  婚姻禁止期間
              （6ヶ月）
         ├──前婚の夫の子としての推定──┤
                （300日）
              後婚 ├──（200日）──┤──後婚の夫の子としての推定──→
              成立
```

※妻は，前婚の解消又は取り消しの日から6ヶ月間は再婚することができない（再婚禁止期間，733条1項）ので，通常，「嫡出推定」が重なることはないが，手続上の誤りによって再婚禁止期間に後婚の婚姻届が受理されれば，前婚，後婚，両方の夫の子としての推定が重なる可能性はある。

図 1-1　出産と婚姻・離婚の関係

出所：筆者作成。

　妊娠を知ってから急いで結婚話を進め，出産前に婚姻届提出にこぎ着けたといった場合には，婚姻後200日以内の出産となる場合もある（いわゆるできちゃった婚）。実務では，婚姻成立後に生まれた子については，すべて嫡出子としての出生届が受け付けられている。

　たとえば婚姻前にある男性と関係があり，妊娠していた女性が別の男性と結婚し，婚姻後200日以内に出産した場合はどうなるのだろう。母親から嫡出でない子として出生届が出された場合には受理される。この場合，父親については婚姻前の男性との間で認知の問題が生じうる。同様の事例で婚姻後200日を過ぎて生まれた場合には，本当は前の男性の子であるにもかかわらず，法律によって，現在婚姻関係にある男性との間の婚内子（嫡出子）と推定される。また婚姻中に夫以外の子を妊娠，出産した場合も，出生届が受理されれば夫の子（婚内子）となる。このように嫡出推定が事実に反するときには，夫は，子が嫡出であることを否認することができる（民法774条。ただし子の出生を知った時から1年以内に訴えを提起しなければならない〔民法777条，人事訴訟法2条2号〕）。この訴えは夫婦のうち夫のみに認められており（母親からの場合は親子関係不存在確認を家庭裁判所に申し立てる手続がある），しかも1年の出訴期間を過ぎてしまえば，上記の推定に従って事実に反する親子関係が確定してしまう。

　特に議論されてきたのは，次のような場合である。たとえば離婚後6ヶ月を

経過して再婚した女性が（女性についてのみ離婚後6ヶ月間は再婚できない，民法733条），再婚男性と前婚の離婚前から性的関係があり，離婚から300日以内に再婚男性の子を出産したと仮定してみよう。上記の推定規定により，子は前婚の夫の子と推定される。再婚後の夫の子として出生届をするためには，これまで，家庭裁判所での調停もしくは裁判によって前夫の子でないことを明らかにしなければならなかった。こうした制度に対する批判を受けて，現在では，医師の作成した証明書により，婚姻解消・取消後の懐胎であることが確認できる場合には，前夫を父としない出生届（嫡出でない子または現在の夫を父とする嫡出子としての出生届）が受理されることとなった。

認　　知

婚姻外の男女間に子が生まれた場合に，父親を確定する手続が**認知**である。たとえばこんな例がある。A男とB子の夫婦の間に待望の子Cが生まれ出生届がなされた。しかしA男は，B子の妊娠当初からB子とDとの関係を疑っており，出生児は自分の子でなくDの子ではないかとの疑念を抱いた。その後2歳の誕生日を迎えた子Cの顔の特徴がDに似ていることから，A男の意向によりDNA鑑定が行われた。その結果はA男とCが親子ではありえないというものであった。別居状態のなかで生活費に困ったB子は，Dに認知と合わせ養育費の支払いを求めようと考えている。

民法では，嫡出でない子は，その父又は母がこれを認知することができると規定している（779条）。父母が認知によって自らが親であることを認めれば親子関係が成立する。また父母が任意に認知しない場合には，子あるいはその母などが父に対して認知を求める訴えを提起することができる（787条）。上記の例の場合には，法律上の夫婦の間に生まれた子であり，ABの嫡出子としての出生届がなされている。Dに認知を求めるためには，あらかじめA男との父子関係を否定しておかなければならない。嫡出否認の訴えは，夫が子の出生を知ったときから1年以内に提起しなければならない。したがって上記の例では親子関係不存在の訴えにより，まずACの父子関係を否定したあと，Dに認知を求めることになる。

こんな事例もある。A男は，昔付き合っていた女性Bと偶然再会した。BはAと別れた直後に子Cを産み育て，大学を卒業するまでに育て上げた。自分が

Cの父親であることを知らされたA男は，この子Cを認知するとともに女性Bにも生活の援助を申し入れた。しかし女性Bはこれを拒否し，子Cも母に同調している。このように認知する子がすでに成年に達している場合，民法は，その子の承諾がなければ認知することができないと規定している（782条）。長年放置していた親が，今になって自分の思いだけで認知するのは身勝手だ，といったところである。また，子が胎児の場合には，母親の承諾がなければ認知はできない（783条1項）。母親の立場を考慮した規定である。

養　子

親が突然の事故で亡くなったり，ひどい虐待を受けてもはや親のもとでは生活できないといった場合，子はどのように生きていけばよいのか。そうした子を育む家庭を新たに作り出す手続が必要である。**養子縁組**という制度はそんな場合にも役立つ制度である。

親子という関係は，妊娠・出産という事実によるばかりではなく，親子になろうと考えて一定の手続をとることによっても形づくることができる。日本では，江戸時代から家の跡継ぎを得る方法として，養子縁組が行われてきた。現在でも，跡継ぎにするあるいは老後の扶養を目的とする養子縁組が多く，親がいなかったり，育てることができない事情にある子を養子とする事例は少ない。

養子縁組は，養子縁組によって親になる者（**養親**）と子となる者（**養子**）とが合意して届けを出し，これが受理されることで成立する。養親となる者は成年者でなければならない。たとえば，おいやめいにあたる者が，自分の両親の兄弟姉妹（おじ・おば）を養子にすることはできない。配偶者のあるものが未成年の子を養子にする場合は，原則として夫婦がともに養親とならなければならない。

養子となる者が15歳に達していれば，自らの意思で養子になるならないの意思を表示することができる。15歳未満の場合には，その法定代理人（通常は親）が，その子に代わって縁組の承諾をすることができる（**代諾縁組**）。縁組が成立すれば，養子は，養親の嫡出子としての地位，つまり婚姻関係にある両親の間に生まれた子と同じ地位が認められる。ところで，養子となっても実の親との親子関係がなくなるわけではなく，実親との間にも相続権や扶養の権利義務は存続する。

養子と養親の間で扶養し，扶養され，将来養親が亡くなったときには養子が財産を相続するなど，お互いに納得して結ばれる養子縁組も，ときにはその期待が裏切られ縁組の解消に至ることもある。届け出によって成立した養親子関係は，両当事者の合意があれば解消することができる（**協議離縁**）。協議が整わない場合には，縁組の当事者は裁判で離縁を求めることができる。**離縁**が成立すれば，養子と養親との間の親族関係は消滅する。養子縁組によって氏は養親の氏となるが，離縁によって元の氏に戻り，戸籍も元の戸籍に復することになる。養子としての氏をその後も称したい場合には，届け出を要する（**縁氏続称**という）。ただし，縁組の日から7年経過した後の離縁で復氏する場合に限られる。

特別養子制度

上述の養子とは異なり，縁組の日から実親との親子関係を終了させ，養親との間に実親子と同様の親子関係を成立させるのが**特別養子制度**である。中絶を選ばざるをえない事情を抱えた女性に出産を促し，他方，自分の子として育てたいという人に，生まれたばかりの赤ちゃんをあっせんしていた事件（1973年に発覚した**菊田医師事件**）が問題を投げかけ，検討の末，制度化されたものである。特別養子縁組は，当事者の合意ではなく，養親となる者の申立てに基づく家庭裁判所の審判によって成立する。養子となる者は6歳未満の者に限られるが，6歳に達する前から，養親となる者によって監護養育を受けていた場合には，8歳に達するまでは縁組が認められる。

養親となる者は25歳以上で，配偶者のある者でなければならないが，夫婦の一方が25歳に達している場合は，他方は20歳に達していればよい。また実父母の同意を要するが，婚外子で父親の認知がない子を養子とする場合には，母の同意だけでよい。実父母の虐待などがある子を特別養子とする場合には，実父母の同意は要らない。特別養子縁組を認めるか否かの家庭裁判所の審判にあたっては，養親となる者が養子となる者を6ヶ月以上の期間，監護した状況が考慮される。

特別養子が認められれば，審判確定後10日以内に養親は戸籍届けを行うことになる。実親の戸籍からは除籍され，子の単独戸籍が編成される。この戸籍から養親の戸籍に入籍し，子の単独戸籍は除籍となり，第三者が謄本など請求す

ることは禁じられる。養親の戸籍に入籍した特別養子の戸籍身分事項欄には「民法817条の2による裁判確定」と記載され，父母欄には養父母の氏名が記載される。父母との続柄欄は実子同様「長男」「長女」「次男」「次女」等と記載される。

里親制度

以上に紹介した養子制度は，法律上の親子関係を創り出し，養親に「親権」を認めるものである。こうした親子関係までは求めないが，親の不在，親の虐待などのために親もとでの生活が困難な子を引き取って，家庭的な環境を提供するために用意されたしくみが**里親制度**である。これは児童福祉法に規定されている制度である。里親になるためには都道府県知事による認定を受けなければならない。里親制度には，保護者のない児童又は保護者に監護させることが不適当であると認められる児童を養育する通常の**養育里親**，両親が死亡したなどの事情がある場合に3親等内の親族が里親として監護する**親族里親**，虐待を受けた児童を対象とする**専門里親**がある。里親は民法上の親権を持たないが，親から委託された「受任者」として，あるいは家庭裁判所の承認を得て行政から委託された者として，里子の監護，教育を行うことになる。里親になることを希望する者は，あらかじめ児童相談所に里親として登録しなければならない。

登録にはいくつかの条件があり，里親の種類に応じて異なる（表1-2）。

2007年度末現在で，登録されている里親数は，7934人，実際に里親として養

表1-2　里親の種類

養育里親	養子縁組を目的とせずに，家庭で暮らすことのできない子どもを一定期間（1ヶ月以上）養育する里親
短期里親	原則として2ヶ月以内の短期間，子どもを養育する里親
専門里親	被虐待児，非行等の問題を有する子どもおよび障害児など，一定の専門的ケアを必要とする子どもを養育する里親。専門里親になるためには，養育里親の要件に加えて，①3年以上の養育里親経験者　②3年以上の児童福祉事業経験を持つ適格者　③これらと同等以上の能力を持つ者，のいずれかの資格要件を満たし，成育に専念できることが可能な者が，専門里親研修を修了すると，認定・登録される。
親族里親	両親の死亡・拘禁等により，児童養護施設，乳児院で生活している子どもを引き取り養育する，三親等内の親族がなる里親

出所：筆者作成。

育している家庭は2582家庭，養育されている子は3633人である。これに対して児童養護施設などで養育されている子は3万6000人を超える。善意で里親となったものの，子との関係に行き詰まるケースも多く，経験交流やアドバイスなど里親家庭への支援を充実させる必要が指摘されている。

2　財産関係と子

私権の主体として生まれる──権利能力平等の原則

　人がこの世に生まれ生きていくためには，働いて賃金を得て食べ物や衣類，住居を手に入れなければならない。生まれた直後から通常は親もとで生活し，満20歳に達するまでは，親が親権者として子の監護・教育とともに子の財産を管理する。未成年のあいだは自らの意思だけで雇用契約を結び，物の売買や貸し借り契約を結ぶことはできず，親（法定代理人）の同意が必要である。このように未成年者は自ら単独で契約を結ぶ資格を制限されている。

　未成年者であっても，あるいは生まれたての赤ちゃんであっても，たとえば親が死亡しその財産を相続するなどの資格は認められる。親の同意を得て売買契約を結んだ場合には，買ったものの引渡を求める権利が認められ，また他人の加害行為によって損害を被ったときには賠償請求する権利が認められる（私的生活関係に関わる権利のことを**私権**という）。財産を所有したり，他人に一定の請求をしたり，場合によっては義務を負ったりする資格・地位のことを「**権利能力**」という。人は誰でも生まれながらにして権利能力が認められる（**権利能力平等の原則**）。生身の人（**自然人**という）以外にも，一定の要件を満たした団体に権利能力が認められている。これが**法人**である。

胎児に権利能力はあるか？

　自然人の権利能力は，「出生」のときから認められる。民法では胎児が母体から出たときをもって出生と考えるのが通説である（**全部露出説**）。その結果，出生前の胎児には権利能力が認められないこととなる。出生の前か後かで，親の財産を相続できず，生まれる直前に他人の加害行為によって親が死亡したような場合でも，慰謝料請求などの権利を加害者に主張することができなくなる。こうした事態は不合理であると考えられ，民法では，相続，不法行為による損

害賠償請求，および遺贈については「胎児をすでに生まれたものとみなす」規定をおいている。胎児が死産だった場合には，もちろんこの規定の適用はない。

> **参考文献**

二宮周平『家族法　第4版』新世社（2013年）
高橋朋子・床谷文雄・棚村政行『民法7　親族・相続　第3版』有斐閣（2011年）
窪田充見『家族法――民法を学ぶ』有斐閣（2011年）
二宮周平『家族と法――個人化と多様化の中で』岩波書店（2007年）
小倉千加子『結婚の条件』朝日新聞出版局（2007年）

（北山雅昭）

Column 1

生殖補助医療を考える

　自然に妊娠・出産することが難しい場合に，医療技術を用いて子どもを妊娠・出産する方法として，次のような生殖補助医療がある。

①**人工授精**：男性の精子を人工的に女性の生殖器官内に注入して妊娠を図る方法。この場合，夫の精子を用いる配偶者間人工授精 AIH (artificial insemination by husband) と，夫以外の提供者の精子を用いる非配偶者間人工授精 AID (artificial insemination by donor) とがある。
②**体外受精**：卵巣から取り出した卵子を培養器の中で精子と受精させ，受精卵や胚(はい)を子宮や卵管に戻して妊娠を図る方法。
③**代理懐胎・代理出産**：生殖医療技術を用いての妊娠・出産を他の女性に依頼する方法。
　＊なお，可能性としては②および③の場合に，卵子，精子ともに夫婦のものである場合以外に，一方あるいは双方とも他人のものの場合もありうる。

　医療技術の進歩の結果，欲すれば子を持つことができ，男女を産み分け，さらには遺伝子解析技術の発展に伴い，遺伝的に「欲しい子」を持つことも不可能ではない。しかし，子は商品ではない。人間に対する尊厳を踏まえた生殖補助医療のあり方が問われている。

　日本では現在のところ生殖補助医療に関する法律は存在しない。実際に生殖医療に携わる医療関係者の自主規制として重要なのが，日本産科婦人科学会の取り組みである。同学会の会告や見解は，次のように整理することができる。

①法律上の夫婦については，上記の①および②を認める。ただし，
②体外受精については，第三者からの卵子提供は認めない。
③夫の精子を保存する場合には，夫の年齢40歳までの保存とする。また夫死亡の時点で精子は廃棄し，死亡後の精子を用いてはならない。
④代理懐胎・代理出産は認めない。

　立法に向けての作業も行われている。2000年12月に提出された国の専門委員会（厚生科学審議会先端医療技術評価部会生殖補助医療技術に関する専門委員会）の報告書（「精子・卵子・胚の提供等による生殖補助医療のあり方についての報告書」）は，基本的な考え方とし

て次の6項目を提示している。①生まれてくる子の福祉を優先する。②人を専ら生殖の手段として扱ってはならない。③安全性に十分配慮する。④優性思想を排除する。⑤商業主義を排除する。⑥人間の尊厳を守る。

これを受けて2003年4月には，厚生科学審議会生殖補助医療部会報告書（「非配偶者間生殖補助医療のあり方についての報告書」）がまとめられている。そこで提示された結論は以下の通りである。

①精子・卵子・胚の提供等による生殖補助医療を受けることができるのは，不妊症のために子を持つことができない法律上の夫婦に限定され，かつ自己の精子・卵子を得ることができる場合には精子・卵子の提供を受けることはできない。
②提供された精子による人工授精（AID），
③提供された精子による体外受精，
④提供された卵子による体外受精は認める。
⑤胚の移植については，子の福祉のために安定した養育環境が十分に整備されていることが条件とされ，また胚の提供を受けなければ妊娠できない夫婦に対する最終的な選択として認められる。
⑥代理懐胎（代理母・借り腹）は禁止される。

代理懐胎には，妻が卵巣・子宮摘出などによって妊娠できない場合に，夫の精子を妻以外の者の子宮に医学的な方法で注入して妻に代わって妊娠・出産してもらう**代理母**と，夫婦の精子・卵子は使用できるが，子宮摘出等によって妻が妊娠できない場合に，夫婦の精子・卵子を体外受精して得た胚を妻以外の者の子宮に入れて妊娠・出産してもらう**借り腹**（ホスト・マザー）の2種類がある。

いずれも第三者の人体を妊娠・出産のために利用するものであり，上述した「人を専ら生殖の手段として扱ってはならない」という基本的考え方に反する。また妊娠・出産の危険性からして「安全性に十分配慮する」観点からも容認できるものではない。さらに"代理"とはいえ通常の母親と同様の母性を育むことが十分考えられ，依頼した夫婦との間で子をめぐる深刻な争いが起こることも想定され，「生まれてくる子の福祉を優先する」観点からも望ましくない。

以上の点から代理懐胎を禁止する結論が導かれている。代理懐胎に関しては，注目をあつめた裁判例がある。日本人夫婦がアメリカで代理懐胎によって子を得，帰国後に自分たちの実子として出生届を出そうとしたが受理されなかった。夫婦は不受理処分を不当として裁判を提起した。最高裁は，「現行民法の解釈としては，出生した子を懐胎し出産した女性をその子の母と解さざるを得ず，その子を懐胎，出産していな

い女性との間には，その女性が卵子を提供した場合であっても，母子関係の成立を認めることはできない」と判示した（2007年3月23日）。最終的に子の夫婦は，子との間に特別養子縁組を結び，法律上の親子関係を築いている。

　子どもを欲しい夫婦の思いとともに，あるいはそれ以上に重要なことは，生殖補助医療によって生まれてくる子の立場である。生殖医療部会報告書では，「出自を知る権利」について提言されている。すなわち生殖補助医療により生まれた，あるいは生まれたかもしれないと考えている子で，15歳以上の者は，精子・卵子・胚の提供者に関する情報のうち，開示を受けたい情報について，氏名，住所など，提供者を特定できる内容を含め開示請求することができるものとしている。

　また，営利目的での精子・卵子・胚の授受，授受の斡旋，代理懐胎のための施術・施術の斡旋，生殖補助医療に関する職務上の守秘義務違反に対しては，罰則をもって規制することも提言されている。　　　　　　　　　　　　　　　（北山雅昭）

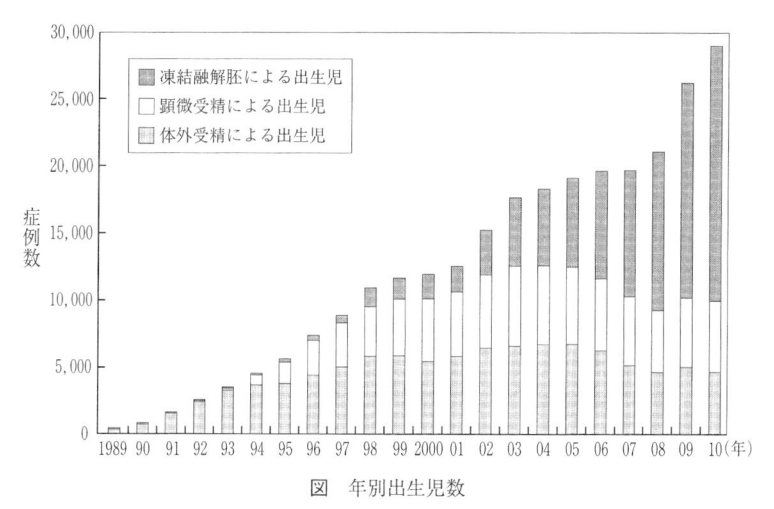

図　年別出生児数

出所：日本産科婦人科学会 ART データ集（http://plaza.umin.ac.jp/~jsog-art/20121017datal.pdf）。

第2章　日本人，住民として生まれる

　人が成育する環境は家庭のみではない。近所の公園で遊び，保育園・幼稚園に通い，義務教育，さらに高等教育を受け，より多くの人々との交わりのなかで人として成長していく。私たちは，学校，地域，日本社会など，家庭よりもより大きな環境のなかに生まれ，そうしたなかで社会性が育まれていくのである。
　本章においては，その最も大きな社会的環境として「国」をあげ，国の最も基本的な個人のステイタスである「国籍」「戸籍」の内容とその現在の問題について説明する。国を治める方式・内容，いわゆる統治機構については，主に憲法の内容に則して立法・行政・司法のセクションを中心に言及する。さらに，より身近な社会的環境として，変わりつつある「地方」に注目し，各種の地方公共団体により行われる地方自治を概観する。そして選挙・年金・医療・就学など日常生活と深い関わりを有している住民基本台帳制度のしくみについて説明する。

1　国籍と戸籍

国　　籍

　国籍とは，日本国民としての要件（資格）のことをいう。これは，基本的人権の保障や公務員になる要件，選挙権あるいはパスポート取得など，多くの権利行使に関わる重要な法的地位でもある。国籍の付与にあたっては，ヨーロッパの大陸諸国や日本，中国など東アジアでは，血統を重視する国が多い（**血統主義**）。このうち，フランス，イタリアなどでは父親の認知さえあれば国籍が与えられる。一方，アメリカやイギリス，ラテンアメリカなど多くの移民を受け入れてきた国々では，出生した場所で国籍取得を決める例が多い（**出生地主義**）。

　日本国籍について，日本国憲法第10条は，「日本国民たる要件は，法律でこれを定める」と規定する。**国籍法**は，国籍の取得・喪失の要件を定めている。

ある個人が国民であるか否か，すなわち国民の範囲を知るには，国籍法を見れば分かるのである。1950年に制定された国籍法は，30年以上の長きにわたりほとんど改正されずにきたが，1984年に大幅な改正がなされた。国際結婚が増えてくるなどわが国の内外の社会情勢が変わってきたことが改正の要因である。直接的には，わが国が1980年に署名した「女子に対するあらゆる形態の差別の撤廃に関する条約」(**女子差別撤廃条約**)を批准するのに，国籍法の内容を条約の趣旨に合わせるためであった。そのため父母両系血統主義の採用など重要な改正がなされたのである。

国籍の取得と喪失

　国籍法は，日本国籍の取得について大きく3つのケースに分けて規定をなしている。

　第一に，出生によって国籍を取得するケースである。国籍法第2条は，従来，「子は，次の場合には日本国民とする」として，「出生のときに父又は母が日本国民であるとき」(1号)，「出生前に死亡した父が死亡の時に日本国民であったとき」(2号)，「日本で生まれた場合において，父母がともに知れないとき，又は国籍を有しないとき」(3号)には日本国籍を取得するものとしている。

　第二に，法務大臣への届出によって国籍を取得するケースであり，これには，父母の婚姻及びその認知により嫡出子となった20歳未満の子で，認知をした父が出産の時に日本国籍である場合に届出をする(同法3条1項)，国籍の留保をせずに日本国籍を失った者が一定条件の下に届出をする(17条1項)，官報による国籍選択の催促を受けて日本国籍を失った者が一定条件の下に届出をする(17条2項)，などのケースが挙げられている。

　第三に，帰化により国籍を取得するケースである。日本では，「出生後における外国人の国籍取得のうち，外国人が自己の意思に基づいて申請し，国が当該外国人に国籍を付与する場合だけ」を帰化としており，「帰化を許可する場合の諸条件を法律で定め，これを具備する者の申請があった場合，許可するか否かは，専ら国家の自由であるとして，その許否を行政機関(我が国は法務大臣)の権限である」としている。このケースには，一般の外国人が具備する条件について審査がなされる普通帰化(5条)，我が国あるいは日本国民と一定の関係を有する外国人につき条件の一部が緩和される簡易帰化(6・7・8条)，

日本に特別の功労のある外国人につき条件を免除する大帰化（9条）がある。

一方，日本国籍の喪失については6つのケースが定められている。①自分の意思で外国の国籍を取得した場合であり（11条1項），②重国籍者が外国の法令によってその国の国籍を選択した場合（11条2項），③外国で生まれ重戸籍になった者が国籍の留保届をしなかった場合（12条），④重国籍者が日本国籍を離脱する場合（13条），⑤重国籍者が国籍選択の催告を受けてから1ヶ月以内に日本国籍を選択しなかった場合（15条3項），⑥法務大臣が重国籍者に対し日本国籍の喪失を宣告した場合（16条2～5項）である。

2008年の国籍法改正

日本における人的国際交流の増加および人権意識・国籍意識の変化を受け，2008年12月，国籍法の改正が行われた。結婚していない日本人の父親と外国人の母親との間に生まれ，生後に認知された婚外子に対して日本国籍は，従来，認められてはいなかった。しかしながら，事実婚や未婚の母が増加し家族や親子の関係が多様化し，日本国籍が得られない上記の境遇の子が国内に数万人いるとの推計もある。2008年時点で，結婚で区別するのはおかしい，との声が高まる中，2008年6月，最高裁大法廷は国籍法が憲法違反であるとの判断を下した。

国籍法3条1項では，日本国民の父と日本国民でない母との間に出生し，父が出生後に認知した子について，父母の婚姻により嫡出子としての身分を取得した場合に限り，届出による日本国籍の取得を認めており，父から出生後に認知されたにとどまる子との間で，区別が生じていた。同条項に対する最高裁は次のように判示した。「1984年の法改正で同項の規定が設けられた当時は，父母の婚姻を密接な結びつきと見ることには相応の理由があったと見られ，立法目的との間に一定の合理的関連性があったといえる」，「しかし，その後の家族生活や親子関係に関する意識の変化，その実態の多様化などを考慮すれば，父母の婚姻ではじめて密接な結びつきを認めるのは，今日では必ずしも実態に適合するとはいえない。また，諸外国では婚外子に対する法的な差別的取扱いを解消する方向にあり，我が国の批准した条約にも児童が出生によっていかなる差別も受けないとする趣旨の規定がある。さらに多くの国で自国民との父子関係の成立が認められただけで自国籍取得を認める法改正が行われている」。上

記の見解の下,同条項は憲法第14条1項(「法の下の平等」)に違反するとの判断を下すにいたっている。

　こうした判断を受け,同年12月,改正国籍法が成立した。改正のポイントは,父の認知があれば両親が結婚していなくても届出によって子の日本国籍を認めること,2003年1月以降に改正後の条件を満たしている者は,さかのぼって国籍取得を認める,などである。一方,改正過程においては「偽装認知のような不正ビジネスを許しかねない」などとする慎重論も出ており,嘘の国籍届出に対する罰則(1年以下の懲役か20万円以下の罰金)が改正法に新設された。

戸　　籍

　「夫婦関係」や「親子関係」などの身分関係,すなわち各人の家族関係を明らかにするための制度が**戸籍**であり,その手続などを定めた法律が**戸籍法**である。明治民法下の戸籍は,戸主を中心として一戸ごとに編成・管理されていたが,現在の戸籍は,一組の夫婦を中心に編成され,その間に生まれた子は夫婦の戸籍に入り,その子が結婚すると,別の戸籍が新しく作成される。戸籍事務は市区町村長が管理しており,ひとつの戸籍の全部を写したものは**戸籍謄本**,一部を写したものは**戸籍抄本**と呼ばれる。なお,戸籍の謄本・抄本の交付請求は,正当な理由があれば他人でも可能である。

　戸籍には,本籍のほかに戸籍内の各人について,①氏名,②出生年月日,③戸籍に入った原因・年月日,④実父母の氏名・実父母との間柄,⑤養子であるときは養親の氏名・養親との間柄,⑥夫婦については,夫または妻である旨,⑦他の戸籍から入った者については,その戸籍の表示,⑧その他法務省令で定める事項,についての記載が義務付けられている。

2　国の統治——立法,行政

憲法とは何か

　憲法は次の3つの視点からとらえることができる。

　第一に,「憲法」とは,国民の自由・人権を保障するために,その国の政治権力の組織・構成・運用・機能等を定める根本法で,憲法の名を冠した法規をいう。だが1215年制定のイギリスのマグナ・カルタ,1356年制定のドイツの黄金

文書は，史上よく知られる代表的な根本法であるが，形式上「憲法」ではない。

　第二に，17世紀末から19世紀はじめにかけて，欧米では人間の自由と平等を求めて，君主専制体制を倒し，民主主義的市民国家を建設する政治運動（いわゆる革命）が起こったが，その成功後，人権の保障，権力の分立，議会制，司法権の独立を内容とする統治の基本法を憲法という（近代憲法ともいう）。現代の国のほとんどは，欧米にならって近代憲法に源流を持つ現代憲法を持つ。これを**立憲国家**という。

　第三に，憲法という名称を持つ法典を**憲法**または**憲法典**という。世界最初の憲法典はアメリカ合衆国憲法である。立憲国家だが憲法典を持たない国もある（イギリス）。また憲法典には統治構造のみを規定し，人権保障は権利章典に委ねる国もある（フランス，アメリカ）。

　2012年8月現在，世界に195あるといわれる諸国は，統治組織・人権保障のための根本法としての憲法を持つ。これらの国は**成文憲法**（書かれた憲法）の国家である。しかし国によっては，もちろん憲法は存在するが，憲法と名付けられた法典を持っていない国もある。たとえばイギリスではマグナ・カルタ，権利請願，権利章典，人身保護法，王位継承法，大臣法，国会法など一群の重要な法律を憲法とし，スウェーデンでは，統治法，王位継承法，出版自由法を憲法と総称する。これらの国を**不文憲法国家**という。

　憲法改正手続の難易を基準とした憲法の区分もある。憲法改正の手続が一般の法律改正の手続と異なり，より厳格な手続を定める憲法を**硬性憲法**といい，憲法改正の手続が一般の法律の改正と同様なものを**軟性憲法**という。日本国憲法は硬性憲法である（第96条）。

　アメリカ，カナダ，ドイツ，オーストリア，スイス，メキシコのような州（または，邦，支分国）から成り立つ連邦国家には，**連邦憲法**と**州憲法**とが併存する。連邦国家の国民は，連邦憲法と州憲法とのふたつの憲法の支配下におかれる。ふたつの憲法併存から予想される矛盾・衝突を回避するために，**連邦権限優越主義**と**州権限優越主義**がある。たとえばアメリカ合衆国憲法は前者で，連邦議会，連邦大統領，連邦司法部の権限を限定明記し，他はすべて州権限とする。ドイツはアメリカに準じ，カナダは州権限優越主義とする。これに対し日本はもとより世界の圧倒的多数の国は連邦制をとらず，一国・一憲法である。これを**単一国憲法**という。

国家とは，一定の支配権力により統一された，一定の地域に定住する人間の社会団体である。そこで権力，領土，人民を国家の三要素という。国家の歴史は，氏族共同体としての古代国家（首長制），大土地所有制を基礎とする封建主義的中世国家（君主制），国王，貴族，豪商が結束して支配する絶対主義的近世国家（絶対君主制），立憲主義的民主主義的近代国家（象徴的君主制または共和制）と展開してきた。国家の主な種別には，独裁国家と民主国家，自由国家と社会国家，連邦制国家と単一制国家，宗主国と保護国などがある。

主　権

　立法，行政，司法といった国家諸権力を統合する国家の最高権力を**主権**という。**統治権**というのも同義である（権力とは国家の機関の行う合法的強制力をいう）。国家諸権力の担い手，執行方法は憲法で定められる。だから主権とは憲法を制定する権力といってもいい。封建時代の欧州では，国王，諸侯，教会その他各種の支配者が，それぞれ権力を持っていたが，近世の絶対君主は国内に分散していた権力を排他的に自己の手中に集約し，自分は単なる権力者以上の主権者と称した。これが主権概念のはじめである。

　主権とは，国内的には最高権力であり，国際間においては一国の統治権力の自主独立性を意味する。すなわち国家の政治のあり方を最終的に決める権力が「主権」ということになる（他に，国家が他国に対して独立していることを指す意味がある）。この権力が国民にある場合を**国民主権**といい，戦前の大日本帝国憲法のように君主にある場合を**君主主権**という。現行日本国憲法がこの意味での「国民主権」を基本原理のひとつとしていることは，前文前段の「ここに主権が国民に存する宣言し……」という文言，および第1条の「……主権の存する日本国民……」という文言から明らかである。

　ところで問題は，国民主権の場合，国民が主権を行使する方法である。国民主権は，民主主義という理念と密接に関わるが，国民主権の行使には大きく分けて，国民が直接的に主権を行使する方法と，国民の意思を反映する国家機関を通じて間接的に行使する方法があり，前者の制度を**直接民主制**，後者に関する制度を**間接民主制**という。日本国憲法は前文冒頭で「日本国民は，正当に選挙された国会における代表者を通じて行動し……」と述べ，国会を直接に媒介とする間接民主制を原則として採用しているが，同時に，国民投票による憲法

改正（第96条），地方自治特別法に対する住民投票（第95条）等のように直接民主制も定めている。

なお，大日本帝国憲法は天皇が制定し（欽定憲法），「大日本帝国ハ万世一系ノ天皇之ヲ統治ス」（第1条）とあり，「天皇ハ国ノ元首ニシテ統治権ヲ総攬シ」（第4条）とあり，天皇が主権者であった。近代ヨーロッパ諸国では君主主権国であっても，君主の権力は憲法により限定され，形式化されているが，帝国憲法の天皇は広範な命令大権，統帥大権，任命大権，非常大権など強大な実質的権力を有し，その権力はきわめて強大であった。これに対して，現在の天皇の地位は象徴である。日本国憲法第1条は，「天皇は，日本国の象徴であり日本国民統合の象徴であつて，この地位は，主権の存する日本国民の総意に基づく」と定め，この象徴的地位は，国民主権主義と密接不可分な関係にある。

立　法

憲法第41条は，国会を「唯一の立法機関である」と定める。形式的には国会の制定する法が法律であるが，ここでいう**立法**とは実質的意味の立法すなわち国民の権利を保障あるいは制限し，義務を課す法規範を制定することである。しかしこのような国家と国民の関係を規律する法規範のみならず，憲法は，法治主義を徹底する趣旨から，国家の行政組織や公務員に関する重要事項なども，国会の制定する法律によるとしている（第66条1項・第73条4号）。国会や裁判所のあり方に関しても，憲法の具体化に当たって法律によるべきことを明示している場合が少なくない。このように理論上ないし憲法上法律によるべきことが要請されている実質的法規範の定立について，国会は，**唯一の立法機関**とされているのである。

「唯一の」という規定にはふたつの意味があり，第一は**国会中心立法の原則**であって，実質的立法はすべて国会を中心に行われなければならず，明治憲法における緊急勅令や独立命令のような他の機関による立法を認めないということである。もっとも，「憲法及び法律の規定を実施するため」の執行命令や法律の委任に基づく委任命令は認められている（第73条6号）。現代国家の遂行すべき課題が複雑になり，その量も増大していることから，そのすべてを法律で定めることは不可能であり，また専門的事項を行政に委ねるほうが合理的である場合も少なくないからである。

第二は**国会単独立法の原則**である。これは，国会の議決のみで法律は成立し，明治憲法のように，天皇の裁可など他の機関の行為が法律の成立要件となってはならないという意味である。ただし，憲法第95条は，ひとつの地方公共団体のみに適用される特別法の制定について，その地方公共団体の住民投票における過半数の同意を必要としているが，これは，日本国憲法の重要な特徴のひとつである**団体自治・住民自治の原則**との調整を図った，国会単独立法の一種の例外である。

行　　政

　日本国憲法は，次の規定に見られるように**議院内閣制**を採用する。①内閣総理大臣（首相）を国会が指名する（第67条），②内閣総理大臣と他の国務大臣の過半数は，国会議員であること（第67・68条），③内閣は国会に対して連帯して責任を負うこと（第66条3項），④内閣は衆議院の信任を必要とすること（第69・70条），⑤衆議院による内閣不信任の場合は，衆議院を解散するか，そうでない場合は，内閣は総辞職するのである（第69条）。

　内閣とは，その首長たる内閣総理大臣およびその他の国務大臣で構成される合議体であり（第66条1項），この内閣の組織および権限の詳細に関しては，憲法は**内閣法**に委任している。また，内閣の統轄（とうかつ）の下における行政機関の組織は，**国家行政組織法**によって規定されている。こうして内閣をはじめとして，省，委員会，庁，局にいたるまでの行政組織が法定化されるようになった。

　国の行政権は，第一に内閣に属する（第65条）ので，内閣は行政事務を一般的に行使することができる。憲法第73条は，第65条を受けて，内閣の行う一般行政事務のほか，特に重要なものを列挙したもので，それに関しては少なくとも内閣の専権行為と考えられる。また国の一般行政事務は内閣のみが行使するものではなく，国家行政組織法の定める各機関，地方の行政機関，行政委員会等に委ねられている。一般に内閣の行う権能は実定法によって拘束されるが，実定法によってその具体的な処分が自由に任せられている場合（**自由裁量**）もある。なお，内閣は一般行政事務を行うだけでなく，非常・緊急時には，実定法を超えた特別な行政事務を行うことがある。

　憲法第73条に示された内閣の重要な機能とは次の7つである。①法律の執行と国務の処理（行政事務を統轄し行政各部を指揮監督すること），②外交関係の処理，

③条約の締結（事前もしくは事後に国会の承認が必要），④官吏に関する事務の掌理，⑤予算の作成（内閣のみがその案を国会に提出できる），⑥政令の制定（行政機関の制定する成文法は命令・規則とされ，このうち，内閣によって制定されるものを政令と呼び，命令の中では最高の内容を持っている），⑦恩赦の決定，である。

国会との関係では，国会の臨時会の召集（第53条），参議院緊急集会の請求（第54条2項），国会への議案提出があり，司法に対しては，最高裁判所長官の指名，他の裁判官の任命（第6条・第79条1項・第80条1項）がある。

3　国の統治——司法

司法と裁判

裁判は，三権のひとつである司法権の属する**裁判所**で行われる（第76条1項）。裁判所は裁判官により構成され，裁判官は，良心に従い独立して職権を行い，憲法と法律にのみ拘束される（同条3項）。従って，司法権は，裁判官個人により行使される特殊な形態がとられている。裁判の結論は，裁判官（裁判員裁判の場合は裁判員も）の自由な判断に委ねられるが，法律のプロでも神ならぬ人間で，恣意的な判断もありうる。そのため，適正な手続と証拠に基づいて公正さを担保するために，さまざまなルールが訴訟法で定められている。

裁判は次のような場合に利用される。貸したお金を返してもらえない，金融業者からの借金を返済できない，家の立ち退きを求められた，交通事故にあった，隣家との境界がはっきりしない，相続をめぐり親族間でもめている，離婚後の子の親権をどちらが持つか決まらない，お金を詐欺でだまし取られた，泥棒に入られた，などである。こうした市民間の紛争や犯罪について，国が法に基づいて裁定しまたは刑罰を科すのが裁判である。

「社会あるところ法あり」という格言がある通り，古今東西，人間が集団で生活する限り，争いごとは絶えず，法に基づく規律と解決が求められる。しかし，神ならぬ人が判断する以上，真実が分からない場合がある。昔は，真偽を見定めるために，両当事者に熱湯に手を入れて釜の底を探らせ，手がただれたら嘘を，ただれなければ真実をいっているとみなしたという記録がある（盟神探湯）。現代の裁判では，こうした神判と呼ばれた非合理的な方法でなく，証拠と適正な手続に基づいて裁判官により事実が認定される。

裁判で和解や判決にいたると，差し押さえや刑務所への強制収容で執行される。このように，法と裁判による解決は，国の強制力をもって行われる点に特徴がある。民事裁判では原告の訴えが認められて原状回復や金銭の損害賠償が被告に命じられ，刑事裁判では検察官の起訴事実が認められて被告人に有罪判決と量刑が科され，または敗訴か無罪の一刀両断的な解決が図られる。

他方，裁判は，両当事者に事実上の力の差があっても，証拠に基づく主張を重視して進められ，紛争が論争で平和的に解決される。そのため，社会的弱者でも訴えを起こし，権利義務関係に基づいて，大企業や国を相手に争い，権利を主張し，実現することができる。

三権分立の見地からは，裁判には，**違憲審査権**を行使し，立法，行政を憲法に照らしてチェックする機能がある（第81条）。刑事裁判は，違法行為の処罰を国（検察官）が求め，裁判で刑罰を科し，国民の生命，身体や財産の安全を守る治安維持機能も帯びている。

裁判の種類と原則

裁判の種類には，**訴訟**，**調停**，**審判**がある。

訴訟の主な原則に，**当事者主義**（訴訟の進行の主導的な役割は当事者に委ねられる），**口頭主義**（公判期日における手続は口頭で行われる），**直接主義**（裁判官は，公判廷において直接取り調べた証拠のみに基づいて事実を認定し判決を行う），**公開主義**（公判手続と判決手続は公開される，第82条）がある。訴訟の種類は，私人間で当事者の一方（原告）が他方（被告）を訴える**民事訴訟**，行政庁の権限行使にかかる不服などの解決を図る**行政訴訟**と，国・社会・個人の法益（法で保護されるべき利益）の侵害行為について検察官が国を代理して被告人を訴え（起訴），有罪判決と適正な刑罰を求める**刑事訴訟**に分かれる。

調停は，原則非公開で，**調停委員会**（裁判官と学調停員）のあっせんにより，当事者間の話し合いで解決を図る。離婚や相続などの家庭問題のほか，民事事件でも行われる。

審判には，**家事審判**と**少年審判**がある。原則非公開で，裁判官が事情を調べて判断を行う。給与の不払いなどをめぐる個別労働紛争は，**労働審判**で，労働審判委員会（裁判官と労使双方から1人ずつ選任される労働審判員）で調停を試み，まとまらない場合は審判で解決策を提示する（異議申立てにより失効して訴訟手

続に移行）。

　民事事件では，原告と被告の双方が証拠に基づいて主張をつくし，裁判官が両者の言い分に耳を傾けて，どちらに分があるかを判断して，原告の訴えを認めるかどうかが決められる（当事者主義）。刑事裁判では，事件の発生後に捜査が行われ，犯人と疑われる人（被疑者，マスコミ用語では容疑者）について，検察官が有罪を立証し，適切な刑罰を求める。刑事裁判で，検察官の立証が十分ではなく，常識に照らして疑問が残る場合は，無罪が宣告される。この**無罪推定の原則**は，フランスの旧体制（アンシャンレジーム）下で王権と裁判官が結託して冤罪（えんざい）を生みだした反省に基づき，18世紀末のフランス革命後に人権宣言でうたわれ，ときに身柄を拘束される被疑者，被告人に比して，国の予算で捜査を行うことができる有利な立場にある検察官が証拠に基づいて有罪立証を十分できない場合は，無罪とみなすという考え方に基づく。「九人の罪人を逃しても一人の無辜（むこ）（無実の人）を罰するなかれ」という格言にあるように，真偽不明で判断がつかなければ，有罪の人を無罪にする方が，無罪の人を有罪にして冤罪を生みだすよりもましとする，歴史の教訓と人間による裁判の限界から導かれた次善の策といえよう。

裁判所の種類

　裁判所の種類にはどのようなものがあるだろうか。裁判所は，**最高裁判所**（1ヶ所），**高等裁判所**（本庁8ヶ所と支部6ヶ所），**地方裁判所**（本庁50ヶ所と支部203ヶ所），**家庭裁判所**（地方裁判所と同様の本庁，支部数に加えて，出張所77ヶ所），**簡易裁判所**（438ヶ所）からなる。**三審制**で，はじめに訴訟を起こした第一審の判決に納得のいかない当事者は，要件を満たせば上級の裁判所に控訴，上告できる。

　最高裁判所は東京にあり，御影石（みかげ）でできた巨大な建物に圧倒される。高等裁判所は全国の主要都市にあり，東京高等裁判所には「特許権に関する訴え」のほぼすべての控訴事件を扱う知的財産高等裁判所がある。地方裁判所の本庁は県庁所在地にある（北海道は札幌，旭川，釧路，函館）。簡易裁判所では，軽微な事件（民事事件の場合は訴額〔争う金額〕が140万円以下）が扱われる。小額訴訟手続で，60万円以下を争う場合に簡易迅速な解決が図られる。家庭裁判所では，離婚や相続などの家事事件と少年事件が扱われる。地方裁判所支部には，家庭

裁判所支部と簡易裁判所が併設される場合が多く，民事訴訟，刑事訴訟，家事調停・審判，少年審判のほか，民事執行，破産申立，成年後見，DV保護命令，支払督促，略式手続などのさまざまな事件が，あわせて年間１万件以上取り扱われることも珍しくない。

司法の担い手

　司法の中心的な担い手は，**裁判官，検察官**と**弁護士**（実務法律家）である。2013年度の人数は，裁判官2912名（ほかに簡易裁判所判事806名），検察官1822名（ほかに副検事899名）で，弁護士は３万3506名（2013年12月１日現在）である。これらの職に就くためには，原則として法科大学院（2004年創設）の卒業，司法試験の合格と，司法修習の修了が必要となる。法科大学院は，2012年現在，全国に70校余りあり，法学既習者用の２年コースと未習用の３年コースがある。司法試験合格者は年間2000人程度，合格率は20％台で，法科大学院設立前の２，３％に比べて合格は容易になったものの，難関であることに変わりはない。裁判官と検察官の採用者数は年間100名前後に限られており，残りは弁護士になる。弁護士は，近年の合格者増加により，とりわけ大都市部で就職が困難な状況が生じている一方，企業や官庁で勤務するケースが増えており，職域は拡大しつつある。

　裁判官は，官職別に，**最高裁判所裁判官**（最高裁判所長官，最高裁判所判事）と**下級裁判所裁判官**（高等裁判所長官，判事，判事補，簡易裁判所判事）からなる。裁判官になるためには法科大学院を卒業し，司法試験に合格し，司法修習を終えて，任官申請を行い，最高裁判所の指名と内閣の任命を受ける必要がある（第80条１項，最高裁判所長官は内閣の指名と天皇の任命〔第６条２項〕，最高裁判所判事は内閣の任命〔第79条１項〕）。判事と判事補の指名判断に際して，最高裁判所は，下級裁判所裁判官指名諮問委員会（2003年創設，民間人を含む11名の委員からなる）に諮問してその意見を受ける。弁護士からの任官ルートや，週に一度程度の非常勤で弁護士が裁判官役を務める裁判所調停官の職もある。

　最高裁判所裁判官には，15名のうち５名までは司法試験に合格していなくても就任できる。これまでは，事実上，前職別に選ばれており，判事６名，検察官２名，弁護士４名，外交官１名，厚生労働省１名（女性），法学者１名である。最高裁判所裁判官は，任命直後の衆議院議員選挙時とその後10年を経るごとの

同選挙時に，国民審査にかかり（第79条2・3項），民意の反映が図られている（これまで罷免された例はない）。簡易裁判所判事には，司法試験に合格せずに選考を通じて任官するルートがあり，一定期間の経験を積んだ裁判所書記官が多く就いている。

　裁判官の任期は10年で（最高裁判所を除く），定年は65歳である（最高裁判所と簡易裁判所は70歳）。はじめの10年間を判事補として勤務し，次に判事への任官を申請し，定年まで10年ごとに再申請を行うパターンが多い。異動はほぼ3年ごとに行われ，全国転勤を繰り返す。裁判官の間では，次第に，任地やポスト（部総括裁判官〔裁判長〕など）が分かれ，任官後20年ほどで昇給に幅が出る。こうした日本の裁判官に見られる任期制，定期異動，任地・ポストと昇給基準のあいまいさは国際的に珍しく，再任や人事を考慮する裁判官の判断に影響をおよぼし，その独立に抵触する恐れも指摘されている。

　裁判所には，裁判官のほかに，裁判所書記官，裁判所事務官，家庭裁判所調査官などの職員が勤務する。民間からも，簡易裁判所に司法委員，家庭裁判所に参与員，調停に調停委員が参加して，当事者間の仲立ちを図り，裁判官の求めに応じて参考意見を述べる。建築，知的財産，医療などの専門分野の裁判では，当該分野の専門家が専門委員として裁判官に意見を述べ，裁判の専門化に寄与している。

司法へのアクセス

　もめごとが起こると，終局的には裁判所で解決されるが，その割合は少ない。2005年の全国調査によれば，何らかの困りごとを過去5年間に経験した人のうち，裁判を利用したのは2.6％に過ぎなかった。

　市民が法律相談や裁判などの司法を利用する（司法へのアクセス）にあたり，それを妨げるバリアがあるといわれる。まず，裁判に必要なお金と時間である。裁判は費用がいくらかかるのか分かりにくい。弁護士（簡易裁判所の訴額の事件の場合は司法書士でも可）に相談し依頼する場合は，法律相談料（通常は30分あたり5000円程度）と依頼費用がかかる。もっとも，本人のみで代理人を頼まずに裁判を起こし起こされる場合は（**本人訴訟**），裁判手数料のみで済むし，市役所などで主催の無料法律相談会におもむいて適切な法的助言を得ることができれば，相談料は無料で済む。資力が十分でなく勝訴の見込みがないとはいえない

場合は，日本司法支援センター（法テラス）と契約する弁護士の相談料は無料になり，依頼料は比較的低額の分割払いになる。民事訴訟では訴訟上の救助の制度があり，該当すれば訴状の印紙代の支払いが先送りになる。時間については，裁判の迅速化が進められているが，訴えの提起から判決までに一般に数ヶ月を要する。

次に，司法に関する情報が多くないことである。裁判を起こそうとしても，法律相談をすべき弁護士がどこにいるのか，分かりにくい。地方では，地方裁判所の周辺を除き，弁護士がそもそも少ない（**弁護士過疎**）。弁護士がいても，評判や専門分野は分かりにくい。身近な裁判所も，とりわけ地方では簡易裁判所や家庭裁判所出張所が多く，地方裁判所の支部には距離があり，本庁や高等裁判所は遠い。なお，典型的な事件の訴状の書式は，裁判所のウェブサイトでダウンロードでき，書き方や手続は裁判所に行けば職員が教えてくれる。法テラスのコールセンターや地方事務所では，法律問題に関する情報提供（法律相談ではない）を行っており，早めに照会するとよい。

最後に，司法へのアクセスの最後のバリアは，裁判を起こすことの心理的なためらいである。日本は，諸外国に比して民事訴訟率が低く，その主な理由に，上記の裁判にかかる費用と時間のほか，日本人に権利を主張して裁判で決着をつける意識の低さが指摘されてきた。ただし，近時の意識調査では，日本人が，白黒をつけることを必ずしもためらうわけではなく，事件の種類により必要があれば裁判での公正な解決を求めるという結果も出ている。前述の専門的な相談の機会や情報の少なさによるところも大きいであろう。

司法へのアクセスは向上されるべきにしろ，法と裁判は万能ではない。近代法は，市場における円滑な商品交換と経済発展に資するよう，人が他者と他者同士で関わりあう権利義務関係を基本に構築されており，家族や近隣，職場の顔なじみなどの親密な人間関係に必ずしもそぐわない面がある。また，裁判にも限界があり，一刀両断的な解決のみでは，当事者間の人間関係や心情は回復されない。以前に，近隣住民同士の子どもの預け合いによる事故死の解決を裁判で図ろうとして（いわゆる**隣人訴訟**），批判が浴びせられたことがある。近時は，民事事件で判決以外の話し合いで両当事者の納得を図りつつ解決し（**裁判外紛争解決手続＝ADR**），刑事事件で心の傷の修復を念頭に被害者と加害者の話し合いと和解を促す（**修復的正義**）試みも見られる。

第Ⅰ部　生まれる

市民の司法参加

　裁判には，裁判官，弁護士と検察官のほか，前述の通り，調停委員，司法委員，参与員，労働審判員，専門委員が関与する。実務法律家以外も裁判に関わり，一種の市民の司法参加といえなくもないが，参加するのは有識者や専門的知見を持つ人にとどまる。

　純然たる市民の司法参加制度に，戦前の1928年施行の**陪審制度**（ばいしん）があった。この制度では，一定の資産があり選挙権を持つ30歳以上の男性から無作為に選ばれる**陪審員**が，被告人の有罪・無罪を判断した。しかし，第二次大戦中，陪審制度は停止され，15年の幕をいったん閉じ，戦後も復活を見なかった。他方，検察審査会が1948年に発足し，検察官が起訴しなかった事件について，その不起訴の当否を，市民から無作為に選ばれた11人の検察審査委員が半年間の任期で判断してきた。議決の種類は，不起訴相当（起訴しないことが適切），不起訴不当（起訴しないのはおかしい），起訴相当（起訴することが当然）の3つで，2009年から2度の起訴相当議決で検察官役弁護士による起訴が義務付けられた。

　裁判員制度について見てみよう。訴訟手続の判断に市民が直接関与する制度として，同じく2009年に施行されたのが，裁判員制度である。同制度では，原則として，20歳以上の有権者から無作為に選ばれた裁判員6人が，裁判官3人とともに，罪の重い（死刑，無期懲役・禁錮（きんこ）のありうる犯罪か，一定の重罪で故意に被害者を死亡させた犯罪）刑事事件の裁判に参加し，事実認定，法律の適用と刑の量定を行う。諸外国の市民の司法参加制度と比べると，無作為に選ばれて基本的に事件ひとつに参加する点でアメリカなどの陪審制に，裁判官とともに法令の適用と刑の量定に関与する点でヨーロッパを中心とする参審制に近く，両者の折衷的な内容となっている。

　裁判員の候補者は，衆議院議員選挙人名簿からくじで選ばれ，前年の11月に本人に一回目の通知が，実際の裁判員裁判の6週間前までに二回目の通知が来る。通知には，裁判員制度に関するパンフレットとDVDのほか，質問票が封入されている。事件関係者や司法関係などの職に就いている人は裁判員になれないほか，70歳以上の人や学生は申し出れば辞退できる。その他に辞退を希望する人も，事業に著しい損害が生じる恐れなど，一定の要件にあてはまれば辞退できる。最終的には，裁判員裁判が行われる地方裁判所（制度施行時で全国60ヶ所）での選定手続で，裁判員6人と補充裁判員2人程度が選ばれて，交通

費と日当が支払われる。遠方から参加する裁判員・補充裁判員には宿泊費も支出される。

　裁判員の候補者通知が来た後，候補者になったことは，公にしてはならないことになっているが，家族や友達などの身近な人や職場の同僚に話す程度であれば大丈夫である。仕事を持つ人は，裁判員裁判の予定期間中，あらかじめ上司に休暇を申し出る必要があろう。裁判員法（裁判員の参加する刑事裁判に関する法律）には，裁判員に選ばれたことをもって職場で不利益な取り扱いをしてはならない旨が定められており，雇用主には相応の配慮が期待される（裁判員のための特別休暇制度を設けている企業等もある）。

　裁判員に選ばれると，他の裁判員と担当の裁判官と顔合わせし，宣誓の上，裁判官から無罪推定の原則などが説示される。午前中に裁判員に選ばれ，午後から裁判がはじまる場合もある。公開の法廷での審理，非公開の評議室での評議と判決言い渡しを含めて，3，4日かかる事件が多い。検察官の起訴内容を被告人が争って無罪を主張し，事件が複雑で証人が多いと，より多くの時間がかかり，100日を要した例もある。

　審理は，**冒頭手続**（被告人の本人確認，検察官の起訴状朗読，それに対する被告人および弁護人の認否），**冒頭陳述**（検察官と弁護人による事件の見立ての説明），**証拠調べ**（検察官による犯行現場の写真を含む捜査報告書や被告人と証人の供述調書の読み上げによる立証，弁護人による立証，被告人質問，証人尋問），**弁論手続**（検察官の論告求刑〔まとめと適当と考える刑の長さの陳述〕，弁護人の最終弁論と，被告人の意見陳述）からなる。事件によっては，犯罪被害者・遺族が，法廷で意見を陳述し，被告人や証人に質問を行い，検察官の求刑後に適当と考える刑を述べる。

　評議では，審理における検察官の有罪立証が十分で常識に照らして疑いを挟む余地がなければ有罪に，疑いが残る場合は無罪にしなければならない。裁判官と裁判員は同じ一票を持つ。意見が分かれた場合は，多数決となる（多数意見に裁判官と裁判員の双方から少なくとも一票が必要）。有罪の場合は，適用すべき法令と刑罰が決められる。裁判長は，裁判員が発言しやすい雰囲気をつくるよう配慮するものとされている。量刑の評議では，過去の類似事件の先例が参考資料として示される。評議の進行や発言内容は秘密とされる。

　最後に，法廷に戻り，裁判長から刑が言い渡される。被告人・弁護人，検察官ともに，判決内容に不服がある場合は，高等裁判所に控訴することができる。

裁判員裁判の判決は一般に尊重されるべきものとされているが，上級審で変更されることもある。裁判員を務めた市民は，裁判員裁判の終了後，日常生活に戻る。控訴されたかどうかや控訴審の日程に関する情報は，裁判所に問い合わせないと教えてもらえない場合が多い。犯行現場の悲惨な写真を見たことなどを契機として心理的な傷が残る場合は，裁判員経験者向けのカウンセリングを無料で受けることができる。その他に，民間の裁判員経験者をサポートする団体（裁判員経験者ネットワークなど）があり，希望者は入会してわだかまりなく他の経験者と交流し，法律や裁判の不明点を関与する弁護士に尋ねることも可能である。

　裁判員制度は，陪審制度の停止から66年ぶりに市民参加を実現し，さまざまな影響をもたらしている。まず，裁判への影響である。これまでの刑事裁判は，法律実務家のみで進められ，審理は，月に1，2回ずつ間をおいて行われ，難しい法律用語が用いられ，捜査報告書や供述調書はほとんど読み上げられることなく裁判所へ提出され，裁判官が裁判官室や自宅で読んで心証を形成し，書面が中心であった。しかし，裁判員裁判の実施後は，市民が法廷で見て聞いて分かる裁判が求められることから，口頭主義と直接主義が意識されて，法律用語は分かりやすく言い換えられ，検察官と弁護人がパワーポイントを映写して主張立証を行い，原則として連日開廷で短期間のうちに裁判が終了するなど，大きく様変わりした。取調べの録画が部分的に行われ，法廷で音声が流されるなど，透明性が高まりつつある。

　また，市民への影響もある。世論調査では，市民の間に裁判員の就任に消極的な意見が多いものの，裁判員を実際に体験した市民のほとんどは，裁判員裁判に関与したことが「よい経験だった」と評価している。そして，裁判員の経験を問わず，裁判員制度の実施後，市民は司法への関心を高めているという調査結果が出ている。

4　地方のしくみ

地方自治の本旨

　地方（ふるさと）では都市化が進み，経済も，政治も，生活も，環境も，大きく変貌しつつある。わが国には，国が地方を一方的・集中的にコントロール

都市と農村

するのではなく、地方の住民がその意思に従い一定の統治するしくみがある。

憲法第92条が述べる「地方自治の本旨」の中身については、団体自治と住民自治のふたつの要素からなり、このふたつが相補い、結び合って地方自治は完成する。

団体自治という概念は、主としてドイツにおいて発展した考え方で、国との関係で自治をとらえるのである。すなわち、団体自治とは、国から独立した団体としての地方公共団体が存在し、その団体が自己の責任で、自己の固有の任務としての事務を、自らの機関で処理することをいうのである。国の行政権を地方に分散するという前提が必要であり、その意味で地方分権のひとつである。地方公共団体が国から独立しているという意味は、地方公共団体が国の下部組織ではなく、法的に独立した行政主体であることを意味している。このことを地方自治法は「地方公共団体は法人とする」（地方自治法2条1項）と述べている。団体自治は、地方公共団体に法人格を求めるところから、法律的自治とも呼ばれている。

住民自治という概念は、イギリスにおける地方自治の歴史に由来する。すなわち、住民自治とは、地域の政治や行政を地域住民の意思に基づいて処理することをいう。住民自らが政治の方針を決定し、あるいは決定過程に参加し、または、その代表者を自ら選び、これに政治や行政の権限を委託する地域政治のシステムを住民自治というのである。すなわち地域政治における民主主義の発現であり、団体自治を法律的自治と呼ぶのに対し、住民自治を政治的自治と呼んでいる。住民自治を保障するために憲法第93条2項は、長・議員を住民が直接選出することを求めている。さらに、地方自治法は、住民自治を具体化するものとして、住民に対し、直接民主制的な諸権利を保障している。

民主政治という観点から見た場合，住民自治が自治の本質的要素ということになる。住民自治を実現するためには，国から独立した地方団体を置く必要がある。他方で，国から独立した地方団体が置かれたとしても，住民自治がなければ，地方自治の実質はないといってよい。このように，住民自治と団体自治は，相互に補い合って地方自治を確立させるものといえよう。

地方公共団体の種類

憲法第92条は，「地方公共団体の組織及び運営に関する事項は，(中略) 法律でこれを定める」と述べているが，地方公共団体とは何かについては特に規定していない。地方自治についての基本的法律である**地方自治法**は，地方公共団体を**普通地方公共団体**と**特別地方公共団体**に分け，さらに前者を2段階7種類，後者を4種類に分けている。いずれも法人格を有し，行政を担当する団体である。

①普通地方公共団体とは，一般的な性格を持ち普遍的に存在する地方自治体である。**広域的地方公共団体**としての都道府県と**基礎的地方自治体**である市町村のいわば二重構造をなしている。都・道・府・県の名称は沿革的理由に基づくもので基本的な差異はない。ただ東京都は大都市行政の必要上から，北海道は広域行政の必要から若干の特例が置かれている (地方自治法155条・158条・281条以下)。府と県の間に差異はない (道州制については Column 2 参照)。市・町・村は全国に3000団体以上あり，その規模も人口200人程度から300万人近くまでさまざまである。市・町・村は，基礎的地方自治体としての性格には差異はないものの規模によって事務の配分，行政組織等において若干の区別がある。特に，人口50万人以上の都市の中で政令で指定した都市は，通常**政令指定都市**といわれる (地方自治法252条の19)。実際の指定は人口100万人を目安として行われ，現在横浜市，大阪市，名古屋市，京都市，札幌市，神戸市，福岡市，北九州市，川崎市，広島市，仙台市，千葉市等の20都市が指定されている (2012年10月現在)。大都市はかなりの行財政能力を持ち，都市問題も集中的に生じている。そこで，これらの指定都市には，事務配分の特例 (地方自治法252条の19の1項)，行政上の監督についての特例 (同条2項)，行政組織上の特例 (同252条の20)，その他財源上の特例がある。

②特別地方公共団体とは，特別区 (東京都の23区)，地方公共団体の組合 (一

部事務組合，広域連合，全部事務組合，役場事務組合），財産区，地方開発事業団の総称である。自治政策上の見地から特定の目的のために設けられたもので，その組織や権能等が定められている。

なお，**地方分権一括法**（「地方分権の推進を図るための関係法律の整備等に関する法律」平成11年法87）が，2000年4月1日に施行された。主要な点は次の通りである。①国と地方公共団体との役割分担が明確にされた（1条の2）。国と地方公共団体は，上下の関係ではなくて対等の関係に立つことが基本となった。地方公共団体は，住民福祉の増進基本として，地域行政を自主的かつ総合的に実施する役割を広く担うものとされ，国は，本来果たすべき役割（外交・防衛などの国際社会における国家存立に関わる事務，全国統一的に定めるべき国民の諸活動に関する事務，年金やインフラ整備など全国的規模・視点で行うべき施策，など）を重点的に扱うとされた。②機関委任事務が廃止され，自治事務と法定受託事務に再編された（2条2・8・9項）。③国・都道府県の関与を抜本的に見直した。新たな事務区分ごとに関与の基本類型を定め（245条1・2号），関与は，必要最低限度のものとし，地方公共団体の自主性・自立性に配慮するものでなければならないとした（245条の2～245条の8）。

住民基本台帳制度

住民基本台帳制度とは，市町村（東京都の特別区を含む）において，その住民全体の住民票（個人を単位として作成）について記録するための基本的な制度である。市町村が，その区域内の住民に対して，行き届いた，漏れのない行政事務を行うためには，正確な記録が必要であることはいうまでもない。そして，その記録を作るためには，住民から，住所を変更したときなどには届出をしてもらわなければならない。住民基本台帳制度は，その届出に基づいて，市町村は住民についての記録を作り，選挙人名簿や学齢簿等の作成，居住関係の公証その他あらゆる住民に関する事務の基礎としようとするものである。

住民基本台帳制度は，このような住民の住所の変更などに関する届出およびこれに基づき市町村が住民に関する記録を正確かつ統一的に行うための制度であり，住民に関するすべての事務の処理の基礎となるものである。

住所と世帯の意味

地方自治法10条では，市町村の区域内に住所を有する者をその市町村の**住民**とすると規定している。民法22条では，**住所**とは生活の本拠をいうと定めている。住民基本台帳制度でいう住所も，公職選挙法や国民健康保険法などでいう住所も同じ意味で使われている。生活の本拠とは，一般的な私的生活の中心であり，職業上の活動場所などではない。住所の認定に当たっては，客観的な住居の事実を基礎とし，これに本人の主観的な居住の意思をあわせて決定する。

世帯とは，居住と生計を共にする社会生活上の単位をいう。営業のための使用人，寄宿舎などの居住者などは，居住が一緒であっても生計を共にするものでないものについては，各人がそれぞれの世帯をつくっているとみなされる。世帯員のうちで，その世帯を主宰する者を**世帯主**という。

住民基本台帳制度のしくみ

市町村は，その住民について記録した**住民票**で構成される住民基本台帳を備えることとされている。住民票は，住民の届出または市町村長の職権によって作成され，概ね次のことがらが記載される。①氏名，生年月日，男女の別，世帯主の氏名および世帯主との続柄，本籍，住所，住民票コード。②選挙人名簿に登録の事実。③国民健康保険および国民年金の被保険者の資格に関する事項。④児童手当の支給を受けている者の資格に関する事項。この住民基本台帳は，住民に関するあらゆる事務の処理の基礎となるものであり，選挙人名簿や学齢簿は，住民基本台帳の記録に基づいて作成され，また，国民健康保険，国民年金，児童手当，印鑑証明などの事務も，住民基本台帳を基礎として行われる。

住民票に記載されることがらの一部は，**戸籍簿**にも記載されている。したがって，戸籍と密接に連絡することにより，住民票の正確性や利用価値を高めることができる。そこで，本籍地に戸籍の附票がおかれ，その人の住所に変更があった場合や新しく住所を定めた場合に，住所地の市町村からの通知によってその新しい住所が戸籍の附票に記載される。また逆に，戸籍の届出によって住民票の記載の修正を要するときには，本籍地の市町村長から住所地の市町村長に通知がなされ，住民票がなおされる。

住民基本台帳制度で住民に届出を義務付けているものは，次のとおりである。①よその市町村から住所を移してきたときは，14日以内に転入届をすること。

②同じ市町村内で住所を移したときにも，14日以内に転居届をすること。③よその市町村に住所を移そうとするときには，前もって現住所地の市町村に転出届を提出すること。④世帯主が変わった場合または世帯の所属が変わった場合には，その日から14日以内に世帯変更届をすること。届出は，それぞれ本人がしなければならないが，世帯主が本人に代わってすることもできる。また，本人が届出をすることができないときには，世帯主が届出義務者となる。届出義務者が，正当な理由なしに期間内に届出しないときには，5万円以下の過料に処せられる。

　前に述べたように，私たちが住む日本という国の全体像として，少なくとも制度的な内容に鑑みれば「民主国家」や「法治国家」という説明をなすことができると思われる。しかしながら，現実はどうであろうか。行政セクションの優位性は相変わらず継続しているようであるし（「お上意識」），民主的手続により国民一人ひとりが自らの意思を国政に反映させるための制度である選挙における投票率は決して高いものではなく，また各種の問題を解決するための手段として国家が用意する裁判制度についても，日本においては制度的な問題や感情的な理由から積極的な活用がなされているとはいいがたい状況である。「日本という国家に生きる国民」として自分を強く意識し，立法，行政，司法それぞれのセクションとの積極的な関わりを通じて，自らの生活や人生を豊かなものとし，またそうした関わりによりさらに各セクションの内容がより良いものとなっていくことが望ましいと思われる。

　地域に目を転ずれば，首都圏のみが発展を見せている状況であり，地方財政の危機的状況は，多くの自治体に見られる問題となっている。「自治体のセールスマン」を自認するバイタリティ溢れる首長がいるとしても，多くの自治体では地域の活性化につながる有効な手立てが見出せずにいる状況である。

　いくつかの地方を革新する制度，たとえば**構造改革特別地域**や**指定管理者制度**なども新たな試みとして導入されている。いわゆる構造改革特区とは，従来法規制などの関係で事業化が不可能な事業を特別に行うことが可能になる地域をいうものであり，「構造改革特別区域法」2条に規定される教育特区，物流特区，国際交流特区，農業特区，街作り特区，エコロジー特区，福祉特区，医療特区，ロボット特区，ロケット特区，どぶろく特区，などさまざまなユニークな試みの実現が図られている。また指定者管理制度とは，それまで地方公共

団体や外郭団体に限定していた公の施設の管理・運営を，株式会社をはじめとした営利企業，財団法人，NPO法人，市民グループなど法人その他の団体に包括的に代行させることができる（行政処分であり委託ではない）制度である。「公の施設」にはいわゆるハコモノの施設だけでなく，道路，水道や公園等も含まれるとされている。地方自治法の一部改正で2003年6月13日公布，同年9月2日に施行された。小泉内閣発足後の日本において急速に進行した「公営組織の法人化・民営化」の一環とみなすことができる。

参考文献

江口克彦『国民を元気にする国のかたち──地域主権型道州制のすすめ』PHP研究所（2009年）
兼子仁『自治体・住民の法律入門』岩波書店（2001年）
江川英文・山田鐐一・早田芳郎『国籍法　第3版』有斐閣（1997年）
大野正男『社会のなかの裁判』有斐閣（1998年）
竹田昌弘『知る，考える裁判員制度』岩波書店（2008年）

（西島和彦〔章リード文・1・2・4〕・飯考行〔3〕）

第2章 日本人，住民として生まれる

Column 2

道州制から見る地方のあり方

　道州制とは，行政区画として道と州を置く地方行政制度であり，北海道以外の地域に複数の州を設置し，それらの道州に現在の都道府県より高い行政権を与える構想を指す。道州制についてはさまざまな場所で多様に議論されているが，論者によって制度としての組立て方やそこにいたる道筋などの主張は異なる。

　具体的な案としては，①北海道を除く都道府県を廃止して行政を広域化するという案（北海道と同等にするか，北海道と共に権限を強化する），②都府県のうちいくつかを分割しその上で都府県の広域連合の地方公共団体として道州を設置するという案，そして③外交と軍事以外の権限をすべて国家から地方に委譲し対等な道州同士の緩やかな連合によって国に対し低い地方の地位を押し上げるという案などが出されている。他にも多くの主張が存在しており，明確な定義やコンセンサスが共有されているのではない。ただし，ほとんどの案で北海道はそのまま道として存続するため「州制」ではなく道州制と呼ばれる。「地方分権」を共通の目的としているので，さまざまな団体から実現を訴える声が上がっている。

　このままでは，国も地方も莫大な債務を負っているため，県の財政規模では信用力が低下し，利率が上昇して更なる負担を国民は負わなくてはならなくなる。また，場合によっては「県の倒産」という事態になり，公共サービスの低下や税率の上昇が起きる。そうなると，キャピタルフライト（国内の資本が海外に逃避すること）が発生し，一方で低所得者層の底割れが起きて生活保護世帯が増え，しかも税率上昇という悪循環に陥り，住民の流出と国土の荒廃が起きる。長期的には日本経済に重大な悪影響を及ぼす可能性がある。この事態を防ぐために，都道府県の合併によって財政規模を拡大して信用力を上げるという方法が考えられる。つまり，都道府県合併の方法のひとつとして，道州制が持ち上がっている。

　単なる都道府県合併と道州制の大きな違いは，財源と税である。北海道が外の県との合併が行われないにもかかわらず「道州制特区」に上がった理由には，中央省庁（出先機関）・北海道庁・市町村役場で別々に行っている類似事業を統一してムダを省くという目的と，道庁が事業主体となる事で財源を道庁に集めるという主要な目的が存在している。現在の事業予算規模で集めれば，余った資金を道庁が主体的に多くの事項に振り分けられる。このため，中央政府も北海道庁も道州制を推進すべしという点では意見が一致するものの，その詳細については，北海道への財政の支出を減らしたい中央政府と，財源の委譲を要求する北海道庁とでは，意見が食い違っている。

　北海道以外でも，明治維新で中央集権化されて以後は，中央省庁の出先機関が集

まっている都市（仙台，名古屋，大阪，広島，福岡）に，企業・知事会・経済団体の拠点が集中している。そのため「ヒト・モノ・カネ・情報」が中央省庁の出先機関所在地を中心に循環し，中央省庁の出先機関所在地が「ミニ東京」となっているのが実状である。北海道以外での道州制論議も，同様の財政問題と大きく関わっており，自らの都府県庁所在地が州都に選ばれるような都府県の組み合わせの論議や，財源が集まる州庁を誘致する為の論議が多い。また，道州制推進団体も，中央省庁の出先機関所在地が州都という前提の論議が多い。

したがって，本来の「国の形」に関する論議や，財政以外の地方分権，地域問題の解決，過疎と過密の抑制，歴史と風土に根差した地域の形成などに関する論議が軽視される例も多く，「住民不在の論議である」との指摘もなされている。（西島和彦）

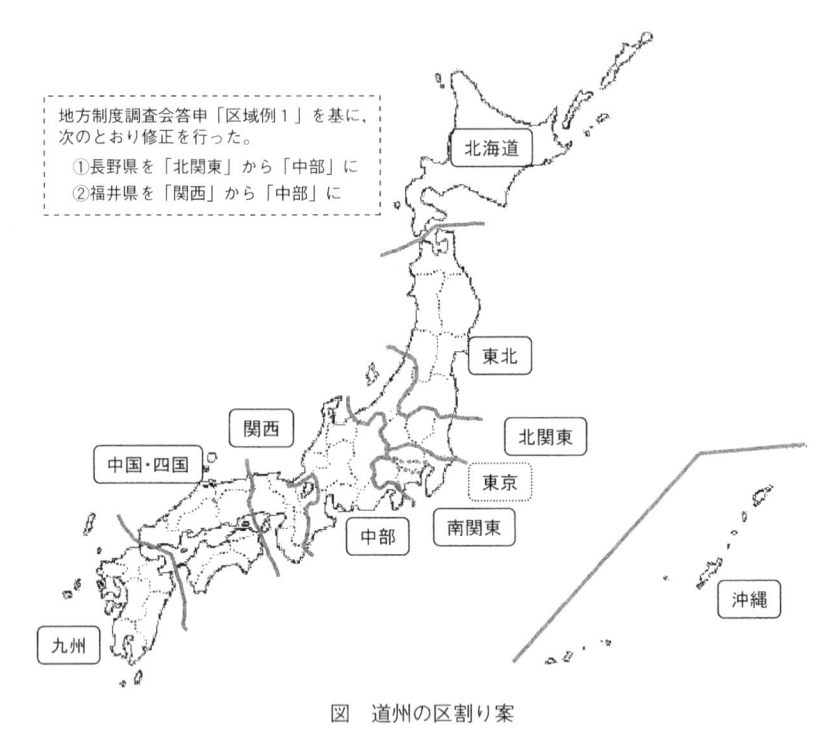

図　道州の区割り案

出所：村上博・平岡和久・角田英昭『道州制で府県が消える』（自治体研究社，2013年）84頁。

第3章　人類の一員として生まれる

　私たちは家族の一員として，日本人の一員として生まれると同時に人類の一員として生まれる。このことを絶えず意識して生きているわけではなく，普通の日常生活では，「これを食べたい，こんな服を着たい，こんな家に住みたい，こんな仕事をしたい」というふうに，身近な個人の関心に基づいて生きている。だが世界には多様な民族，人々が生きている。その平和な共存が求められている今，戦争の惨劇，飢餓で死んでいく子どもたち，民主主義がなく言論の自由が奪われている国，環境が破壊されていく地球などの姿を時々映像やニュースで見聞きすると，人類の一員として何かできないものなのかと考える。
　実はこれらの事実は私たち一人ひとりが生きていく基礎として存在している。本章ではこれらのことを考えてみよう。

1　世界の平和と日本の平和

世界の問題と国際連合

　世界中にはさまざまな出来事があるが，ここではとくに重要と思われることを取り上げてみる。第一は，**国際平和**の問題である。世界の戦争・紛争と平和の歴史を知ると，その原因の除去と平和の構築に向けた人類の努力と，国際的な平和のしくみを構築することがいかに重要であるかが分かる。国際社会と日本が平和であってこそ，私たちの命は守られ，安全に生きていけるのである。

　第二は，**国際人権**の状況である。人はどの国に生まれようと自然権として生来より人権を有するとされている（**天賦人権説**）。だがこの人権の状況は国により大きく異なる状況にあり，基本的に人権が守られている日本に生まれてよかったと思う。人類は国際機関が採択した宣言，条約，協定などで，この人権はすべての国が遵守すべき権利であると定めてきた。

　第三に，**地球環境**の問題である。環境の悪化がさまざまに語られ，これを解決することが一国では不可能であることを知る。国際会議が開催され，さまざ

第Ⅰ部 生まれる

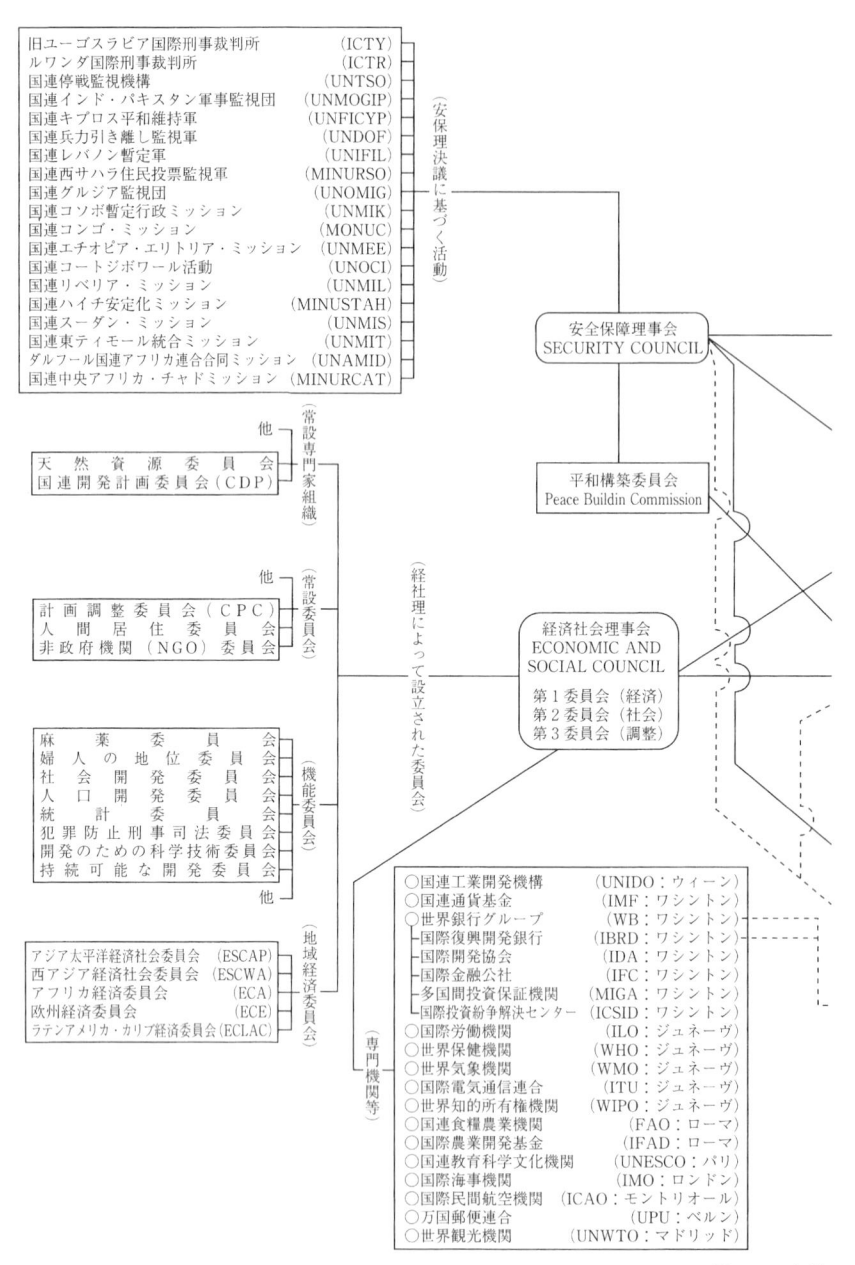

旧ユーゴスラビア国際刑事裁判所	（ICTY）
ルワンダ国際刑事裁判所	（ICTR）
国連停戦監視機構	（UNTSO）
国連インド・パキスタン軍事監視団	（UNMOGIP）
国連キプロス平和維持軍	（UNFICYP）
国連兵力引き離し監視軍	（UNDOF）
国連レバノン暫定軍	（UNIFIL）
国連西サハラ住民投票監視軍	（MINURSO）
国連グルジア監視団	（UNOMIG）
国連コソボ暫定行政ミッション	（UNMIK）
国連コンゴ・ミッション	（MONUC）
国連エチオピア・エリトリア・ミッション	（UNMEE）
国連コートジボワール活動	（UNOCI）
国連リベリア・ミッション	（UNMIL）
国連ハイチ安定化ミッション	（MINUSTAH）
国連スーダン・ミッション	（UNMIS）
国連東ティモール統合ミッション	（UNMIT）
ダルフール国連アフリカ連合合同ミッション	（UNAMID）
国連中央アフリカ・チャドミッション	（MINURCAT）

（安保理決議に基づく活動）

（常設専門家組織）他
天然資源委員会
国連開発計画委員会（CDP）

（常設委員会）他
計画調整委員会（CPC）
人間居住委員会
非政府機関（NGO）委員会

（機能委員会）
麻薬委員会
婦人の地位委員会
社会開発委員会
人口開発委員会
統計委員会
犯罪防止刑事司法委員会
開発のための科学技術委員会
持続可能な開発委員会
他

（地域経済委員会）
アジア太平洋経済社会委員会（ESCAP）
西アジア経済社会委員会（ESCWA）
アフリカ経済委員会（ECA）
欧州経済委員会（ECE）
ラテンアメリカ・カリブ経済委員会（ECLAC）

（経社理によって設立された委員会）

安全保障理事会
SECURITY COUNCIL

平和構築委員会
Peace Buildin Commission

経済社会理事会
ECONOMIC AND SOCIAL COUNCIL
第1委員会（経済）
第2委員会（社会）
第3委員会（調整）

（専門機関等）
○国連工業開発機構 （UNIDO：ウィーン）
○国連通貨基金 （IMF：ワシントン）
○世界銀行グループ （WB：ワシントン）
 ├国際復興開発銀行 （IBRD：ワシントン）
 ├国際開発協会 （IDA：ワシントン）
 ├国際金融公社 （IFC：ワシントン）
 ├多国間投資保証機関 （MIGA：ワシントン）
 └国際投資紛争解決センター （ICSID：ワシントン）
○国連労働機関 （ILO：ジュネーヴ）
○世界保健機関 （WHO：ジュネーヴ）
○世界気象機関 （WMO：ジュネーヴ）
○国際電気通信連合 （ITU：ジュネーヴ）
○世界知的所有権機関 （WIPO：ジュネーヴ）
○国連食糧農業機関 （FAO：ローマ）
○国連農業開発基金 （IFAD：ローマ）
○国連教育科学文化機関 （UNESCO：パリ）
○国際海事機関 （IMO：ロンドン）
○国際民間航空機関 （ICAO：モントリオール）
○万国郵便連合 （UPU：ベルン）
○世界観光機関 （UNWTO：マドリッド）

図3-1　国際

出所：『ベーシック条約集　2012』（東信堂，2012年）。

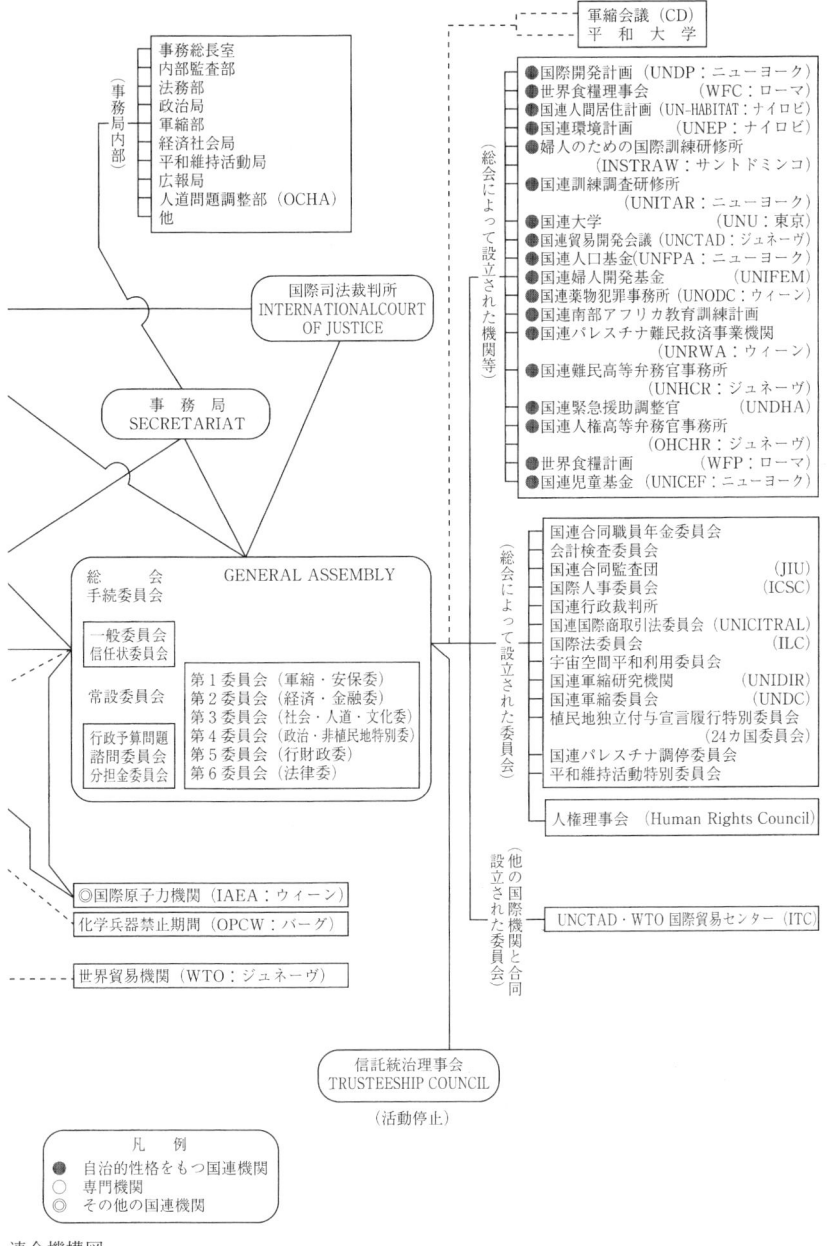

第3章 人類の一員として生まれる

```
（事務局内部）
├ 事務総長室
├ 内部監査部
├ 法務部
├ 政治局
├ 軍縮部
├ 経済社会局
├ 平和維持活動局
├ 広報局
├ 人道問題調整部（OCHA）
└ 他
```

軍縮会議（CD）
平和大学

（総会によって設立された機関等）
- ●国際開発計画（UNDP：ニューヨーク）
- ●世界食糧理事会　（WFC：ローマ）
- ●国連人間居住計画（UN-HABITAT：ナイロビ）
- ●国連環境計画　　（UNEP：ナイロビ）
- ●婦人のための国際訓練研修所
  　　　　　　　（INSTRAW：サントドミンコ）
- ●国連訓練調査研修所
  　　　　　　　（UNITAR：ニューヨーク）
- ●国連大学　　　　　（UNU：東京）
- ●国連貿易開発会議（UNCTAD：ジュネーヴ）
- ●国連人口基金（UNFPA：ニューヨーク）
- ●国連婦人開発基金　　　　　（UNIFEM）
- ●国連薬物犯罪事務所（UNODC：ウィーン）
- ●国連南部アフリカ教育訓練計画
- ●国連パレスチナ難民救済事業機関
  　　　　　　　　　（UNRWA：ウィーン）
- ●国連難民高等弁務官事務所
  　　　　　　　　　（UNHCR：ジュネーヴ）
- ●国連緊急援助調整官　　　　（UNDHA）
- ●国連人権高等弁務官事務所
  　　　　　　　　　（OHCHR：ジュネーヴ）
- ●世界食糧計画　　　（WFP：ローマ）
- ●国連児童基金（UNICEF：ニューヨーク）

国際司法裁判所
INTERNATIONAL COURT OF JUSTICE

事務局
SECRETARIAT

総　会
GENERAL ASSEMBLY

手続委員会
一般委員会
信任状委員会
常設委員会
行政予算問題諸問題委員会
分担金委員会

第1委員会（軍縮・安保委）
第2委員会（経済・金融委）
第3委員会（社会・人道・文化委）
第4委員会（政治・非植民地特別委）
第5委員会（行財政委）
第6委員会（法律委）

（総会によって設立された委員会）
- 国連合同職員年金委員会
- 会計検査委員会
- 国連合同監査団　　　　　　（JIU）
- 国際人事委員会　　　　　　（ICSC）
- 国連行政裁判所
- 国連国際商取引法委員会（UNICITRAL）
- 国際法委員会　　　　　　　（ILC）
- 宇宙空間平和利用委員会
- 国連軍縮研究機関　　　　　（UNIDIR）
- 国連軍縮委員会　　　　　　（UNDC）
- 植民地独立付与宣言履行特別委員会
  　　　　　　　　　　　（24カ国委員会）
- 国連パレスチナ調停委員会
- 平和維持活動特別委員会

人権理事会（Human Rights Council）

◎国際原子力機関（IAEA：ウィーン）
化学兵器禁止期間（OPCW：ハーグ）

（他の国際機関と合同で設立された委員会）
UNCTAD・WTO 国際貿易センター（ITC）

- - - - 世界貿易機関（WTO：ジュネーヴ）

信託統治理事会
TRUSTEESHIP COUNCIL
（活動停止）

凡　例
● 自治的性格をもつ国連機関
○ 専門機関
◎ その他の国連機関

連合機構図

65

まな条約，協定，声明が採択され，各国で具体的な計画，施策，行動がとられてきた。ところがここでも各国の考えの相違，利害対立（南北問題，南南問題など）により問題の解決の合意は難しい。このような問題を取り上げ，解決に努力しているのが，**国際法**と呼ばれる法分野である。国際法の法主体は主に主権を有する国家である。国家のほかの法主体は，国際組織でありその中心は**国際連合（国連）**である。この国連の諸組織が大きな役割を果たすが，それには以下の機関がある（図3-1）。

【**総会**】2013年7月現在の195ヶ国の加盟国が参加。その代表により構成され，一国一票でその決議は勧告的効力のみを持つ。総会には①軍縮・安全，②経済・金融・社会，③人権・人道・文化，④政治・非植民地化，⑤行財政，⑥法律の6委員会がある。その下に総会設立の機関，委員会として国連児童基金（UNICEF），国連環境計画（UNEP），国連難民高等弁務官事務所（UNHCR），国際法委員会（ILC）などがある。

【**安全保障理事会（安保理）**】米・英・仏・ロ・中の5**常任理事国**と2年の任期で総会において選出される10**非常任理事国**の15ヶ国で構成され，その決定は加盟国に対して法的拘束力を有する。常任理事国は，拒否権を持ち大きな権限を有する。非常任理事国は，地理的な分配を考慮して選出される。その任務は国際の平和及び安全の維持であり，これに主に責任を持つ。安保理の下に国連平和維持活動（PKO），国連環境計画（UNEP），国際刑事裁判所（ICC）などが活動している。

【**経済社会理事会**】54加盟国で構成され，その任務は，経済，社会，文化，教育，保健の問題に関して研究，報告を行い，人権問題などに関して勧告をする。その下に国際通貨基金（IMF），国際労働機関（ILO），世界保健機関（WHO），世界知的所有権機関（WIPO），国連教育科学文化機関（UNESCO）などの専門機関，世界貿易機関（WTO），国際原子力機関委員会（IAEA）などの国連関連機関，非政府組織（NGO）委員会である常設委員会，ラテンアメリカ・カリブ経済委員会（ECLAC）などの地域経済委員会，女性の地位委員会，国連開発計画委員会，持続可能開発委員会など機能別に委員会などが活動をしている。

【**国際司法裁判所（ICJ）**】15名の裁判官により構成される。各国で最高の資格がある司法官または国際法に有能な法律家が，安保理及び総会で選ばれる。地理的配分の原則に基づき西欧・北米5名，東欧2名，中南米2名，アジア3

名，アフリカ3名の裁判官が割り当てられ活動している。任期9年で3年ごとに5名が改選される。

【事務局】国連職員からなり，その長である事務局長は安保理の勧告に基づいて総会が任命する。任務を効果的に遂行するには職員の役割は重要であり，職員には一定の独立性が要求されと同時に加盟国からの独立性が保障される。

平和のための法的しくみ

私たちが平和に生きていくためには，世界が平和でなければならないし，世界が平和であるためには日本が平和であり，その実現に一人ひとりが寄与しなければなければならない。

考えるべき第一は，平和を壊す紛争や戦争には原因があり，戦争に関する思想があるということである。その原因については，特定の国の領土獲得と拡張，資源獲得と自国民の「安全」確保，国内の貧困や政治対立の戦争という手段による「解決」「脱出」，文民と軍部の関係（シビリアン・コントロールの機能不全），国家間イデオロギーの対立，独裁政権や軍部の独走などが語られてきた。戦争を正当化する思想については，よく自国民の生命・財産・安全の確保，国の利益（国益）の保護，「正義のための戦争」「テロとの戦い」「聖戦論」などがいわれる。だがこれを理由として人間の"殺し合い"，都市・環境を破壊する戦争の正当化を認めることはできない。

これに対して平和についてはドイツの哲学者カントが「永遠平和」を論じ，ユネスコ憲章は「戦争は人の心の中で生まれるものであるから，人の心の中に平和のとりでを築かなければならない」と定める。そしてガンジーは，戦争，暴力を否定し非暴力抵抗運動を実践してきた。しかし現実に世界では紛争や戦争は果てることがなかった。一方わが国は明治以来，日清戦争，日露戦争，第一次・第二次の世界大戦の体験を経て，その過去の反省の上に立ち，今の平和を維持している。

第二に，国際社会は紛争や戦争に対して国際機関を創設し，さまざまな条約を締結し，核兵器の廃絶・使用禁止，戦争の予防，一定の武器の不使用，紛争の解決に努力してきた。ここでは国際社会はどのような法的しくみを創り，またその課題は何かを考えてみよう。

第三に，唯一の被爆国であるわが国は，平和に関してどのような考えで，ど

のような法的なしくみを創りあげてきたのか。そして現在の平和をめぐる動向を知り，私たちは今，何をすべきか考えてみよう。

国際紛争と戦争の原因

一人ひとりの人間は戦争をしようなどとは考えていないが，なぜ国家や民族間に紛争・戦争は起こるのか。なぜ近代以降，多くの主権国家が存在するようになり，そこに紛争・戦争は起こるのか。**国家**とは，**ナショナリズム**とは何だろうか。この点に関して領土問題（日本では北方領土，尖閣諸島，竹島の問題がある），資源・食糧の確保と争奪，各国の国民の生命の保全，貧困からの脱出，軍部と文民の対立と軍部の独走，軍事産業を含む軍需利権の要求，諸民族の対立，文明（価値観）の衝突，「テロとの戦い」，自国の防衛など，さまざまに語られてきた。

最近の歴史の事実を見れば，20世紀以降の帝国主義間の領土拡張をめぐる第一次世界大戦，ファシズムと反ファシズム国家の陣営が戦った第二次世界大戦，戦後の各地域の独立を目指す反植民地主義の戦い，米ソ冷戦構造下でのイデオロギー対立を背景とするキューバ危機・朝鮮戦争・ベトナム戦争，冷戦構造崩壊後はアメリカの軍事力を背景とした覇権主義・大国主義に基づく世界の諸地域への軍事干渉，核開発をめぐる意見の対立と紛争，アラブとイスラエルの歴史的な対立とパレスチナ問題，9.11ニューヨーク同時爆破テロ後の「テロとの戦い」を標榜した多国籍軍の中東地域，アフガニスタンでの軍事行動がある。そして最近は"アラブの春"で中東の独裁政権に対する国民の運動とその政権の崩壊があった。だが一方で世界ではこれらの紛争・戦争を批判し反対する各国の人々のさまざまな努力，困難で粘り強い闘争もあったことも忘れてはならない。

国際社会の紛争・戦争を防止し，解決するための努力

第一に，かつては正戦論（正義のための戦争）もあり，戦争の開始，手段・方法を規制する戦時国際法が交戦国の間及び交戦国と中立国の間に適用された。19世紀に入り帝国主義の戦争が体制そのものの崩壊をもたらすようになり，戦争を制限するようになる。国際連盟規約は司法的解決や国際連盟の一定の関与などを定めたが，戦争を全面的に禁止できなかったし，連盟に大国が参加せず，

その後の戦争を防ぐことをできなかった。1928年の不戦条約は，各国が武力に訴える前に平和的解決の手段に付託することを義務付け，戦争を違法なこととして全面的に禁止した。

続いて第二次世界大戦後に設立された国際連合の憲章は，武力による威嚇，武力の行使を禁止し（第2条），**武力行使禁止の原則は，一般国際法の強行規範**となった。平和を維持するための考え方は，かつての勢力均衡論から集団的安全保障の考えになった。これを担うのが国連でその中心機関が総会であるがその決議は勧告的効力を持つだけである。安全保障や平和に関わり強制的措置の発動を決定する機関は安全保障理事会（安保理）である。

この安保理の理事国は，前述のとおり常任理事国と非常任理事国とで構成されており，常任理事国はアメリカ，イギリス，フランス，中国，ロシアの五大国であり，この五大国には拒否権があり（実質事項の議決は五大国のすべての賛成が必要），大国の一致と協力を前提とするしくみがつくられた。非常任理事国は10ヶ国で2年の任期で選挙される。安保理の決定は一定の法的拘束力があり，平和に対する脅威，平和の破壊侵略行為に対してまず非軍事的措置（経済関係及び鉄道，航海，航空，郵便，通信，電信，無線通信の中断や外交関係の断絶）を採り，これが不十分な場合に軍事的措置を採ることになっている。しかし実際には国連軍はないので，これまではアメリカを中心とする多国籍軍の軍事行動があり，停戦の維持，紛争の拡大・再発の防止，復興にあたる平和維持活動（PKO）が展開されてきた。この背景に，安全保障の考えにも進展があった。1990年以降，これまでの国家安全保障から人間安全保障の考えに変化してきている。

また一方で民族自決権の実現と非同盟運動の進展（116ヶ国加盟——2013年8月現在）により世界から軍事同盟は減少しつつあり，地域的集団安全保障条約として現実に機能しているのは，北大西洋条約機構（NATO）と日米安全保障条約，米韓相互防衛条約，太平洋安全保障条約（米・豪・ニュージーランド）だけである。

第二に，軍縮を進める活動として，部分的核実験停止条約（1963年），核兵器不拡散条約（1968年），生物毒素兵器廃棄条約（1972年），中距離核兵器全廃条約（1987年），米ソ間の第一次・第二次戦略兵器削減条約（1991年のSTARTⅠ，1993年のSTARTⅡ），化学兵器禁止条約（1993年），包括的核実験禁止条約（1996年のCTBT），米露の戦略攻撃力削減条約（2002年），クラスター爆弾禁止条約（2008

年）などがある。また核兵器をめぐり世界の各地域に，非核地帯構想に基づき非核条約が締結され，非核地帯が拡大している。たとえばラテンアメリカ及びカリブ核兵器禁止条約（トラテロルコ条約），南太平洋非核地帯条約，東南アジア非核兵器地帯条約，アフリカ非核兵器地帯条約，中央アジア非核兵器地帯条約，モンゴル非核兵器宣言が進展しており，アメリカも「核のない世界」を提唱しはじめている（2009年オバマ大統領のプラハ演説）。

　今，世界の国，人々は，軍事ブロックをなくす非同盟運動の進展，核兵器のない世界を創る運動，軍隊のない国（コスタリカなど世界で27ヶ国）の増加，欧州やラテンアメリカでの外国の軍事基地の撤去など世界の平和に向けて努力している。

日本と平和

　わが国は明治以降，**大日本帝国憲法**の下で，日清戦争，日露戦争，第一次世界大戦，第二次世界大戦（日中戦争，太平洋戦争），アメリカによる二度の原爆の被害（広島，長崎）を経験し，1946年に**日本国憲法**を制定した。その後，日本は基本的にはこれまで世界の紛争や戦争に主体的に関わることも巻き込まれることもなく，平和を維持し高度の経済成長を果たしてきた。それを可能にした要因の大きなひとつが，憲法の**平和主義**の原則であり**憲法第9条**である。前文は二度の世界大戦の体験の反省の上に立ち，再び戦争の惨禍が日本と国民に起こらないように平和への願いを込め平和的生存権を明記し，第9条は「日本国民は，正義と秩序を基調とする国際平和を誠実に希求し，国権の発動たる戦争と，武力による威嚇又は武力の行使は，国際紛争を解決する手段としては，永久にこれを放棄する。②前項の目的を達成するため，陸海空軍その他の戦力は，これを保持しない。国の交戦権は，これを認めない」と定める。憲法のこの規定は前述の平和実現への国際的潮流に沿ったものである。

　しかし，日本の歴史の現実は憲法規範の方向とは異なるものであった。1951年に**日米安全保障条約**が締結され，アメリカの軍事基地が沖縄を中心に全国に設置され，わが国では1954年に**自衛隊**が発足し，世界有数の防衛費を費やすこととなった。冷戦終結後に活動範囲も広げ，1992年国連平和維持活動協力法（PKO法），1999年周辺事態法，2001年テロ対策特別措置法，2003年緊急事態法などが制定されてきた。自衛隊の存在，活動をめぐり違憲・合憲が裁判所で

争われ，政党・国民の間でも意見が交わされてきた。

そして，今日**集団的自衛権**を認めるかどうかが議論され，憲法第9条を中核とする憲法改正が政治日程にのぼり，18歳以上の国民に投票権がある「国民投票法」が制定された。改憲を主張する政党（自由民主党の憲法改正草案）は「憲法改正案」を提起しており，他方で護憲を主張する政党，人々は政党の枠を超えた「九条の会」というかつてない国民的組織を全国でつくり，憲法を擁護する活動を行っている。わが国の安全保障をどうするかという問題（もしも〜侵略されたら）と世界の平和をどう創るかという問題（平和を主体的に形成する，紛争を平和的に解決する）とをまず分けて考え，その上でわが国の安全保障と世界平和を関係させて構想し，私たちは行動する必要がある。

いずれにせよ憲法第9条の改定の問題は，私たちの人生と生活を根本的に変えてしまう性格を持つ問題であるので，これに対して一人ひとりが真剣に向き合い行動することが重要である。

2　国際人権

国際人権の確立へ

"人は生まれながらにして自由，平等であり，人間はこの自然権を享受する"と近代自然法思想は説いた。この権利を実現するためには，世界の人々が国・民族・人種・宗教・男女の相違から起こる差別を撤廃し，経済・社会体制の違いを超えて共存することを主張する。現実には，人は生まれた国，社会環境によりさまざまな違いや差別があったが，人間の尊厳を擁護する闘争，奴隷解放運動，反差別の闘争，反新・旧植民地主義闘争などを通じて戦後，国際人権として承認され大きく前進することとなる。ここでは，第一に，その成果として国際人権が国際文書，条約などでどのように規定されてきたのか，第二に，どのような国際機関が人権の保障を担っているのか，そしてわが国の法律への国際人権の影響と関係も考えてみたい。

これまでの国際文書，条約，規約など見てみると，第一に，**国際連合憲章**（1956年）がある。前文は「基本的人権と人間の尊厳及び価値と男女及び大小各国の同権とに関する信念をあらためて確認し」，第1条は人民の同権及び自決の原則に基礎をおくこと，経済的，社会的，文化的又は人道的性質を有する国

際問題を解決する際に人種、性、言語又は宗教による差別をなくす者のために人権及び基本的自由を尊重すると明記した。

第二に、**世界人権宣言**（1948年）は前文と全30条から成り、前文でこれまでの人類の歴史的経験と理念を示す。そして次の基本的権利を定める。まず人間の生来の自由と平等（第1条）、あらゆる種類の差別の禁止（第2条）、人身の自由（第3条）、法の下の平等（第4条）、財産権の保障（第17条）、思想、良心及び宗教の自由（第18条）、表現の自由（第19条）、集会、結社の自由（第20条）などの自由権を定めている。また選挙による参政権（第21条）を定め、社会保障を受ける権利、経済的・社会的・文化的権利（第22条）、勤労権、団結権（第23条）、休息権（第24条）、一定の水準で生活する権利、困窮者が生活保護を受ける権利（第25条）、教育を受ける権利（第26条）、科学、文学、芸術に参加しその恩恵を享受する権利（第27条）などを定める。

第三に、**国際人権規約**（1966年）は、先の国際連合憲章や世界人権宣言をその後の人権の進展を受け、より詳細に人権について定める。規約には、「経済的、社会的及び文化的権利に関する国際規約」（**A**規約）と「市民的及び政治的権利に関する国際規約」（**B**規約）のふたつがある。A規約（前文、全31条）は、第1部では人民の自決権、人民の天然資源の処分の尊重を明記する（第1条）。第2部（第2条～第5条）では、締約国の義務、規約との関係を定める。第3部（第6条～第15条）では、労働の権利、良好な労働条件を享受する権利、団結権、社会保障を受ける権利、家族・児童の権利、相当な生活水準の生活の享受、飢餓から免れる権利、健康を享受する権利、無償の教育を受ける権利、文化的な生活を享受する権利を定める。第4部（第16条～第31条）では、これらの権利を実現するための国連事務総長、経済社会理事会の役割について定める。B規約（前文、全45条）は、第2部（第2条～第4条）では、締約国のすべての個人に対して、人種、皮膚の色、性、言語、宗教、政治的意見などによる差別なしに権利を確保する締約国の責務を定める。第3部（第6条～第27条）では、生命に対する権利、拷問・奴隷制度の禁止、身体の自由・適法手続の保障、思想・良心の自由、表現の自由、戦争宣伝の禁止、家族・児童の保護、参政権、少数民族の権利など詳細に定める。

このほかに個別の人権を保障するために、国連は難民の地位に関する条約（1981年）、女子差別撤廃条約（1985年）、死刑廃止条約（1989年）、児童の権利に

関する権利条約（1994年），人種差別撤廃条約（1995年）などを採択してきた。また，地域の人権条約としてヨーロッパ人権条約，米州人権条約，アフリカ人権条約などが締結されてきているが，アジアの地域には人権条約はまだない。こうした世界の人権を確立，実質化する動きは，各国，各地域の人権の確立，法律の制定にも影響を与えてきている。

国際機関による人権保障と日本への影響

　人権の保護に関する制度，基準づくりは国連の人権委員会や総会が中心となり行ってきた。1993年に人権擁護に責任を持つ**国連人権高等弁務官**が設置され，この専門家が人権擁護の各機関の活動を調整する役割を担っている。2006年に総会決議に基づき総会の補助機関として人権理事会が設置された。また無国籍の個人，迫害を受け行き場のない個人を「**難民**」として保護する制度を，国際法は提供してきた。

　1951年の難民条約は，難民を人種，宗教，国籍若しくは特定の社会集団であること又は政治的意見を理由に迫害を受けるおそれがあるという十分に根拠があり，恐怖を有するために国籍国の外にあり国籍国の保護を有しないかあるいは望まない者と定義した。1967年の難民議定書は，難民条約が発生源を1951年以前又は欧州に生じた事件に限定していたが，この制約を取り除いた。1969年のアフリカ難民条約は，公の秩序を著しく乱す出来事により，常居所を去ることを強いられた者も保護対象に含めた。**国連難民高等弁務官事務所（UNHCR）**は国内難民も援助活動の対象とすることもある。人権問題の司法的解決に関しては国際司法裁判所があたる。

　このような国際的，地域的，外国の取り組みの進展の影響は，わが国の人権の確立，進展にも寄与してきている。日本国憲法第97条は，基本的人権は「人類の多年にわたる自由獲得の努力の成果」「現在及び将来の国民に対し，侵すことのできない永久の権利」「国民の不断の努力によって，これを保持しなければならない」と定めており，国際人権との関係で日本国憲法の意義を改めて考えなければならない。特に近時，わが国では新しい権利として，知る権利，プライバシー権，環境権が，さらに女性の権利，アイヌ民族の権利が主張されている。法律として情報公開法，個人情報保護法，環境基本法，男女共同参画社会基本法などが制定されたのは，国際人権の影響も大きい。

3　地球環境を守るための国際ルール

地球環境と人間

　広大な宇宙空間のなかでの太陽系の生成，地球の誕生，地球の規模，そして地球と太陽との関係，水，大気，太陽光等々の諸条件……，それら諸条件の変化を経るなかで地球上に生命が生まれた。最初の原始的な生命が誕生してから40億年の時間が流れ，地球の生物は，進化し，多種多様な動植物種に枝分かれし，現在の地球の生命圏を彩っている。人類という種も，そうした彩りのひとつとして地球に生み落とされた地球環境の賜物であり，まさに大自然の妙といわざるをえず，そこに自然（神）の摂理を見る考えにうなずけるところもあろう。一人ひとりの人間は，こうした途方もない空間と時間のなかで，種々さまざまな諸要素のいわば結晶としてこの世に誕生してくるのである。

　清浄でかつ恵み豊かな環境は，人類存続の基盤であり，個々の人間の健康で文化的な生活にとって不可欠な要素である。ところが，そうした環境，地球生態系が，産業革命以降の人間の活動によって大きな負荷を受け，損なわれてきた。とりわけ20世紀後半以降の先進工業国を主体とした経済成長と経済開発は，地球環境に対して破局的なダメージを与えつつある。地球規模での気候やオゾン層による有害紫外線防御，地球上の生物多様性や生態系を構成する諸要素の維持を図ることが，人類にとっての重要課題となってしまった。産業活動はもちろんのこと総体としての人間活動が，利潤を追求する資本の威力のもとで科学技術を駆使しつつ飛躍的に拡大してきた結果である。人間の編み出した「法」は，人類の存続に関わる課題に応えることができるのだろうか。

環境問題の国際化と国際社会の対応

　人間の活動に伴って排出されるさまざまな有害物質による環境汚染や，開発に伴う自然破壊は，かつては主に各国の国内問題，しかも地域的な問題に留まっていた。しかし，第二次世界大戦後の産業活動の飛躍的な拡大とともに，環境問題は国境を越える広がりを見せ，1960年代には主要な先進工業国間での共同した対応が必要になった。さらに産業活動と大量消費が地球全体に押し広げられるとともに，環境問題はグローバル化する。地球温暖化問題，オゾン層

第3章　人類の一員として生まれる

地球は誰のもの？

破壊，地球規模での森林減少，砂漠化，生物多様性の喪失問題など，環境問題は地球全体を覆う事態となった。

　国際的な環境問題を議論し，共同して対処することを課題として，1972年にスウェーデン・ストックホルムで**国連人間環境会議**が開催された。自然豊かな森と湖の国スウェーデンでは，60年代後半に樹木は立ち枯れ，湖からは魚がいなくなった。原因はヨーロッパ大陸で排出される大気汚染物質による酸性雨であると考えたスウェーデン政府が，この国際会議を提案し，開催国となった。会議では先進工業国における環境汚染（公害）問題とともに，途上国における貧困問題が討議された。産業活動に伴う環境汚染や自然破壊の重大性を強調する先進国に対し，途上国は，開発の遅れと貧困こそがもっとも深刻な人間環境問題であると主張した。

　この会議で採択された「**人間環境宣言（ストックホルム宣言）**」では，環境は人間の福祉並びに基本的人権の享受にとって不可欠であること，人間環境の保護と改善は，世界中の人々の福祉と発展にとっての主要課題であり，すべての政府の義務であることが確認された。

　途上国が強調したように，食物，衣服，住居，教育，健康，衛生を奪われた状態で，人間らしい生活を維持することは困難である。この点を踏まえて同宣言は，途上国が，環境の保護と改善の必要性を念頭に置いて発展を図ること，先進工業国は途上国との格差縮小に努めなければならないと記している。

地球環境問題の深刻化,ナイロビ会議から地球サミットへ

1982年5月には,ストックホルム会議の10周年を記念して,ケニアのナイロビで国連環境計画(UNEP)管理理事会特別会合が開催された。この会議で採択された「ナイロビ宣言」では,「いくつかの無統制または無計画な人間の行為が環境悪化を引き起こしている」こと,「森林の減少,土壌及び水質の悪化や砂漠化は,驚くべき規模のものとなりつつあり,世界の多くの地域において,生活条件を深刻に脅かしている」こと,「劣悪な環境条件に伴う疾病は,人類に悲惨な状況をもたらし続けて」いることが確認された。具体的な現象としては,オゾン層の変化,二酸化炭素濃度の上昇,酸性雨等の大気の変化,海洋及び内水の汚染,有害物質の不注意な使用及び処分並びに動植物の種の絶滅が挙げられている。また,浪費的な消費形態とともに,貧困は環境問題を深刻化させる点が議論された。

さらに,「アパルトヘイト(人種隔離政策),あらゆる形態の差別,植民地その他の形態の抑圧及び他国による支配がないほか,戦争,特に核戦争の脅威並びに軍備のための知的資源及び天然資源の浪費のない平和で安全な国際情勢が人間環境に資する」ことが指摘されている。これらの問題に対してナイロビ宣言は,「国内及び国家間の技術的及び経済的資源の一層公平な配分」「広報,教育及び研修を通じて環境の重要性に対する一般的及び政治的な認識を高めること」を強調し,政府,国際社会とともに非政府組織の役割に言及している。また,「多国籍企業を含むすべての企業は,工業生産の方法もしくは技術を採用する際,またはこれらを他国へ輸出する際,環境についての自らの責任を十分に認識すべきであ」ることを指摘し,企業活動に対する適切な法的措置を提言している。

ナイロビ会議での提案を受けて,ノルウェーのブルントラント女史を委員長とする「環境と開発に関する世界委員会(ブルントラント委員会)」が設置された。同委員会は1987年に報告書「われら共有の未来」を国連総会に提出した。「持続可能な発展(サスティナブル・ディベロップメント)」という考え方は,この報告書の提唱によるものである。

地球サミットとリオ宣言

1992年ブラジルのリオデジャネイロで国連開発環境会議(地球サミット)が

開催された。会議での議論の焦点は，環境保全と開発・貧困対策の関連付け，資源管理の問題，環境保全のための資金・技術協力の具体的措置であった。同会議では「**環境と開発に関するリオ宣言**」並びに「**アジェンダ21**」とともに，「**気候変動枠組条約**」と「**生物多様性条約**」が採択され，また，森林の持続的管理を訴える「**森林原則声明**」が出された。

気候変動枠組条約は，CO_2 など温暖化効果ガスの大気中濃度の安定化を目指すための条約である。生物多様性条約は，生態系，生物種，遺伝子の3つのレベルの多様性を保全し，生物資源を持続的に利用すること，また遺伝資源から得られる利益の公正で公平な配分を目的とした条約である。地球サミット開催期間中に気候変動枠組条約には155ヶ国が，生物多様性条約には157ヶ国が署名した。

アジェンダ21は，リオ宣言の諸原則を実行に移すための具体的な行動計画であり，大気保全，資源管理，森林保全，生態系管理，砂漠化・干ばつ防止，生物多様性保全，海洋等の保護と海洋生物資源管理，有害化学物質管理，廃棄物管理等についての具体的な行動目標，行動プログラムが示されている。持続可能な発展を達成するための不可欠な基礎的条件として，政策決定への幅広い国民の参加が強調されている。すなわち，個人，団体及び組織が環境影響アセスメント手続に参加し，意思決定について知り，その意思決定に参加すること，国家が保有している環境と開発に関する情報へのアクセスを保障することの重要性が指摘されている。

2002年，南アフリカのヨハネスブルクで，国連が主催する「持続可能な開発に関する世界サミット」（2002年）が開催され，「**ヨハネスブルク宣言**」「**実施計画**」が採択された。同宣言には，「われわれは，持続可能な発展の，互いに関連し，相互補完的な支柱である経済開発，社会開発及び環境保護を，地方，国，地域及び世界レベルでさらに推進し強化するとの共同の責任を負うこと」，そして「持続可能な発展にとって，長期的展望及びすべてのレベルにおける政策形成と意思決定及び実施について広範な参加が必要であることを認識する」と述べられている。

リオ宣言に示された国際環境法の基本原則

リオ宣言は，ストックホルム宣言以来の地球環境をめぐる議論を集約し，地

球環境問題を論ずるうえでの基本原則を提示している。重要なものを見ておこう。

まず第1原則で「人は，持続可能な発展への関心の中心にある」こと，さらに「人は，自然と調和しつつ健康で生産的な生活を営む権利を有する」と宣言し，いわゆる環境権の趣旨を掲げている。第3原則では，「持続可能な発展（開発）」の趣旨を明確にしている。「発展（開発）の権利は，現在および将来の世代の発展（開発）および環境上の必要性を公平に満たすことができるよう行使されなければならない」。つまり環境享受における世代間公平の課題を明確にしている。第4原則は，そうした発展（開発）過程においては環境保護が不可欠であること，第5原則は，貧困の撲滅が持続可能な発展（開発）に必要不可欠な部分であることが示されている。

環境保護は先進国・途上国を問わず共通の課題であるが，果たすべき責任には自ずと差異がある（第7原則「共通だが差異ある責任」）。従って「先進諸国は，彼らの社会が地球環境へかけている圧力及び彼らの支配している技術及び財源の観点から，持続可能な発展（開発）の国際的な追求において有している責任を認識」しなければならないのである。温暖化防止条約と京都議定書は，この原則に立った具体例ということができる。

環境問題に対処するに当たっての情報公開と市民参加の重要性をうたっているのが第10原則である。第15原則はいわゆる「**予防原則**」を示している。すなわち，「深刻な，あるいは不可逆的な被害のおそれがある場合には，完全な科学的確実性の欠如が，環境悪化を防止するための費用対効果の大きな対策を延期する理由としてはならない」ことがうたわれている。

第24原則および第25原則では戦争と環境保全の密接不可分の関係が指摘されている。

4　温暖化防止のための国際ルール

地球温暖化とその影響

石油や石炭などの化石燃料を燃焼させる過程からは，二酸化炭素が発生する。大気中の二酸化炭素濃度が高まれば，温室効果によって**地球温暖化**が生じるものと考えられている。二酸化炭素やメタンなどの温室効果ガスの大量放出が，

地球の気候, さらには社会経済にいかなる影響をもたらすのかを評価し, その対策を検討するために, 1988年に気候変動に関する**政府間パネル（IPCC**）が設置された。

　IPCCの第五次評価報告書（第1作業部会）によれば, 世界の平均地上気温は, 1880年から2012年の期間に0.85℃上昇している。過去20年にわたり, グリーンランド及び南極の氷床の質量は減少しており, 氷河はほぼ世界中で縮小し続けている。1901年から2010年の期間に, 世界平均海面水位は0.19m上昇した。同報告書は, 気候システムに対する人間の影響は明白であるとしており, これは, 大気中の温室効果ガス濃度の増加, 正の放射強制力（地球温暖化を引き起こす効果）, 観測された温度上昇, そして気候システムに関する理解によって裏付けられている。そのうえで, 世界平均地上気温は1986〜2005年を基準として, 今世紀末（2081〜2100年）には2.6〜4.8℃（平均3.7℃）上昇し, 世界平均海面水位は0.45〜0.82m（平均0.63m）上昇する可能性が高いと予測している（2100年以降も温暖化効果の上昇が続く想定の「高位参照シナリオ」）。

　こうした急激な温暖化による気候変動, 生態系や生物多様性の変化は人類の生存にとって大きな影響を与える。世界銀行の報告書（2013年11月）によれば, 過去30年間の自然災害による犠牲者は250万人以上で, 被害総額は4兆ドル近くに達しており, こうした損失の約4分の3は極端な天候に起因したものと考えられる。干ばつや熱波, ハリケーン・台風の大型化などの気象現象の増加と農業・畜産業に対する重大な被害, それによる世界的な食糧危機も現実のものとなりつつある。こうした影響はとりわけ, 途上国, 低所得国に大きな打撃を与えている。2010年のハリケーン・トーマスによるセントルシアの被害や2013年の台風によるフィリピンの被害は文字通り壊滅的なものであった。「アフリカの角」地域では, 2008〜2011年の長期干ばつにより, 最悪時には1330万人が食糧不足に陥り, 被害総額はケニアだけで121億ドルに上ったと推定される。地球生態系を維持し, 世界各地の人々の生活と生命を守り, 地域を安定させるためにも, 地球の温暖化を防止することは切実な課題なのである。

国連の対応

　地球温暖化問題に対し, 国連は, 1989年, 「気候に関する枠組条約と, 具体的な義務を定める関連する議定書を緊急に作成」することを要請する決議を採

択した。これを受けて1992年の地球サミットにおいて**温暖化防止条約（国連気候変動枠組条約）**が採択され，1994年3月に発効している（2005年5月現在の締約国は188ヶ国とEU）。

温暖化防止条約によって，先進諸国は，温室効果ガスの排出を2000年までに1990年のレベルに戻すこと，そのための計画を公表し，その達成状況を締約国会議に報告し，審査を受け改善措置を検討することが求められた。さらに1997年の同条約第3回締約国会議では，より一層の効果的な抑制措置と2000年以降の対策を定めた京都議定書が採択された。同議定書では，先進締約国（附属書Ⅰ国）は，6種類の温室効果ガス（二酸化炭素，メタン，一酸化二窒素，ハイドロフルオロカーボン〔HFCs〕，パーフルオロカーボン〔PFCs〕，六フッ化硫黄〔SF_6〕）の全体の量を2008年から2012年までの約束期間中（第一約束期間）に，1990年の水準より少なくとも5％削減することが求められた。また一定の先進締約国には，個別の削減量が割り当てられており，EU8％，アメリカ合衆国7％，日本6％削減と定められた。その運用等の詳細については，その後の締約国会議で合意が形成されてきている（排出枠取引，共同実施，クリーン開発メカニズムなど）。

温暖化問題は，その原因と対策がともに経済活動や社会のあり方に直接関わる問題である。特に大量生産・大量消費型の先進諸国，開発と発展を目指す途上国，さらには化石燃料の産出国等の国家間での利害の対立や，産業事業者の利害にも大きな影響を与える。取り組みの具体化については，条約締約国会議および京都議定書締約国会合で時間をかけて論じられてきているが，2001年にはアメリカが京都議定書からの離脱を宣言するといった事態も起きている。途上国と先進国との主張の溝も大きい。

京都議定書

2005年2月に発効した**京都議定書**であるが，その温暖化効果ガス削減目標は，アメリカを含む先進締約国各国が達成したとしても，1990年度比で5.2％の削減をもたらすに過ぎない。IPCC第3次報告書によれば，大気中の温室効果ガスの安定化のためには，今世紀半ばまでに1990年比で温室効果ガスを60％削減しなければならない。しかし，1990年レベルで附属書Ⅰ国全体のCO_2排出量のうち36％を占めるアメリカは離脱したままである。急激な経済成長を続けて

いる中国やインドは削減義務を負っておらず，削減を義務付けられている諸国の排出量は世界の総排出量のうち3分の1を占めるに過ぎない。

　各国の利害が交差し意見が対立するなか，2005年12月に開催された締約国会議では，アメリカや途上国を含めたすべての国の参加の下に，将来の対話を行う場を設定し，手法の開発や分析についての検討結果を締約国会議に報告することが確認された。さらに2006年の締約会議では，特に途上国における，気候変動の影響への適応対策のための技術移転や必要資金の管理運営についての合意も形成されている。

　利害の対立する課題について合意を形成し実行に移していくためには，「共通だが差異ある責任」や「予防原則」といった上述の基本原則を踏まえて，また技術と資金の適切な移転のしくみを整えることによって，温暖化防止への参加国の拡大と取り組み水準の引き上げのために努力を重ねていかなければならない。

5　地球環境汚染を防止する取り組み

廃棄物処理の国際ルール

　有害な廃棄物が国境を越えて運ばれ，適切な処理が行われないまま放置されることになればその地域で重大な汚染問題を引き起こす。1976年にイタリアのセベソで起きた農薬工場の大規模な爆発事故は周辺にダイオキシン汚染をもたらしたが，その汚染土壌を詰めたドラム缶が行方不明になってしまい，1983年になって北フランスで発見されるという事件が発生した。また1988年にはアフリカのナイジェリアの港で，ヨーロッパから輸送されてきた大量の有害廃棄物の投棄が発覚したこともある。1999年にはフィリピンで，中身を古紙と偽って日本から輸入されたコンテナの中から大量の医療廃棄物などが発見されるという事件が起こっている。

　廃棄物はこれを排出した国内で処理するべきであり，各国は他国からの有害廃棄物の持ち込みや処分を禁止する権利を持っている。この原則を明確にして，有害廃棄物の国境を越える移動とその処分に伴って生じる人の健康や環境に関する被害を防止するために結ばれている条約が，バーゼル条約（1992年発効）である。同条約に基づいて，有害廃棄物を輸出する場合には当該国へ通知し許

可を得なければならず，もし輸出先で環境に害を与えずに処分できないと考えられる場合には，輸出国はその輸出を許可しないこと，また，輸出の前に輸出先国のみならず途中通過する国にも，この輸出について事前に情報を伝えるとともに，相手国から同意を得なければならない。こうした事前通告に基づく同意手続を **PIC**（Prior Informed Consent）**手続**という。

オゾン層保護および化学物質使用に関する国際ルール

　地上から約10〜50km離れたあたりに形成されている高層大気を成層圏という。このうち高度約15〜30kmの範囲にオゾン（O_3）が集中しており，いわゆる**オゾン層**が形成されている。このオゾン層は，太陽から地球に到達する紫外線のうち，生物にとって特に有害な波長のものを吸収する役割を果たしている。私たちを含む地球上の生命は，オゾン層によって保護されているのである。このオゾン層が破壊され有害な紫外線が地表に到達することになると皮膚ガンや白内障が増加するなどの健康影響が生ずるだけでなく，植物の生育など，地球上の動植物にとってもさまざまな悪影響がもたらされる。ところがそのオゾン層が希薄になってきている。1984年には，春季における南極域の成層圏オゾンに異常な減少が見られ，また1986年には，春季の南極でオゾン量の少ない領域が穴状になっていることが確認された（オゾンホール）。原因は，**フロンガス**によるオゾンの分解である。これに対処するため1970年代半ば以降，アメリカやカナダ，スウェーデンなどではスプレー缶の噴射ガスとしてフロンを使用することを禁止するなどの規制に乗り出した。そして1985年にはオゾン層保護のためのウィーン条約が採択された。

　この条約は，人の健康と環境を保護するために適当な措置をとること，種々の悪影響の把握と評価のための組織的観測，研究および情報交換を通じて締結国が協力すること，規制・制限措置等における国際協力などを定めている。その後1987年に「オゾン層を破壊する物質に関するモントリオール議定書」が採択され，規制対象物質（フロン〔CFCやHCFC等〕，ハロン等）が指定され，その生産と使用の削減スケジュールが定められ，規制の強化が図られてきている。

6 地球の自然を守るために

生物多様性の保護

　地球上には，知られている生物種だけでも約175万種，未知の種を合わせると3000万種またはそれ以上の生物種が存在すると推測されている。こうした生物の多様性が個々の生物の環境適応能力を支え，全体として地球の生命維持能力を保っているのである。生物多様性は人類存続の基盤であり，人間に食糧や生物とその遺伝子を利用した物品・道具から医薬品にいたるまでの自然の恵みをもたらしてきた。人間の歴史や文化そのものが生物多様性に育まれてきたのである。

　1992年の地球サミットで採択された**生物多様性条約**は，生物多様性の保全，その構成要素である生物資源と遺伝資源の持続可能な利用，および遺伝資源の利用から生ずる利益の公正かつ衡平な配分を実現することを目的としている。

　生物多様性条約は，「**生物多様性**」をすべての生物の間の変異性をいうものとし，遺伝子レベルの多様性（**種内の多様性**），生物種の多様性（**種間の多様性**），および（森林や湿地，乾燥地などそれぞれに異なる環境のもとで変化に富む生物種が構成する）**生態系の多様性**を含むものと定義している。

　条約には，各国が自国の資源をその環境政策に従って開発する主権的権利を有すること，自国の活動が他国の環境またはいずれの国にも属さない区域の環境を害さないことを確保する責任を有するとの原則が定められている。そして生物多様性の保全と持続可能な利用を目的とする国家的な戦略または計画を作成すること，重要な生物資源の保全，生態系および自然の生息地保護，生息環境の維持，促進，バイオテクノロジーによる改変された生物による悪影響を防止するための規制や管理を行うこと，生物多様性をそこなう外来種の導入を防止，制御，撲滅することを求めている。また，生物多様性に影響を及ぼすおそれのある事業計画案に対する環境影響評価手続を導入し，かつ，適当な場合には，手続への公衆参加を認めることなどを規定している。

　バイオテクノロジーによる**遺伝子組み換え生物**については，2000年にカルタヘナ議定書が採択された。同議定書は，遺伝子組み換え生物の移送，取り扱いおよび利用に当たっての悪影響を防止するための輸出入手続などについて規定

表 3-1 日本の世界遺産 (2013年8月時点)

文化遺産 (12件)	姫路城, 古都京都の文化財 (京都市, 宇治市, 大津市), 白川郷・五箇山の合掌造り集落, 原爆ドーム, 厳島神社, 法隆寺地域の仏教建造物, 古都奈良の文化財, 日光の社寺, 琉球王国のグスク及び関連遺産群, 紀伊山地の霊場と参詣道, 石見銀山遺跡とその文化的景観, 平泉―仏国土 (浄土) を表す建築・庭園及び考古学的遺跡群, 富士山―信仰の対象と芸術の源泉
自然遺産 (4件)	屋久島, 白神山地, 知床, 小笠原諸島

出所：筆者作成。

している。

1973年に採択された (1975年発効)「絶滅のおそれのある野生動植物の種の国際取引に関する条約 (ワシントン条約)」は, 特定の生物種の個体またはその部分, あるいはそれらを素材とする加工品などの国際取引を規制している。

世界遺産を守る

ユネスコ (国連教育科学文化機関) は, 平和のとりでを人々の心の中に築くこと, 人類の知的および精神的連帯のうえに平和を構築することを課題として掲げる国連機関である。この課題に取り組む一環として進めてきたのが, 世界遺産の保護である。世界の遺産を保護し必要な国際条約を勧告することを通じて, 知識の維持, 増進, 普及を図ってきた。1954年には武力紛争から文化財を守る条約が採択されている (1956年発効)。その後, 世界的な経済開発, 途上国での文化財破壊・放置そして70年代に入っての国際的な自然環境保護の要請を受け, 1972年の第17回ユネスコ総会で, **世界遺産条約**が採択された (1975年発効)。

国際社会は, 主権国家によって構成されており, 他国の内政に干渉しないことが国際社会の原則である。しかし, 人類の長い歴史のなかで生み出されてきた文化財, あるいは地域的に優れた自然環境は, 特定の国にあるからといってその国が自由にそのありようを左右できるものではない。また独力で保護・保全するのが困難なこともある。世界遺産条約は, 世界遺産の損壊や滅失を, 世界のすべての人々の遺産を貧困化させるものだと捉えている。

世界遺産条約における**文化遺産**とは, 歴史上, 芸術上又は学術上顕著な普遍的価値を有する記念工作物 (建築物, 彫刻・絵画, 考古学的構造物, 洞穴住居等), 建造物群, 遺跡をいう。また**自然遺産**とは, 学術上保存上顕著な普遍的価値を

有する生物の生成物・生成物群からなる自然地域，地質学的形成物，動植物生息地等，自然風景地などをいう。締約国は自国内のこれらの遺産を認定し，保護し，保存し，整備し，将来の世代へ伝える義務を負っており，そのために必要な場合には国際的な援助と協力を得て最善を尽くさなければならない。締約国は世界遺産登録申請のための暫定リストを世界遺産委員会に提出し，さらに登録申請するリストを提出する。これに基づき世界遺産委員会は登録すべき遺産を選定する手続に入る。

　全世界で世界遺産リストに登録されている件数は，2013年8月現在，981件である（文化遺産759，自然遺産193，複合遺産29）。日本の世界遺産一覧は表3-1のとおりである。

参考文献

吉岡吉典『資料集　20世紀の戦争と平和』新日本出版社（2000年）
松井芳郎・薬師寺公夫・坂元茂樹・小畑郁・徳川信治編『国際人権・宣言集』東信堂（2005年）
中谷和弘・植木俊哉・河野真理子・森田章夫・山本良『第2版　国際法』有斐閣アルマ（2011年）
富井利安『レクチャー環境法　第2版』法律文化社（2011年）
交告尚史・臼杵和史・前田陽一・黒川哲志『環境法入門』有斐閣（2012年）

　　　　　　　　　　　（吉田　稔〔章リード文・1・2〕・北山雅昭〔3〜6〕）

Column 3

温暖化防止への国際的な取り組みと日本政府

　気候変動枠組条約と京都議定書という国際的な枠組のもと，日本では，1998年に地球温暖化対策推進法が制定され，温室効果ガスの多量排出事業者に対し，事業所ごとに排出量を国に報告することが義務づけられた。2005年には同法に基づき「京都議定書目標達成計画」が策定され，種々の取組みを通じて第一約束期間における日本の削減義務（90年比で－6％）を果たした。

　京都議定書締約国会議では，第一約束期間（2012年に終了）に続いて第二約束期間（2013～2020年）を設定し，2020年目標達成への取組みが進められている。しかし議定書参加諸国（先進国）が立てている排出削減目標は，気温上昇を2℃以下に抑えるために必要な排出削減量（2020年に90年比で25～40％）に満たず，同会議ではさらに目標を引き上げることが先進国に求められている。

　京都議定書に参加している国は先進国に限られており，世界の温暖化効果ガスの総排出量の約3分の1を占めるにすぎない。2010年時点で世界の排出量（エネルギー起源のCO_2排出量）で2番目に多いアメリカ合衆国（17.7％）は京都議定書自体に加わっておらず，排出量トップの中国（24％）や国別では3位のインド（5.4％）は議定書による削減義務を負っていない。温暖化を防止するためには途上国を含めた国際的な取組みを前進させなければならない。気候変動枠組条約の締約国会議（COP）では，アメリカ合衆国や途上国を含めた長期的で包括的な取組みについて議論が重ねられている。

　2011年11月のCOP17/CMP7（ダーバン会議）において日本政府は，京都議定書に基づく第二約束期間への不参加を表明した。法的拘束力のある枠組からの離脱宣言であり，削減数値の義務を負わないフリーな立場への転換を意図したものであった。日本にロシアが追随し，結果的に京都議定書のもとでの取組みにさらに大きな欠落を生じさせることになった。2013年11月のCOP19/CMP9（ワルシャワ会議）で日本政府は，従来掲げていた2020年目標である90年比－25％を撤回し，現時点での目標を2005年比で－3.8％とすることを表明した。これは90年比に換算すると＋3.1％となる。東京電力福島第一原子力発電所事故以降すべての原発が停止し，原発活用による温室効果ガス削減効果を見込めない時点での目標だというのが政府の説明である。原発なくして削減なしといった態度であるが，再生可能エネルギーの活用や省エネの一層の推進によって大幅な排出削減を達成できるとの研究報告がある。京都議定書から抜け，しかも排出量の増加を表明する日本政府の態度は，2020年目標の引き上げを議論している国際社会の流れに逆行するものではなかろうか。

　　　　　　　　　　　　　　　　　　　　　　　　　　　　　　　（北山雅昭）

第 II 部

育　つ

　人は生まれてから青少年（2009年3751万人）の期間を経て大人になる。さらにこの期間（29歳以下）は，乳幼児期，学童期，思春期，青年期に区分される。乳幼児，学童のときは親の保護の下に生きるので親の影響は大変大きい（子は親の鏡）。思春期のときは親の保護と同時に，友達と遊び，学校で過ごす時間も多くなり，勉強しながら良いことも悪いことも嫌なことも含め，いろいろなことを学んでいく。

　青年期になると学校教育では進路が重視され，受験競争や教育に反発にする生徒も出てくる（子は教育の鏡）。そしてバンドを組み音楽をする子，好きなスポーツに熱中する子，趣味に熱中する子などが現れる。さらに親，友達，先生の影響に加え，この時期は社会の情報の影響を大きく受けることになる（子は社会の鏡）。その意味では子は親の鏡であるだけでなく，教育の鏡，社会の鏡でもある。

　国，地方は，将来を背負う子ども達が健全に成長し，立派な大人になるように，さまざまな家族・親族，教育，社会に関連する法律・条例を定めている。日々の行政もこの精神で多様な政策を実行している。しかし，社会の影響と子の健全な成長とのギャップは，なかなか埋められず，親も社会も試行錯誤の状態である。ここでは，これらのことを見ていこう。

子どもの将来を願う

第4章　家族のなかで育つ

　人は，生まれてからひとりだちできるまで，他者からの養育を必要とする。その役割を担うのは通常，親である。親には，子がひとりだちできるまで育てる責任がある。親には親権がある。親権とはいえ，親が子に対して指示したり命じたりすることができる権利と理解してはならない。親権は，子育て責任と理解されるべきものである。親が子育てを放棄したり，あるいは子の成長を阻害するような場合には，法は，親の親権を制限し，または期間を限って停止し，さらには親から親権を取り上げることを定めている。
　家族のなかで慈しみ育てられるべき子どもが虐待を受けている現実がある。虐待を受けている子どもを保護するだけでなく，そもそも虐待が起こらない社会環境，家庭環境をどうつくりあげればいいのだろうか，考えてみよう。

1　「親権」の意義

　人は，生まれてからひとりだちして生きていくまでに比較的長い時間を要する。子は，自分で収入を得て住居を確保し，自らの生活を自分で切り盛りするまでは，他の人の手を借りざるをえない。子を育み経済的に面倒を見るのは，まずもって親の責任である。親は，子の最善の利益が何かを考えて子を育てる義務を負い，その義務を果たすための権利を有している。こうした義務と権利を民法は「**親権**」として規定している。
　親の権利といっても，子に対する権力というニュアンスでとらえてはならない。そうした誤解を除くため，「親の責任（parental responsibility）」（イギリス），「親の配慮（elterliche Sorge）」（ドイツ）などの用語に変更した国もある。日本の民法は依然「親権」という語を使っているが，以上の趣旨を盛り込むための改正は行われている（民法820条「親権を行う者は，子の利益のために子の監護および教育をする権利を有し，義務を負う」。下線部分が平成23年の改正で加えられた）。子の成長を願い，育む役割は第一に親が担う。国は，こうした親の役割が十全に果

たされるように支援するとともに，親がその役割を果たせない場合や親として不適切な場合に，親以外の者にその役回りを担わせ，親権を制限あるいは剝奪することもある。

　子が法律上の夫婦の間に生まれた場合には，親権は両親が共同して担う（**共同親権**）。夫婦が離婚した場合にはどちらか一方が**親権者**となる。婚姻関係にない女性が子を産んだ場合には，その女性が母として単独で親権を担う。父親が認知した場合には，父親を親権者とすることができるが，夫婦でない限りやはり単独親権者となる。ドイツ，フランス，イギリスなど，婚姻関係の有無にかかわらず父母の共同親権を規定する国もある。日本でも，特に離婚後の親子の交流を図るために，共同親権を制度化すべきとの意見がある。

　子が育つ「家庭」といってもその環境はさまざまである。法制度は，婚姻関係にある男女間に子が生まれる家族（いわゆる**核家族**）を基本に形づくられている。しかし現実には母子（あるいは父子）家庭が増えており（Column 4 参照），実の親でなく養親のもと，あるいは施設で暮らす子も多い。子に対する親権や監護教育の役回りを誰が担うのかは，役割分担も含め重要な課題である。

2　親　　権

親権の内容

　民法は親権の内容として，実際に子の世話をする**監護教育権**と，子の財産を管理する**財産管理権**，その他**居所指定権**や**懲戒権**などについて規定している。

　親権を行う者は，子の利益を考えて子の監護と教育を行わなければならず，そのための権利を有し，義務を負っている（民法820条）。また親権者は，子の財産に対する管理権を有している（民法824条）。たとえば父の死亡により未成年の子が財産を相続した場合，残された母が単独親権者として子に対する財産管理権を持つ。

　親権者は，子が売買や賃貸借，あるいは雇用などの契約を結ぶにあたって子を代表する。すなわち親権者が法定代理人として子に代わって契約を結んだり，子の契約行為に同意したり取り消したりする権限が認められている。しかし親権者といえども，親が子の預金を自分の遊興費に使用し，自分の借金のために子が所有する不動産を担保に供することはできない。こうした行為は財産管理

権の範囲を逸脱し，子の利益に反する（親と子の間での利益相反）行為であり，法律上無効と考えられる。

　子が職業を営むにあたっては親権者の許可を得なければならない（民法823条）。未成年者がアルバイトをするにあたっても親権者の許可が必要である。子の生育にとってふさわしくない状況・条件で働くことを許可したり，時には親が独断で子を働かせたりすることもありうる。労働基準法は，親権者が子を代理して労働契約を結ぶことを禁止するとともに，子を代理して賃金を受け取ることを禁止している（労基法58・59条）。

　居所指定権や懲戒権については，子を親の権利の客体として扱う発想が基底にあるものとして疑問視する見解が強まっている。

親権の制限・喪失

　親が親権の目的を果たさないだけでなく，子の成長を阻害するような場合には，そのまま親権を認めておくわけにはいかない。民法は，一定の場合に親の親権を剥奪あるいは制限する規定をおいている。

　父または母による虐待，食事を与えず必要な世話をしない，放置して顧みない（悪意の遺棄）といった場合など，親権の行使が著しく困難または不適当であることにより，子の利益を著しく害するときは，家庭裁判所は，その子自身やその親族ら，または検察官の請求を受けて親権喪失の審判をすることができる。児童福祉法が禁じている職業に就かせたりする場合や，子の財産を不当に処分したり，子の名義で多額の借金をするような場合（**親権の濫用**），あるいは親が酒におぼれたり，異性関係の乱れや賭博に興じるなどの場合（**不行跡**）も審判の対象となる。

親権停止制度の導入

　2011年の民法改正により，一時的に親権を停止する制度が導入された。

　近年，児童虐待は，深刻な社会問題となっており，これまでもさまざまな取り組みが行われてきたが（詳しくは3節参照），児童虐待を行う親に対しては，必要に応じて適切に親権を制限すべき場合があるとの指摘がなされてきた。2009年の児童虐待防止法と児童福祉法の一部改正においても，より一層有効な手立てを図るべく親権制度の見直しについて検討を行い，必要な措置を講ずる

ものとされていた。今回の改正は，以上のような経緯等を踏まえたものである。

改正により第一に，2年以内の期間に限って親権を停止する制度が創設された。第二に，家庭裁判所が未成年後見人に適任者を選任することができるようにするため，複数または法人の未成年後見人の選任を可能とする規定が整備された。第三に，親権を行う者は，子の利益のために子の監護及び教育をする権利を有し，義務を負うこととするなど，親権が子の利益のために行われるべきものであることが明確にされた。

さらに，児童福祉法に関連して，第一に，児童相談所長は，家庭裁判所に対し，親権喪失のほか，親権停止または管理権喪失の審判の請求もすることができることになった。第二に，児童相談所長が，一時保護中の児童について，その監護等に関し，その児童の福祉のため必要な措置をとることができることを明らかにした。親権者等であっても，児童福祉施設長，里親等または児童相談所長が，入所中，受託中または一時保護中の児童等についてとる措置を不当に妨げてはならないと規定された。第三に，児童相談所長は，一時保護中または里親等に委託中の児童等で親権を行う者等がいない場合，親権を行う者または未成年後見人が定まるまでの間，親権を行うことが可能となった。

親権の一時停止制度など，対処方法の充実が図られているが，対処の前線に立つのは児童相談所（児相）や児童福祉施設である。これら施設の職員の増員と，施設・職員間の連携，研修を通じた対応力の引き上げなど一層の体制強化が図られなければならない。

3 児童虐待の防止——児童虐待の状況と法律の対応

児童虐待の状況

母親あるいは父親など身近な家族による虐待によって命を奪われる子どもが後を絶たない。2011年度の児童虐待による死亡事例として，厚生労働省が把握した事例は，85例（99人），そのうち心中以外の虐待死事例が56例（58人），心中による虐待死事例が29例（41人）にのぼる（心中事例は保護者が子どもを殺害するという態様に照らし，虐待による死亡として扱われている）。このほかに，生後間もない身元不明の子どもの遺棄事例が1例（1人），死産児の遺棄事例が1例（1人），虐待による死亡か否かの判断ができなかった不明の事例が4例（5人）

あった。心中以外の虐待死事例では、0歳児の死亡人数が25人（43.1％）、0歳から2歳までの死亡人数の割合は、心中以外の虐待死事例の人数全体の67.2％を占めている。

死亡事例の主たる加害者は、実母が33人（56.9％）、実父が11人（19.0％）、実母と実父が5人（8.6％）である。加害の動機は、「保護を怠ったことによる死亡」が11人（21.6％）、「泣きやまないことにいらだったため」が6人（11.8％）で、「しつけのつもり」は3人にとどまる。「泣きやまないことにいらだったため」の6人のうち4人が実父母以外の養育者が加害者であり、「しつけのつもり」の3人はいずれも実父母以外の養育者が加害者となっていた。こうした実態を踏まえて同専門委員会報告は、「途中からの子どもの養育が困難を伴うこと、新たな養育者の意志や努力にかかわらず、養育の難しさが虐待発生のリスク要因となりうること」を指摘し、途中から養育に加わる者に養育には困難が伴うことを知らせていく必要性を指摘し、虐待発生から子どもとその養育者を守る（加害者にしない）ことが同時並行で行われるべきだと述べている。

いうまでもなく児童虐待は児童の人権を著しく侵害する行為であり、その心身の成長と人格の形成に重大な影響を与えるものである。児童虐待の禁止、予防と早期発見、虐待を受けた児童の保護と自立支援の措置などを定め、児童の権利利益を擁護することを目的として2000年に**児童虐待防止法**が制定されている。

児童虐待防止法によれば、保護者（親権者等児童を現に監護する者）がその監護する児童（18歳未満の者）に対して行う次のような行為が「児童虐待」にあたる。

①身体に外傷が生じ、または生じるおそれのある暴行を加えること。
②児童にわいせつな行為をしまたはわいせつな行為をさせること。
③心身の正常な発達を妨げるような著しい減食または長時間の放置、保護者以外の同居人による虐待行為の放置その他の保護者としての監護を著しく怠ること。
④児童に対する著しい暴言または著しく拒絶的な対応、児童が同居する家庭における配偶者に対する暴力（いわゆるDV）その他の児童に著しい心理的外傷を与える言動。

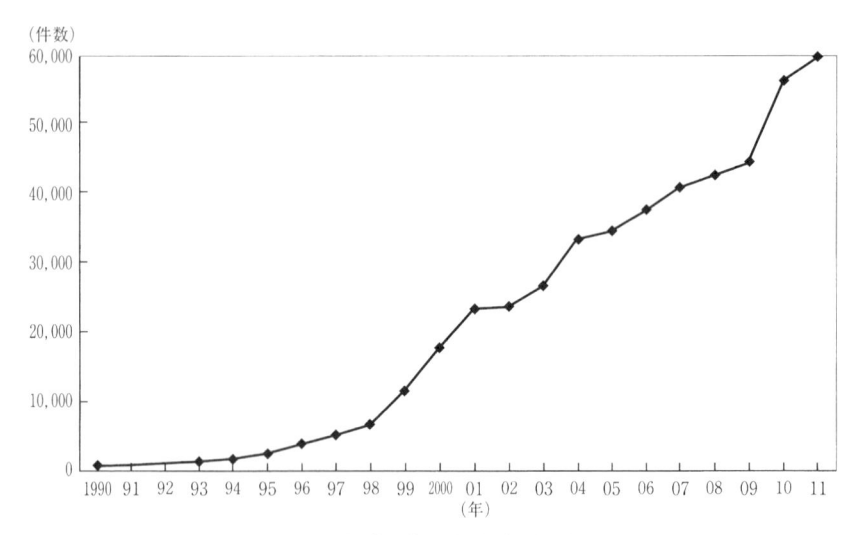

図4-1 児童虐待相談対応件数の推移

注：2010年度の件数は，東日本大震災の影響により，福島県を除いて集計した数値である。
出所：厚生労働省「児童相談所での児童虐待相談対応件数」(2012年度)。

　全国の**児童相談所**（児童福祉法に基づいて各都道府県，政令指定都市等に設置されている児童福祉の専門機関）に寄せられた児童虐待に関する2011年度の相談件数（福島県を除く）は，統計が取られはじめた1990年に比べ55倍，児童虐待防止法施行前の1999年度に比べ5.2倍に増えている（図4-1）。増加の背景としては，①家庭・地域の養育力の低下（核家族化や地域のつながりが希薄になってきたことによって，家庭での子育てが孤立しやすくなっている），②児童虐待の認識の広まり（児童虐待に対する関心，認識が広まり，これまで気づかれなかった児童虐待が児童相談所につながるようになってきた）が，指摘されている。

児童福祉法上の対応

　刑法上，虐待行為に対しては暴行，傷害，強姦，保護責任者遺棄などの罪の適用が考えられる。また民法上は前述のように親権を制限，剝奪することが可能である。しかし刑事罰の適用に関していえば子の保護や親子関係の修復は視野にない。

　児童福祉法は，保護者のない児童や，虐待など保護者に監護させることが不適当であると認められる児童（「**要保護児童**」と定義）を発見した者は，市町村，

都道府県福祉事務所または児童相談所に通告しなければならないと規定する（25条）。通告を受けたこれら機関は，必要に応じて当該児童の状況の把握を行い（25条の6）相互に報告し対処方について連携することになる。

通告等に対する対応としては，子を保護者のもとに置いたままでの指導措置，児童相談所による一時保護，児童養護施設等への入所措置あるいは里親への委託などがある。

この中で虐待に対する緊急の措置として有効なのが児童相談所による一時保護である。**児童相談所長**は，必要があると認めるときは児童を一時的に保護することができる（33条1項）。この一時保護は，保護を開始した日から2ヶ月を超えてはならないが，必要な場合には継続することができる。

児童を乳児院，児童養護施設等に入所させ，あるいは里親に委託する必要がある場合には，児童相談所長は都道府県知事にその旨報告し，都道府県がその措置について判断し入所措置等を行う。この措置は，原則として親権者または未成年後見人の意に反して行うことはできない。ただしこれら保護者が，児童を虐待し，著しくその監護を怠り，その他保護者に監護させることが著しく当該児童の福祉を害する場合には，家庭裁判所の承認を得て児童相談所長は，上記の措置をとることができる（28条1項）。都道府県は，家庭裁判所の承認を得て，当該期間を更新することができる（28条2項）。

児童虐待防止法

児童虐待の予防と早期発見，虐待を受けた児童の保護と自立支援をきめ細かく実施することを目的として制定されたのが**児童虐待防止法**である。

児童虐待は家庭という閉ざされたなかで行われることが多く，発見・対応の遅れにつながることになる。そこで防止法は，学校や病院の教職員，医師，保健師，弁護士など職務上児童福祉に関係のある者に，児童虐待の早期発見の努力義務を課している（5条）。またこれらの職にある者に限らず一般に，児童虐待を受けたと思われる児童を発見した者は，速やかにこれを市町村，都道府県福祉事務所もしくは児童相談所に通告しなければならないと規定する（6条）。通告を受けた市町村，福祉事務所，児童相談所は，必要に応じ近隣住民，学校の教職員その他の協力を得つつ，当該児童との面会その他の当該児童の安全の確認を行うための措置を講ずる（8条）。面会が難しい場合など状況によ

り都道府県知事は，当該児童の保護者に対し，当該児童を同伴して出頭することを求めることができる。出頭の求めに応じない場合には，**立入調査**が認められ（9条），さらに裁判所の許可を得たうえで児童の住所・居所への**臨検**（立ち入り検査），当該児童の**捜索**を行うことができる（9条の3）。児童相談所長は，児童の安全確認または一時保護を実施する場合，あるいは知事による立入調査，臨検等に際して必要がある場合には，警察署長に援助を求めることができる（10条）。

　児童虐待を受けた児童について，児童相談所による一時保護，養護施設等への入所措置あるいは里親委託が行われている場合にも，虐待を行った保護者が親権を理由に強引に接触を求めたり連れ戻したりするケースもある。児童相談所長等は，虐待を行った保護者につき，児童との面会，通信を制限することができる（12条）。

　さらに，先に紹介したように，親の親権を取り上げる**親権喪失**の手続に加え，2年を上限として，家庭裁判所の裁判によって親権を一時的に停止する制度ができた（民法834条の2）。虐待を行った親の親権をひとまず停止し，親や家庭環境の改善を図りつつ，その効果を見定めたうえで親権を戻すあるいは喪失の手続をとるといった柔軟な対応が可能となった。なお親権の喪失，停止の手続がとられていない場合の親権者（**虐待親**）によるさまざまな不当な要求（里親からの連れ戻しや子の医療行為に関する同意に応じないなど）に対処するため，児童福祉法が改正され，一時保護の場合を含めて児童相談所長は監護，教育および懲戒に関し，その児童の福祉のため必要な措置をとることができるものとし，親権者等はこれを不当に妨げてはならないと規定した（児童福祉法33条の2・47条4項）。

　以上のように，2000年の児童虐待防止法制定以降も虐待児童の保護のための対応が強化されてきているが，さらに重要なのは，虐待をまねく要因を取り除き虐待を未然に防止する取り組みである。最初に見たように，とりわけ死に至る虐待事例にはある程度共通した要因が認められる。親自身が健康不安を抱えていたり，子どもの健康・成長不安や障害について悩み，またさまざまな要因で子育て不安に陥っていることが多い。身近に相談できる人も居らず，悩みを抱え込んでしまい，うつ傾向が認められる。あるいは生活不安，若年での出産で子育ての意欲に欠けるなどの点が指摘されている。子を持つ親あるいは親に

なる者のこうした要因を医療機関，保健所をはじめさまざまな機関が連携し共有することから，必要な対応が浮かんでくる。施策としては児童福祉法が規定する**子育て支援事業**（子育て短期支援事業，乳児家庭全戸訪問事業〔こんにちは赤ちゃん事業〕，養育支援訪問事業，地域子育て支援拠点事業など），母子生活支援，障害児支援・福祉サービスの充実と広報・啓発活動が児童虐待をまねく要因を取り除く取り組みとして重要である。

参考文献

二宮周平『家族法　第4版』新世社（2013年）
高橋朋子・床谷文雄・棚村政行『民法7　親族・相続　第3版』有斐閣（2011年）
窪田充見『家族法——民法を学ぶ』有斐閣（2011年）
二宮周平『家族と法——個人化と多様化の中で』岩波書店（2007年）
小倉千加子『結婚の条件』朝日新聞出版局（2007年）

（北山雅昭）

Column 4

日本の単親家庭の現状

　離婚に伴い父母のどちらか一方と生活をともにする子どもは増えている。離婚，死別または未婚の母親と20歳未満の未婚の子どものみからなる世帯—母子世帯（他に世帯員のいないもの）は，2010年で75万5972世帯，同じく父子世帯は，8万8689世帯である（総務省「国勢調査」2010年）。母子世帯になった理由は死別世帯が9.7％，生別世帯が89.6％である。（厚生労働省「全国母子世帯等調査」2006年）。母子世帯の母の84.5％は就業しているが，そのうち常用雇用が42.5％，臨時・パート雇用が43.6％で，父子世帯の父は97.5％が就業し，常用雇用が72.2％，事業主が16.5％，臨時・パートが3.6％となっている（厚生労働省「全国母子世帯等調査」2006年）。

　母子世帯の平均所得は252万3000円，父子世帯のそれは421万円であるが，児童のいる世帯平均所得658万1000円に比べ大きな差があることが分かる（父子世帯でも300万円未満の世帯が約37％を占めている）。2007年における母子世帯の完全失業率は7.1％である。母子世帯の暮らし向きについて，「大変苦しい」と感じているものが48.8％，「やや苦しい」と感じているものが40.7％となっており全世帯や高齢者世帯と比べ，暮らし向きが苦しいと感じているものの比率は高い（厚生労働省「国民生活基礎調査」2006年，厚生労働省「母子家庭の母の就業の支援に関する年次報告」2008年版）。父子家庭に比べ母子家庭の方が経済的により劣悪であったため，これまでの支援策は母子家庭に限ってのものであったが，子を抱えての生活の困難さは父子家庭でもさして変わらない。

　母子及び寡婦福祉法は，児童がその置かれている環境にかかわらず，心身ともに健やかに育成されるために必要な諸条件を整えるために制定された法律である。同法には母等の自立，家庭生活及び職業生活の安定を図るための諸施策が盛り込まれている。たとえば事業開始や就職に必要な知識技能習得に必要な資金の貸付制度，児童修学資金貸付制度，公営住宅供給及び保育所入所に関する特別配慮，職業訓練，就職あっせん促進策，母子家庭自立支援給付金として「求職活動の促進とその職業生活の安定を図るための給付金」,「知識・技能習得のための給付金」等が規定されている。また，児童扶養手当法に基づく児童扶養手当の支給制度があり，ひとり親のもとにある18歳未満（18歳に達する日以後の最初の3月31日まで）の児童に児童扶養手当が支給される。子ども手当との併給が認められており，2010年8月から，父子家庭のもとにある児童にも支給されることになった。
　　　　　　　　　　　　　　　　　　　　　　　　　　　　　　　（北山雅昭）

第5章　教育のなかで育つ

　教育をめぐる問題は，社会（人間の秩序界）のなかで行われる人間どうしの営みから生じる。だから，それらは私たち一人ひとりに身近で切実かつ日常のことになる。同時に，社会全体や国のあり方をめぐる歴史や未来とのかかわりも見逃すことはできない。人格の形成や人間関係をつくる教育は，その人の成育に深い影響をもつので，だれもが教育について真正面から考えなければならない。また他人とのコミュニケーションを通じ，時間をかけて，教育をめぐる問題に対し，具体的な解決に力を尽くすことも避けられない。いいかえれば，それは葛藤（苦悩）を克服して成長するという道のりである。

　ここでは，教育の目的・対象・主体などについて考え，そして広く日本の教育をめぐる歴史，公教育や民間教育の現状や今日の問題点についても見ていく。まとめとして，そもそも教育とは何かという教育の本質について，あらためて検討し，教育に対する理解をさらに深められるようにする。

1　日本の教育をめぐる歴史

　動物は，親から食糧をあたえられ一定の期間保護をうけながら，自然のなかで生きる力を身につけて大人になり巣立っていく。人は，一定の能力・精神・知識を獲得して，「一人前」の人間になり独り立ちする。なぜ動物と人間とは，生まれて成長する過程においてこのような違いがあるのだろうか。それは，動物は与えられた自然という環境に適応して生きるが，人間は与えられた自然を変革しながら生きるという違いがあるからである。人間が「一人前」となるのに必要な期間は，成人までとすれば20年，義務教育修了としても15年，高校卒業後専門学校や大学までとすれば20年以上である。生まれてすぐに親と同じ行動をとる動物とくらべて気の遠くなるほど長い。

　こんなに時間のかかる教育で人はいったい何を学ぶのか。人は，個人としての生きていく力（知育，体育，徳育などが中心）と社会人として生きていく力

(社会に対する知識，適応能力，技術力）を身につけるためである。人は，全面的な発達を目指し，全体として自然や社会的な環境（とくに人間関係）そして自分自身を含めて，成長する力を獲得することを求める。このことは，もちろん社会において特定の分野で優れた能力を発揮することと矛盾しない。

では，だれが教育を行うのか。親，家庭，友人，学校，社会集団（企業，宗教団体，政党，労働組合，NPOなど），地域社会，国家そして世界の国・人々の営みが，一人ひとりを教育している。とくに国は，戦前におけるわが国の国家主義的教育の問題性を考えただけでも分かるように，大きな権力をもっているので，権力を行使して国民を一定の方向に導くこともできる。さらに現在では，マスコミ（第4の権力と呼ばれる）やインターネットなどは，直接個人に影響を与えることができるので，情報の発信手段としてのメディア（組織・個人）の教育的役割は大きい。そしてその情報の量，内容の適否が大きな問題となっている。

260年余り続いた徳川幕府は倒れ，明治政府ができた。欧米諸国の国力に追いつくこと（キャッチ・アップ政策）が国是（国の方針）とされた。その最大の目標は殖産興業・富国強兵を通じての近代化であった。教育は文字通り国家百年の大計としてこの目的に奉仕するものとなった。1872年に成立した学制の制定以降の教育政策は，一定の成果をあげた。しかし大日本帝国憲法（明治憲法）下での教育にはいくつかの特徴があった。国家主義（天皇主権の政治制度を支える精神の養成），勅令主義（教育の客体としての国民，教育勅語の徹底），国家に対する義務としての教育（お国のために役立つ人づくり），行政機構に組み込まれた学校（校長・教師は天皇の官吏），軍国主義教育などである。

そして日本は敗戦。GHQ（アメリカの対日占領政策の実施機関）の占領下で，日本は民主化の過程をたどる。大日本帝国憲法が廃止され，日本国憲法が制定された。憲法には国民主権，平和主義，基本的人権の保障が明記され，教育に関しては，**教育を受ける権利，教育の義務，義務教育の無償**が定められた（第26条）。さらに**教育基本法**（1947年）は，教育の目的として「人格の完成をめざし，平和的な国家及び社会の形成者として，真理と正義を愛し，個人の価値をたっとび，勤労と責任を重んじ，自主的精神に充ちた心身ともに健康な国民の育成を期して行わなければならない」と定めた。これを具体的に実現するため，学校教育法，旧教育委員会法，教育職員免許法，社会教育法，私立学校法など

が制定されていった。

　ところが，1949年中華人民共和国の成立，1950年朝鮮戦争勃発は，当時日本を占領していたアメリカの対日政策の変更を促した。アメリカは米ソ対立の中で，日本を極東戦略の一翼を担う国として位置付けた。そのため日本は，再軍備・教育の国家統制の方向へと再び「いつかきた道」を歩みはじめることになった。池田・ロバートソン会談（1953年），地方教育行政組織法の制定（1956年），学習指導要領の「告示」化（＝法的拘束力の強化）であった。その後1960年代の「期待される人間像」，建国記念日の制定，明治百年祭，大学紛争に対応するための大学運営臨時措置法，して1970年代の中央教育審議会での教育改革論，筑波大学法，元号法（1979年），放送大学学園法（1981年）へと続く。

　1980年代に入り，日本経済が発展するに伴い，日本は世界経済にますます深く組み込まれ，戦後教育の総決算と21世紀の国家戦略としての"人づくり"のために，1984年に臨時教育審議会（臨教審）が設置された。そこでは教育基本法の見直し，学歴社会，生涯学習，個性重視などさまざまな議論が出された。1次から3次の答申では，わが国の伝統文化，日本人としての自覚，六年制中等学校（中高一貫校），単位制高等学校，共通テスト，初任者研修制度の創設，現職研修の体系化，適格性を欠く教師の排除，教科書検定制度の強化，大学教員の任期制などが示された。1987年に最終答申（第4次）が出され，世界の中の日本人，経済社会と教育の関連重視，愛国心の養成，個性重視の原則，生涯学習体系への移行，変化への対応などが示された。そして新任教員研修の強化，生涯学習振興法，大学審議会の設置などが行われていった。

　以上のような政府の教育政策の転換，推進に対して，勤務評定反対闘争，政府の目指す「国づくり・人づくり」，「期待される人間像」，日の丸・君が代の強制などに対する抗議運動が展開された。そして産学共同路線の推進，平和教育の後退に反対する大学（一部の高校を含む）紛争が世の注目を集めた。また教科書検定をめぐる裁判において教育権が争われていった。

　こうしたなか教育現場においては，学力格差拡大（落ちこぼれ），非行，校内暴力，管理教育（校則，体罰），登校拒否，不登校，いじめ，中退者の増加，内申書の公開，学歴社会の是非，入試改革，公教育と民間教育との複線化，子どもの放課後対応（カギっ子・学童保育）などあらゆる問題が噴出していった。親，子ども，教師はとまどった。

第Ⅱ部 育　つ

遊びと3つの間（空間・時間・仲間）

　しかし他方では，国際社会において人権としての教育は着実に根をおろしていく。各国の憲法に教育権は規定されていき，世界人権宣言，児童の権利宣言(1959年)，国際人権規約は教育権を定め，そして1989年「**子どもの権利条約**」が国連第44回総会で採択された。1994年わが国もこれを批准（ひじゅん）した。

　わが国では，1990年代以降，18歳人口は劇的に減少する。少子社会の到来である。とりわけ高等教育において，人口と大学進学者数をあげれば，1966年には250万人（そのうち30万人が大学・短大に進学），1990年には200万人（同，49万人），2000年には151万人（同，60万人），2010年以降は，ほぼ120万人（同，60万人）で横ばいの状況が続く。そして今後，大学進学者の減少が予想される。

　注目すべきことは，今「大学全入時代」がやってきたことである。このことは高等教育のみならず，わが国の公教育，民間教育におけるあらゆる段階の教育に大きな影響を与え，経済の市場原理主義が教育にも浸透する。個性重視や自由競争の恩恵は一部のエリートには及んだが，全体として学力格差はいっそう拡大した。具体的には，公立保育所の民営化，民間人校長の登用，国立大学の独立行政法人化，株式会社が設立する私立大学の認可までが行われた。

　親の経済格差がダイレクトに子どもの教育環境をますます左右するようになる。教育も金次第。弱肉強食（ジャングルの掟（おきて））が家庭，学校，地域に及ぶ。人間関係も集団からますます個への分裂へと進む。

　教育現場では，高校中退者が年間10万人を超え，いじめ，学習意欲の低下，不登校，ひきこもり，自殺そして学級・学校崩壊，さらに「モンスター・ペアレント」の出現。教育の基礎である人間関係があらゆる場面で崩れかけている。

教師や子どもにこころの問題（メンタルヘルス）が増加し，ゆとり教育による学力の偏向と低下，学校選択制による学校間格差，学校統廃合，入学式・卒業式での君が代斉唱の強制，大学全入による大学教育の部分崩壊，メールはできても分数計算が苦手の大学生，利子つき奨学金（借金？）未返済問題などの新たな問題も噴出してきた。「消費者」としての子どもが現れ，子どもが学校の先生の授業評価を行うようになる。たとえば，教育現場における生徒・学生による授業評価アンケートを先生の管理や評価に利用する傾向が起きている。

　一方，政府は国民の再統合化を目指し，国旗国歌法（1999年）を制定した。2006年には60年ぶりに**教育基本法の「改定」**がなされた。その前文には「公共の精神を尊（とうと）び」という文言を挿入し，「豊かな情操と道徳心を培（つちか）う」こと，「伝統と文化を尊重し，それらをはぐくんできた我が国と郷土を愛する」ことを教育目標とした（2条）。また生涯学習の理念，大学，私立学校，家庭教育，幼児期の教育，社会教育，学校・家庭および地域住民等の相互の連携協力，政治教育，宗教教育，教育振興基本計画などが書き加えられた。続いて2007年に学校教育法，地方教育行政組織法，教育職員免許法，教育公務員特例法などが改定された。さらに2008年には学校保健安全法（学校保健法の改定），社会教育法，図書館法，博物館法なども改定された。日本の教育制度の骨格となる法制度の土台が大きく変わっていく。

　ある国の格言に，"1年で成果を求めるなら米をつくれ，10年で求めるなら植樹せよ，100年で求めるなら人を育てよ"とある。わが国の国家百年の大計としての教育のあり方が，今まさに問われている。

2　公　教　育

　わが国の公教育の基本は，教育基本法に定められている。

　学校としては，就学前教育，小学校・中学校の義務教育制度とその上の高等学校，およびそれ以降の大学・大学院など高等教育機関から成る。公教育は学校制度の基本（6-3-3-4制）であり，その対象は幼稚園から大学までのすべての学校にわたる（保育園については次頁参照）。学校制度の中心は，学校教育法が定める学校で，**幼稚園，小学校，中学校，高等学校，中等教育学校，特別支援学校**（2006年盲学校，聾（ろう）学校，養護学校が特別支援学校として一本化された），**大学，**

高等専門学校を含む8つの学校である（学校教育法1条）。そのほかに，学校教育法以外の法律に基づく**省庁大学校**などがある。たとえば税務大学校（財務省組織令95条）や防衛大学校（防衛省設置法15条）などである。

公の性質を有する学校の設置者は国，地方公共団体及び私立学校法上の学校法人である（教育基本法6条）。これに加えて国立大学法人・公立大学法人（国立・公立大学法人法），さらに株式会社やNPO法人にも学校の設置が最近認められる場合がある（構造改革特別区域法2002年）。学校設置者には，学校の設置基準を遵守する義務や学校を管理する権限があり，特別な場合をのぞき，学校運営の経費は学校設置者自らが負担する（設置者負担主義）。

義務教育

日本国憲法第26条は「①すべて国民は，法律の定めるところにより，その能力に応じて，ひとしく教育を受ける権利を有する。②すべて国民は，法律の定めるところにより，その保護する子女に普通教育を受けさせる義務を負ふ。**義務教育**は，これを無償とする」と定める。1項は教育の機会均等の原則であり，2項は保護者（親）が子どもに普通教育を受けさせる義務を持つこと及び義務教育の無償の原則を定める。学校教育法は，その普通教育について，保護者が子に9年の普通教育を受けさせる義務を負うと定めた（16条）。「満6歳に達した日の翌日以後における最初の学年のはじめから，満12歳に達した日の属する学年の終わりまで」，小学校または特別支援学校の小学部に就学させる義務であり，同様に満15歳に達した日の属する学年の終わりまで中学校または特別支援学校の中学部に就学させる義務である（17条）。市町村には，必要な小学校，中学校を設置する義務がある（38・40条）。

義務教育のあり方については，ふたつの問題が主に指摘されている。そのひとつは，義務教育の無償の範囲をめぐる問題であり，これにはふたつの説があり対立している。①授業料の無償説と，②教科書費用等も含めたいっさいの義務教育費用の無償説である。現在は，授業料の無償と教科書の無償配布までが実現している（学校教育法6条，教科書無償措置法）。義務教育の無償を授業料の不徴収にとどめるのか，教育を受ける権利を社会権としてとらえ，義務教育に必要なすべての学校関係の諸費用の無償までとするかは課題となっている。

もうひとつの問題は，高校進学率が約98%（通信制を含む）を超えている現

在，高校を義務教育化するのか，その場合無償化の範囲をどうするのかという問題である。国際的に見れば，国際人権規約のうち高校，大学の学費を段階的に無償化することを規定する社会権規約13条2項（b）および（c）があり，現在同規約を批准している日本を含め160ヶ国のうち，この13条について留保している国は日本とマダガスカルの2ヶ国のみであったが，2012年9月わが国はその留保を撤回した。わが国では，2009年政権が交代し，高校授業料の一部国庫負担が実現した（公立高等学校に係る授業料の不徴収及び高等学校等就学支援金の支給に関する法律，2010年）。2013年に，所得による不徴収範囲の制限導入の法改定がなされた。無償化とも関連するが，保護者の経済状態により学用品，体育実技用具費，入学準備金，通学費，修学旅行費などに対する公的に補助を受けられる就学援助制度の問題がある（学校教育法19条，就学援助に関する法律1956年）。

その他，通学区を超えた学校選択制（見直す動きもある），公立の中高一貫校制・国公立の小中一貫校制の問題，夜間中学の法整備の問題もある。

義務教育以外の教育

義務教育以外の教育には，就学前教育，小学校の放課後教育，高等教育，社会人教育がある。

①就学前教育としては学校の一種としての幼稚園（3年以内）がある。文部科学省が管轄し「幼児を保育し，適当な環境を与えて，その心身の発達を助長すること」を目的とする（学校教育法22条）。ほかに，幼児保育施設として保育所（厚生労働省が管轄し，一般的には保育園と呼ばれる）がある。保育所は，「保護者の委託を受けて，保育に欠けるその乳児又は幼児を保育することを目的とする」施設である（児童福祉法39条）。子どもの発達の視点からすれば，保育と教育を峻別することは適当かという問題がある。保育所における子どもの保護・養育には教育的な面があることは否定できない。さらに行政機関の管轄の違いを超えて，保育について教育の面から検討が必要な問題（小一プロブレム）もある。

また働く女性が増え，公立保育所（認可保育所は公費で運営される）が圧倒的に不足し，待機児童の問題がクローズアップされ，行政の対応が問題となっている。その対策のひとつとして，規制緩和による認証保育所（駅前保育施設など）が増加しており，一部の保育所では施設の質，園庭の有無や広さの問題，

保育士の低い労働条件や一クラスあたりの保育士の数の問題，保育中の事故なども取り上げられている。さらに「**認定こども園**」（就学前の教育・保育を一体として捉え一貫して提供する施設で都道府県が認定する）の是非，株式会社立保育所の認可，事業所内での保育施設などが問題となっている。

　②小学校の放課後教育としては，共働き・ひとり親家庭等の小学生が利用する学童保育の不足の問題がある（1998年全国9627カ所，入所児童33万3100人，2013年5月現在施設数2万1635カ所，入所児童88万8753人全国学童保育連絡協議会）。ここでも待機児童（約40万人といわれる）の問題が起こっている。

　③高等教育としては，大学，大学院，ほかに高等専門学校がある（高校は後期中等教育として位置付けられる）。大学については，国立大学が2004年度から独立行政法人化され，国から毎年運営交付金を受ける**国立大学法人**となった。次いで地方自治体が設置する公立大学も**公立大学法人**となった。大学の教職員は非公務員となり，雇用関係で適用される法律は公務員法ではなくなり，労働組合法，労働基準法，労働関係調整法などが適用される。18歳人口の減少に伴い，4割を超える私立大学では定員割れも起きている。一部の難関大学は別としても受験競争の効果が著しく低下し，その結果，大学生の学力低下などを中心にさまざまな問題が噴出している。大学院は専門研究者養成に加えて，専門職養成（ロースクール，ビジネススクールなど）が大学に併設または独立して設置できるように法律が改正された。海外の大学に進学する留学生が減少している。大学院などに入学する学生，社会人は増加した。彼らは卒業後，予定した仕事に就職できずに方向転換せざるをえない場合，フリーターや無業者になる場合，進路や消息が不明（約2割?）となる場合もある。そのことは，**高学歴ワーキングプアの問題**（活かし切れない"博士号"）として注目をあつめ，とくに在学中に借りた奨学金（とりわけ利子つき債務）の返済に困ることや奨学金返還訴訟を起こされることなども問題となっている。

　④社会人教育としては大学が設置する通信制課程があり，とくに重要なものとして放送大学がある。設立当初は特殊法人であったが，学校法人に転換したのちは，私立学校となった（2003年）。そこでは，わが国で初めて大学教員の任期制が採用された。その後，大学教員の任期制は放送大学以外のほとんどの大学に採用，導入されることになった。大学では，教員の研究と教育の重点の置き方，基礎研究と専門研究の意味が問われる問題が起こっている。さらに教員

任期制と大学の自治，学問の自由との矛盾の解決が厳しく問われ，教員の身分の安定や大学の自立性，研究の自主性・継続性の問題も引き起こしている。

今日の課題を考える

考えるべき重要な課題の第一は，憲法第26条の教育環境をめぐる問題である。第二の課題は教育の内容をめぐる問題である。第三は教育現場で発生している具体的な問題である。

第一は，すべての国民は教育を受ける権利を有する，と法律は定めているとしても，経済的な事由から高等教育への進学を断念する人々がいるという現実の問題がある。また学歴社会の是非について議論もある。学歴は人物評価の最大の物差しのひとつとなっており，就職，給料，出世，人間関係，人脈，結婚，年金，葬式や墓場まで，実際の人生に大きな影響力を持つ。その学歴取得は受験競争を経なければならず，その競争は個人の努力もあるが，現実には親の経済力に依存する面を持つ（子どもの貧困率の問題に注目があつまる）。なぜなら，子どもの「学力」が塾や予備校，家庭教師など，どのような教育環境におかれるのかに左右されるのは事実だからである。加えて子の能力形成や人格形成にも大きく影響を与えるからである。

これらを生み出しているものとして，国立，公立学校より，わが国では私学の教育の比重や役割が大きいという現実がある。高い教育費とそれに付随する教育格差の拡大は，深刻な社会問題と意識されるようになってきている。その格差解消を目指す奨学金については，利子付貸付制度（給付ではなく一種の借金！）が導入された。不況が続くなか，奨学金を利用する学生は増えているが，卒業後の就職難・失業・低賃金が原因で返済が困難になる問題（返済の遅延や不能，すなわち一種の「債務奴隷」化）が起きている。2011年度は約127万人であり，その返済の延滞総額も増え続けている（2010年度は852億円で，5年前の1.5倍）。

第二は，教育の内容をめぐる問題である。だれがその内容を決めるのか。これまで教育権をめぐりふたつの説が対立している。ひとつは，**国家の教育権説**（東京地裁・高津判決S.49.7.16）であり，もうひとつは，**国民の教育権説**（東京地裁・杉本判決S.45.7.17）である。国家の教育権説は，もともと教育が国の固有事務であり国は教育内容に関する決定権を持つというものである。一方国民

の教育権説は，教育を受ける権利に対する責務は親を中心とする国民全体でありその実施にあたっては教育専門家としての教師に信託されているというものである。このようにふたつの説があったが，最高裁は，**旭川学力テスト事件**(最高裁大法廷判決 S.51.5.21) においてふたつの説を「極端かつ一方的で」あって採用できないとしたうえで，親，教師，私学における教育の自由はそれぞれ一定の範囲で肯定される。それ以外の領域においては，国は必要かつ相当と認められる範囲において，教育内容について決定権を持つとした。ただし，子どもの自由かつ独立の人格として成長を妨げるような国家介入は，憲法第26条，第13条の規定から許されないとした。また子どもの学習権を認めた。

このほか，教科書検定をめぐる裁判 (**家永訴訟**) と教師が学習指導する際の学習指導要領の法的拘束力をめぐる問題がある。指導要領については，学力低下との関連で「**ゆとり教育**」(1998年の学習指導要領) が批判された。それに対し文科省は，学習指導要領は「最低基準」であると強調しつつ，発展的学習を容認するなど一定の軌道修正を図った。

第三に，これまでは不登校，中途退学，校内暴力，いじめ，落ちこぼれ，体罰，校則，学級・学校崩壊，学習意欲の低下，学級定員数などの問題があった。さらに新たな問題として，教員養成 (研修制度，教員免許制とその更新制など)，全国学力テスト問題，学校に対する地域支援のあり方，教育現場の管理と行政のあり方 (教育委員会，学校内行政たとえば副校長，主幹教諭，指導教諭の新設と職員会議の校長主宰化など)，日の丸・君が代問題と行政処分およびその取消訴訟，生徒間のいじめや教師による体罰を原因とする自殺の問題，学校事故災害多発化への危惧 (2008年中学校保健体育での武道の必須化による)，飛び級の問題，構造改革特区法に基づく「株式会社立」の通信制高校の「サポート校」規制，大学の閉鎖，ロースクールの学生募集停止などさまざまな問題の解決が求められている。

3　民間教育

教育に対する民間教育の役割や影響も見ておく必要がある。習いごと，学習塾，生涯学習の3つの問題を検討する。

習い事と学習塾

まず、習い事についてであるが、ピアノ、水泳、習字、英語などをはじめスポーツ、音楽、絵画、舞踊など幅広く選択され、小学生の8割以上が習っている（文部科学省の2001年生まれの子どもの追跡調査、民間教育機関の調査がある）。習い事をめぐり、親の意向と子の意欲をどう考えたらいいのだろうか。これについては、子どもの生活や自主性・主体性、将来の進路、職業との関係などを考慮する必要がある。

次に、学習塾について検討する。受験競争を背景に増えている。通塾率は小学生が約26％、中学生が54％である（文科省「学校外での学習活動実態調査」2008年）。その背景には、一方で公教育に対する不満や不安があり、他方で社会の意識、親の考えから、「良い」学校に入り「良い」会社に就職するという人生観や安定志向がある。「有名」幼稚園へのお受験から小学、中学、高校、大学・大学院、留学、医学部専門受験など競争がある限り、学習塾産業が成り立つ。全国事業所は約5万ヶ所あり、年間売上約1兆円である。文部省（現文部科学省）も1999年の生涯学習審議会の提言を受けて学校教育と学習塾の共存をはじめて認めた。学習塾は、サービス産業に分類され経済産業省の管轄下にある。ところで、親はいくらぐらい学習塾代を負担しているのか。公立でも高校受験を控える中学3年生では、学習塾代として年間約32万円かけている（文科省「子どもの学習費調査」2010年）。有名私立中学受験ともなればその数倍かかるともいわれる。ちなみに同調査によれば、子どもが幼稚園から高校まで、すべて私立に通った場合の学習費総額は平均1702万円で、すべて公立だった場合の平均約504万円と比較して3.4倍の開きがあるという。

親はなぜ習い事や学習塾へ子どもを通わせるのか。子どもが望むから、スポーツや芸術など子どもの才能を早くから開花させてやりたいから、など親の意向や願望もある。だが実際は、親が子どもに「付加価値」をつけてやりたいというのが本音であろう。この「付加価値」とは進学や就職、おおげさにいえば人生全体にわたる競争に勝つための「人材として売り手の価値」である。しかし生きていくのは子ども本人であるからその点に留意しなくてはならない。

生涯学習

生涯学習という用語は、**臨時教育審議会**（政府の諮問機関で**臨教審**と略される、

1986年）で用いられた。それまでは，「生涯教育」が「国民一人一人が充実した人生を送ることを目指して生涯にわたって行う学習を助けるために，教育制度全体がその上に打ち立てられるべき基本的な理念」であった（中央教育審議会1981年）。その後，生涯教育から生涯学習に重点が置かれるようになった（生涯学習振興法2000年）。

　生涯学習については，動機と実態の面から考える必要がある。まず動機としては，本人の成長への要望（スポーツ，芸術，話し方教室など）がある。他面，仕事上の必要（会社からの指示，たとえば英会話習得，企業会計や情報処理の検定取得，社労士・税理士資格取得など）というケースも見逃せない。実態として見れば，総理府「生涯学習に関する世論調査」の指摘にあるように，成人の学習率は増加し内容は多様化している。公的なもの（公共施設での文化，スポーツ，趣味などの講座）や私的なカルチャーセンター，ワークショップ（体験型講習），通信教育事業などによる学習機会が，幅広く利用されている。広く見れば生涯学習の拡大は，本人にとっては自己啓発の機会であり，自治体行政にとっては予算の削減，事業の簡素（スリム）化，住民の自己責任の拡大などを意味する。民間事業者にとってはビジネスチャンスがひろがり，利潤の獲得が見込めるのであり，会社にとっては社員の健康増進，能力開発，人材育成につながることである。

4　教育の本質

　これまで，わが国の教育の歴史と現状を見てきた。ここでは教育とは何かについて考えてみたい。わが国は，「教育立国」であることが重要ではあるといわれている。明治以降，固有の文化に加えて外来の進んだ文化をとりいれ，たえず「上書き保存」（加工文化）しながら家族，地域，企業，国家の繁栄を営んできたのである。技術や学術文化の不断の改善と改革をつづけ，国際競争に加わり「先進国」に追いつくことを目指した。そこには未来に対する希望があり「坂の上の雲」（司馬遼太郎）があった。競争は，豊かさをもたらし続けるはずであった。しかし，西欧に追いつき追い越すまでになった今日，これまで見てきたような新たな教育問題が発生した。それらは競争社会から生み出され，複雑さを増し解決がきわめて困難となり，未解決なまま，私たちを悩ませている。

第 5 章 教育のなかで育つ

個性は育つか？

　そもそも教育の目的は何なのか。教育の目的について根本から問い直すことが求められている。

　生物としてのヒトが人間になるということは，ヒトが生きた人間関係，社会関係をつくるなかで人間になる過程であると考えるべきであろう。そう考えると，さまざまな教育問題の背景には，ヒトという動物の自然の摂理に対する人為的なおごり（＝人は何でもできる）という考えがあるとはいえないだろうか。

　モノとカネに支配された社会の現実のなかから，もう一度生命と生命の営み，そしてそのつながりの意味をあらためて考える必要がある。生命の特質とは何か。そのひとつは，その細胞一つひとつが異なること（異なる設計図を持って生まれること），もうひとつは，成長の過程で自ら変わることしかできなこと（内発的に変わることの意味），最後に互いに関わりを持つことで共生しながら成長すること（社会的諸関係のなかで，ヒトから人間へ成長すること）である。

　すなわち教育とは，生物としてのヒトが人間（個人であると同時に社会的諸関係を持つ人間）になるような営みである。つまり，一人ひとりは誰でも細胞のなかにユニークでダイナミックな人生の設計図を持って生まれ，その優れた開花が教育で援助され，社会的な人間関係をつねに築いていけるように，励まされるような環境の創造を目指す「演出活動であり，アート」である（大田堯）。

　東日本大震災を経験した私たちにとって，今こそ，競争原理に基づき外から知識を注入し同化を求める「教育」の観念をくつがえし，モノやカネなど即物

的なものへの過信を抑えて、自然の摂理にそった「生命と生命の営み」を基本とする教育の再生を考えるべきではないだろうか。

> 参考文献

兼子仁『教育法 新版』有斐閣（1978年）
平原春好・室井修・土屋基規『現代教育法概説 改訂版』学陽書房（2004年）
兼子仁編『教育判例百選 第三版』有斐閣（1992年）
坂田仰・河内祥子・黒川雅子『図解・表解 教育法規』教育開発研究所（2012年）
大田堯『教育とは何か』岩波書店（1990年）

（渡邉隆司）

Column 5

個性と教育

　人は将来への夢を持つ。親は，男の子ならイチローかビル・ゲイツ，女の子ならタカラジェンヌか才色兼備の女子アナか。親の期待は「もっと勉強しないと〇〇さんみたいになっちゃうわよ」と。「ふさわしい」教育を受けることで，その夢は実現できると考える。でも，「親の心子知らず」ということも少なくない。他方，子どもの主張にも一理ある。子どもは親を選べないし，もっと頭が良く，容姿端麗，金持ちの家に生まれたかったのにと。そうすれば私は他人にマネのできない個性豊かな才能を発揮できるのにと。でも現実は，私は日本人で，家はローンを抱えた，さえないサラリーマン家庭だ！　普通に生きるのが精いっぱい。親も子も現実と夢の間で戸惑う。

　それで，子どもはつい「運が悪かった」とグチることも多い。親は，がんばれば，教育次第では，「運や運命」なんて変えられると主張する。一体どうなのだろうか。

　実際，ヒトは自分では選べない遺伝と環境のなかで生まれ育つ。ヒトの本質は，もともと動植物と同じく個体としての生命であり，境界（細胞壁）を持ち，代謝（エネルギー交換）をしながら自己複製（命のリレー）を行う。人間は，生物界のなかでは，きわめて高度に発達した「大脳」をもち，言葉や文字を使い，圧倒的な情報を高度に処理し，生命活動を行う。現実の生活では，スポーツや音楽，絵画，３Ｄ映画やインターネット，スマホなど無限の「快適」な生活をねがい，個性的な生活を実現しようとする。しかし「個性豊かに」とは名ばかりで，反対にその生活自体，食べることも着るものもメディアを通し画一的・同質的となる。だから，ちょっとでも他人とは「差別化」したいと思い，他人と異なる個性を持って生きたいと思う。現代人に共通な不安のもとはここにある。

　ところで個性を持った人生，生き方とは何だろうか。実は人間の特質にその答えはある。その特質は３つある。第一に一人ひとりが違っていること，第二に生まれながらに遺伝的プログラムを持っていること，第三に種として連帯し相互に依存しながら生きていることである。人の生命活動の本質は究極的には「分別を伴う選択」である。分別とは価値判断をものさしとして，内面化し一つひとつの事象に直面する中で，選択を繰り返すことである。人生とは苦しい選択の連続だ！　しかし，このことこそが教育の目的である「人格の完成」（教育基本法１条）を意味する。あみだくじのように二者択一の選択を繰り返すと，まるで異なった地点に向かう場合や，兄弟姉妹でもまったく違う人格になる場合があることは，だれでも経験することとして分かるだろう。つまり「運と選択」は，人間が生きることにつきものなのである。

　個性は選択により形成されるが，その選択には，元来から持つ「遺伝的プログラ

ム」や環境があり，成長の過程で人間としての「分別」が絶えず加わる。その「分別」を養うことが教育である。教育は，種の保存や人間同士の連帯，そして相互依存（共生）を基礎として，文化（価値）を創り上げ，発展・継承していくのである。しかしその教育にも限界がある。遺伝や環境の中で選択しながら生きる人間にとっては，その人格が自ら内発的に変わることはできても，人格を外から変えることはできないという限界である。

(渡邉隆司)

本人が選択することと相手が選択することとの相互作用

第6章　社会のなかで育つ

　子どもの養育，成長に責任がある者は，第一義的に親であり，親，家庭さえしっかりしていれば子どもはちゃんと成長していくから大丈夫だとの意見はある。しかしこの青少年の期間は，多感な時期であるし，また情報が肥大化，多様化している現代では，多くの青少年はこれらの情報に容易に接触できるようになってきている。今の社会では，青少年はこの社会の影響を大きく受け，情報は，その人の能力，人格の形成に決定的な影響を与えることとなった。「子どもの大人化，大人になれない子どもたち」といわれているように，社会環境の変化が，大人と子どもの境目をなくすひとつの要因である。

　本章では負の要因と思われる環境を防止し，安全で健全な社会環境を形成する法律について見てみよう。第一に，子どもが犯罪に巻き込まれない，安心で安全に成長に環境をつくる法律を考える。第二に，子どもが犯罪に巻き込まれた場合には，満20歳未満に適用される少年法の理念，内容などを考える。第三に，法律の他に，身近な都道府県や市町村では青少年を保護，育成するための条例を制定しているのでその主なものも見ていく。

1　安全・安心に関する法律

　児童は肉体的・精神的に発育の途上にあり，大人は児童の健全な成長を保護する責任があり，健全環境を準備する必要がある。だが何を健全な環境とするかは難しい問題で，「どんな環境であろうとも家庭さえしっかりしていれば大丈夫」という考えもある。これに関連する法律には，幼児・子の肉体の成長を支える食物，健やかな成長を支える家庭，青少年の安全を守る社会環境を創り保持することに関連する法律があるが，これを見てみよう。

食育基本法（2006年）
「食育」を知育，体育，徳育とともに健康で豊かな人間性を育むものと位置

付け，国民運動を推進している。2006年に**食育基本法**が制定され，2007年に食育推進会議は**食育推進基本計画**を決定した。厚生労働省では，出産前からの適切な食生活を支援し，乳幼児期から望ましい食習慣を定着させるべく食に関する学習・情報を提供している。文部科学省では，食に関する子育て家庭教育手帳を配布し，「早寝早起き朝ごはん」国民運動を推進している。

　しかし，現実の社会では，スナック菓子，ハンバーグ，から揚げ，焼肉，寿司が大好きな子どもたちが多くなる。テレビは食べ物を扱う番組で毎日埋め尽くされる。たくさんのレストラン，食堂が立ち並ぶショッピングモールに囲まれて，日々生活する子どもたちが現れる。法律だけでなく家庭が安心な食物に関心をもたなければならない時代になった。

児童福祉法（1946年）

　本法は，第一章「総則」，第二章「福祉の保障」，第三章「事業及び施設」，第四章「費用」，第五章「雑則」，第六章「罰則」で構成されている。本法は日本の民主化の流れを受け戦後すぐ制定された。理念として児童が心身ともに健やかに生まれ，育成されるように努め，児童が生活を保障され愛護されること（1条）を掲げる。児童は，乳児，幼児，少年に区分され，身体・知的障害児や妊婦も保護される。都道府県は，市町村は児童福祉審議会などの合議制機関を置き，児童相談所，保健所など実施機関を設置し児童福祉司，児童委員，保育士が関連する業務を実施する。市町村は障害福祉サービス，子育て支援，母子生活支援などの居宅生活支援を行い，都道府県は障害児施設の支援をする。

　本法は，その後たびたび改正されたが，1999年，2009年の改正は，第4章の3で見たように重要なものであった。一方1994年に国連で採択された児童の権利に関する条約は，その後のわが国の法律の改正や制定に大きな影響を与えた。

児童虐待の防止に関する法律（2001年）

　本法は，児童虐待の禁止及び予防，早期発見をするための国，地方公共団体の責務を定め，虐待を受けた児童の保護，自立支援の措置を定める。児童虐待とは，保護者が児童に暴行，わいせつな行為，著しい減食，長時間放置，暴言や配偶者に対する暴力などで心理的外傷などを負わせることである。国，地方公共団体は児童虐待の予防，早期発見のための措置をとる責務があり，学校・

児童福祉施設・病院などの児童福祉に関係のある団体，職員は，早期発見に努め，発見者は福祉事務所・児童相談所に通告しなければならず，職員は住所に立ち入り調査を行う。児童虐待を行った保護者に対して親権の喪失を含め適切な指導を行う。児童虐待は放置されてはならない。これを生む要因を社会的環境，親のあり方を考える必要がある。児童虐待の詳細については，第4章の3を参照してほしい。

児童買春・児童ポルノ禁止法（1999年）

児童に対する性的搾取・性的虐待は，児童の権利を侵害するものであるが，本法は，児童買春・児童ポルノ行為を処罰し，同時に心身に有害な影響を受けた児童を保護するための法律である。児童とは，満18歳未満の者であり，児童買春とは，児童に対して対償を供与して性交等をすることである。児童買春をした者，誘惑をした者に対して5年以下の懲役又は罰金を科す。

この法律にかかわる被害者は1419人（2008年）であり近年は横ばいである。児童は社会全体で育てているという意識を国民が持ち，その環境をつくる必要がある。

出会い系サイト規制法（2004年）

インターネットの急速な普及に伴い情報社会が青少年の生活環境にも有害な影響を与えている。これを規制し，児童を保護し健全に育成するための法律である。2009年に事業者の規制を強化するために一部改正された。ここでいう「児童」とは満18歳未満の少年少女で，「事業者」とはインターネット紹介事業（面識のない男女の求めに応じて電子メールなどを利用して相互に連絡をできる役務を提供すること）を行う者である。事業者はインターネット異性紹介事業を児童が利用することを防止する責務，保護者は電気通信を児童が利用することを制限するソフトを利用する責務，国・地方公共団体は児童が異性紹介事業を利用することを防止するための教育や技術開発をする責務を負う。

そして出会い系サイトの掲示板に児童を相手方とする異性交際を求める書き込みを禁止した（**禁止誘引行為**）。また児童を相手とする交際を求める書き込みをした者は処罰される。児童が出会い系サイトを利用することは認められず，事業者は届出，利用者が児童でないことの確認，禁止誘引行為の書き込みの削

除などの義務があり，フィルタリングサービスの提供に努めなければならず，保護者もフィルタリングの利用に努めなければならない。

　このような法規制の背景には次のような事情がある。青少年のインターネットの利用状況は，小学生約58％，中学生約69％，高校生約75％で，スマホ・携帯は小学生約27％，中学生約56％，高校生約96％になっている。10代のインターネットの利用の多くはスマホ・携帯から行われており，スマホ・携帯は新しい「たまり場」になっている。スマホ・携帯を介してのコミュニケーションは顔が見えず感情的になり易く，行き違いも生じ易い。有害サイトやコンテンツとしてはわいせつ画像の流出，誹謗・中傷・デマの流布，フィッシング詐欺・犯罪行為への呼びかけ，麻薬・武器の売買，自傷・自殺願望を助長するサイトへの接続がある。また学校の非公式サイトを発信源とする誹謗，中傷わいせつ情報も増えており，インターネットを適切に活用する教育，フィルタリングサービスの利用・普及が，親子ともに望まれている。

2　少年犯罪に関する法律

　刑法犯少年（満14歳以上満20歳未満）は2008年で約10万人であり，総刑法犯に占める少年の割合は約28％である。犯罪類型としては窃盗犯が最も多く年齢別では中学から高校への移行期の14歳から16歳年齢層が65％を占める。また無免許，スピード違反，自動車過失致死傷などを起こす少年がいる。これらの少年に対して大人とは異なり少年法が適用される。一方，未成年者が飲酒，喫煙，薬物乱用，非行，いじめ，家出，自殺などの問題を引き起こす場合もあり，これに対し少年法，未成年者喫煙禁止法，未成年者飲酒禁止法などの法律を規定し，犯罪防止のため警察の補導，市民のボランティア活動なども行われている。

少　年　法
　本法は1948年に制定され，その後何度も改正されてきた。その目的は，少年の健全育成を期し，非行のある少年に対して性格の矯正及び環境の調整に関する保護処分を行うことである（1条）。この点が，犯した犯罪に対して刑罰という方法で責任をとらせる刑法，刑事訴訟法と根本的に異なる。わが国は少年犯罪について「甘い」という批判もあるが，少年法の精神は，少年が社会の影

響を受け易く本人だけに犯罪の責任をとらせることはできないこと、少年には可塑性があり教育的・福祉的に対応することにより再犯を防ぎ、少年の更生を図ることができるという点にある。みなさんのなかにも若いときは、目立ちたがり屋で、無茶をしたことがある人もいるだろう。大人になり「性格が丸くなった」といわれることがあるだろう。要するに人は、絶えず変化し成長するということである。具体的対処としては、警察は非行少年を発見した場合、必要な捜査・調査を行い検察官、家庭裁判所あるいは児童相談所などの機関に送致し又は通告し、その他保護者に助言を与えるなど適切な指導を行う。

　審判に付す非行少年は①犯罪少年（14歳以上20歳未満で罪を犯した少年）、②触法少年（14歳未満で刑罰法令に触れる行為をした少年）③虞犯少年（20歳未満で一定の事由がありその性格又は環境に照らして、将来罪を犯し又は刑罰法令に触れる行為をする虞がある少年）に分けられ、彼らに対して異なる処遇が行われる（図6-1）。犯罪少年は必要な捜査又は調査を行った後に罰金以下の刑にあたる事件は家庭裁判所に、禁錮以上の刑にあたる事件は検察官に送致される。触法少年は、保護者がいないか保護者に監護させるのが不適当と認められる場合に、児童相談所に通告するか保護者に適切な助言を行う。虞犯少年は18歳以上20歳未満の場合は家庭裁判所に送致し、14歳以上18歳未満の場合は家庭裁判所又は児童相談所に送致する。14歳未満の場合は児童相談所に通告する。少年は、家庭裁判所の決定により、あるいは少年院から仮退院を許された場合に、20歳まで保護観察所の保護観察（生活環境の調整、更正緊急保護、犯罪予防活動の促進など）に付される。少年の保護観察は、良好措置で解除、期間満了、再非行・再犯による保護処分取消などにより終了する（図6-2）。

　だが犯罪を犯した少年は、更生の道を歩めるだろうか。暴力団（山口組、住吉組、稲川会など）は、組織拡大・資金調達のために彼らを利用したりし、元暴走族グループの"半グレ"グループを暴力団の道に引き込もうと画策する。少年の家族は、少年を更正させようと愛情を持ち努力し、社会や国は、法律を整備し対策をとる。大切なことは、少年自らが決意を持って、更正し社会で自立することである。がんばれ、青少年！

　ところで少年の凶悪犯罪（殺人、強盗、放火、強姦）がマスコミを通じて大々的に報道されると少年犯罪の厳罰化を求める世論が高まる。だが、少年法の理念、少年犯罪の実態・傾向（戦後1951年、1964年、1983年のピークがあるがその後

第Ⅱ部 育 つ

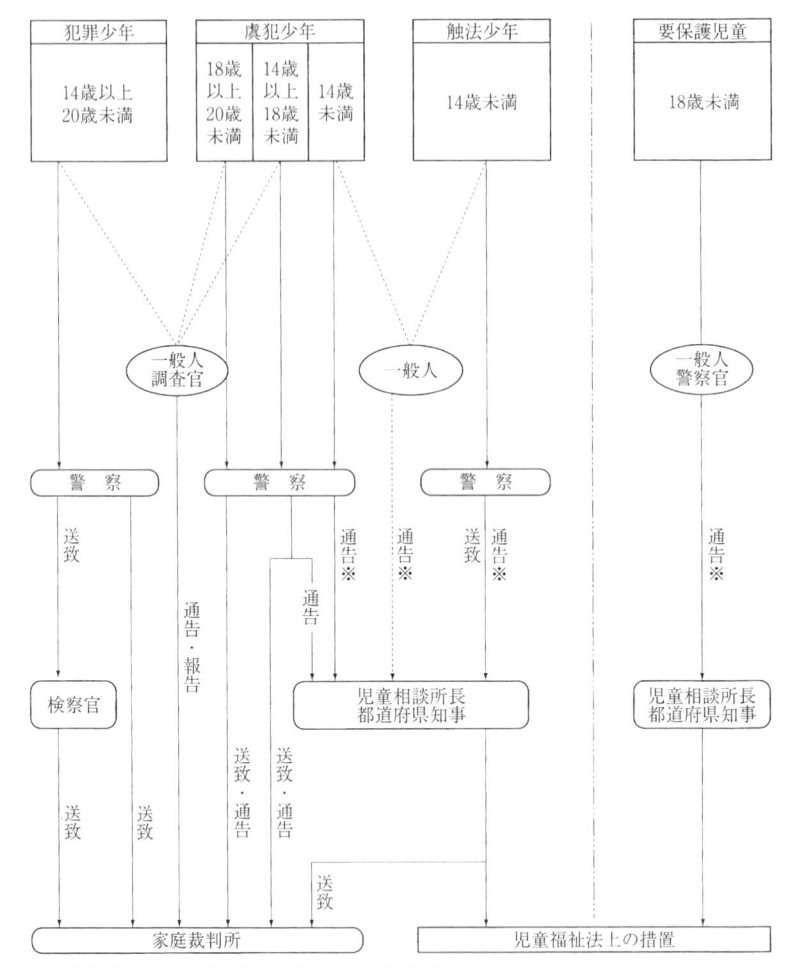

```
┌─────────┐  ┌─────────────────┐  ┌─────────┐    ┌─────────┐
│ 犯罪少年 │  │    虞犯少年     │  │ 触法少年│    │要保護児童│
│         │  │18歳│14歳│       │  │         │    │         │
│14歳以上 │  │以上│以上│14歳  │  │14歳未満 │    │18歳未満 │
│20歳未満 │  │20歳│18歳│未満  │  │         │    │         │
│         │  │未満│未満│       │  │         │    │         │
└─────────┘  └─────────────────┘  └─────────┘    └─────────┘
```

図6-1 少年事件処理手続概略図(1)――非行少年発見から家庭裁判所送致まで
出所:『平成20年度版 青少年白書』内閣府。

※保護者がないか，又は保護者に監護させることが不適当な者に限る。

は減少している），犯罪の要因（原因）と少年犯罪の関係，少年の年齢（何歳までを少年とするか）を含めて冷静かつ慎重な議論が必要である。また犯罪被害者の権利をどう守るかということも併せて考えなければならない。

第 6 章　社会のなかで育つ

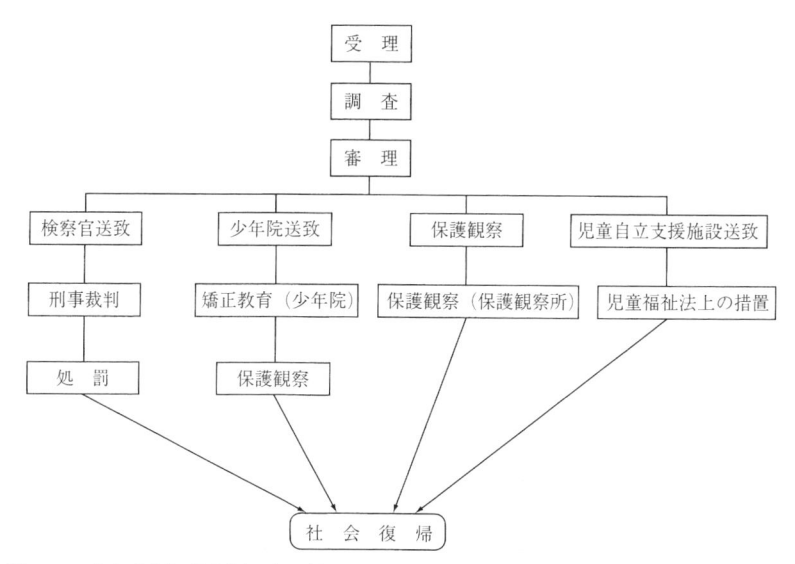

```
                    ┌─────┐
                    │受 理│
                    └──┬──┘
                    ┌──┴──┐
                    │調 査│
                    └──┬──┘
                    ┌──┴──┐
                    │審 理│
                    └──┬──┘
      ┌───────────┬───┴───┬───────────┐
 ┌────┴────┐ ┌────┴────┐ ┌─┴────┐ ┌────┴─────────┐
 │検察官送致│ │少年院送致│ │保護観察│ │児童自立支援施設送致│
 └────┬────┘ └────┬────┘ └─┬────┘ └────┬─────────┘
 ┌────┴────┐┌─────┴──────┐┌────┴──────────┐┌────┴─────────┐
 │ 刑事裁判 ││矯正教育(少年院)││保護観察(保護観察所)││児童福祉法上の措置│
 └────┬────┘└─────┬──────┘└───────────────┘└──────────────┘
  ┌───┴──┐  ┌────┴────┐
  │処 罰 │  │ 保護観察 │
  └───┬──┘  └────┬────┘
          ┌───┴────┐
          │社会復帰│
          └────────┘
```

図 6-2　少年事件処理手続概略図(2)──家庭裁判所における調査・審判から社会復帰まで
出所：『平成20年度版　青少年白書』内閣府を参照のうえ，筆者作成。

未成年者喫煙禁止法・未成年者飲酒禁止法

　未成年者喫煙禁止法と未成年者飲酒禁止法は，明治，大正期に施行されたものであり戦後に改正された法律である。満20歳未満の成育期にある青少年の健康，安全を考慮し，未成年者に喫煙，飲酒を禁じているだけでなく，親権者が未成年の喫煙，飲酒を制止しなければならずあるいは未成年者であると知りながら販売した販売者も，50万以下の罰金に処せられる。

　ところで中学生，高校生の時に興味本位でタバコを吸ったり酒を飲んだりした人もいるだろう。最近は自動販売機でタバコ，酒が簡単に買える時代になり，購入者が20歳以上であるという証明を求めることもある。本人や周りにいる人の健康，安全を考えてのことだろう。それでも大人になり，ヘビースモーカー，アルコール依存症になる人さえいる。そんなに健康に害があるのなら，分煙，ノンアルコールビールなどといわずに，薬物と同じように，タバコ・酒の製造・販売を全面的に禁止，あるいは年齢に関係なく禁煙，禁酒にしたらどうだろうか。さまざまな事情（たとえば酒・タバコの効用，酒税・タバコ税課税の税率の高さ，国・地方の財政収入，業界への配慮など）から，なかなか禁止とまではいかないようだ。

その他薬物乱用事犯検挙者総数に占める青少年の割合は，覚せい剤約70％，MAMD 約65％，覚せい剤30％と高い。暴走族は減少しつつあるが，構内暴力は増えており，家出は中学生が多く，女子が男子を上回っている。そこに青少年のおかれている孤独，孤立とそれを悪用して利益をあげる社会，大人たちの存在を感ぜざるをえない。

3　地方の条例

私たちは国民として生きていくと同時に特定の地域の住民として生きていく。条例は特定の地域の議会が制定し，その地域に住む住民はその条例を遵守しなければならない。その中には，青少年の健全育成に関係する条例があり，名称は各地域により若干異なるが，「青少年保護育成条例」「青少年健全育成条例」の名称が多い。また従来から「いじめ」は問題となっていた。大津市の中学校でのいじめが原因とされる自殺，大阪市の高校のクラブ活動での体罰による自殺が発生し，大きな社会問題となった。子どもの「いじめ」問題へ対応する条例も制定されている。

条例の共通する内容としては，有害図書・玩具の指定，18歳未満の青少年の映画館・カラオケ・インターネットカフェ・漫画喫茶への深夜の出入り禁止，淫行・わいせつ行為の禁止，風俗店の店員・客として勧誘することの禁止である。これらの禁止に対して，警察権力の拡大につながる，青少年は間違いをしながら学んでいく，青少年にも自己決定権があるとか批判もある。しかし犯罪に巻き込まれるなど取り返しのつかないことになることを防止することは大人の責任であり，青少年の健全な成長を支える環境を創ることも地域社会の責務である。皆さんの住んでいる地域の条例を調べてほしいが，ここではいくつかの具体的な条例を見て考えてみよう。

東京都青少年の健全な育成に関する条例（1964年）

編成は，「前文」，第1章「総則」，第2章「優良図書書類の推奨及び表彰」，第3章「不健全な図書の販売等の規制」，第3章の二「青少年の性に関する健全な判断能力の育成」，第3章の三「インターネット利用環境の整備」，第4章「東京都青少年育成審議会」，第5章「罰則」，第6章「雑則」である。

総則では青少年の環境整備，福祉を阻害する行為の防止，健全育成を掲げる。都や保護者の責務，都民も青少年の健全育成に協力すること定める。第3章では業者などが性的感情を刺激する，残虐性を誘発する，生命に危険な図書・玩具・刃物などを販売することを自主規制，制限すること，青少年の指定映画・演劇の観覧を禁止し，これらの自動販売機の設置などの制限を定める。青少年への勧誘行為，青少年の深夜外出，興行場への立ち入りを制限する。インターネットの利用に関しては事業者，保護者にフィルタリングのサービス勧奨に努めことを定める。都は調査・審議機関として20名以内の委員からなる審議会を置く。条例の違反者は，違反内容により懲役又は罰金に処される。

いしかわ子ども総合条例（1978年）

　全国ではじめて小・中学生が携帯電話を所持することを規制する石川県の条例で，子どもを有害サイトから守ることを目的とするものである。保護者には，「防災・防犯などの特別な場合を除き携帯電話を持たせないように努める」と努力義務はあるが，罰則はない。「青少年インターネット環境整備法」は事業者に有害サイトを禁じるフィルタリング規制を義務付けている。この条例は，小・中学生の所持にまで言及したものでより踏み込んだ内容となった。条例制定の際には，コミュニケーション手段，不審者対策，GPS機能の有用性からの「賛成」の意見と，出会い系サイト，アダルトサイトなどが犯罪・いじめの温床になるとし，コミュニケーション不足につながるとの「反対」の意見があった。

可児市子どもいじめの防止に関する条例（2012年）

　岐阜県可児市では，子どもの「いじめ」に対応するはじめての条例が制定された。「いじめ」は子どもの権利を侵害するものであるとの認識の下，市，学校，保護者，市民，事業者，関係機関が一体となり，子どもの生活，学ぶことができる環境を実現するための条例である。人との豊かな人間関係を築き，互いに尊重することを基本理念としている。関係者の責務を規定し，そして通報，相談の体制を整える。専門委員会を設置し，対応することとした。
　しかし，「いじめ」や「体罰」に対しては，これを生み出すあるいは時と場合によっては「認める」意識が，当事者と関係者にないだろうか。気になるところである。

第Ⅱ部　育　つ

> 参考文献

平成20年版『青少年白書』内閣府（2008年）
平成22年度版『犯罪白書』法務省法務総合研究所（2010年）
高橋和之・松井茂記・鈴木秀美編『インターネットと法　第4版』有斐閣（2010年）
澤登俊雄『少年法入門　第5版』有斐閣（2011年）
堀部政男・長谷部恭男編『メディア判例百選』有斐閣（2005年）

（吉田　稔）

第6章 社会のなかで育つ

Column 6

情報社会はすばらしいか？

　未来社会の風景については，「脱工業社会」「第三の波」「文明の衝突」「知識社会」「少子高齢社会」「世界の人口爆発」「地球の環境破壊」「バイオテクノロジー時代」とかさまざまに論じられてきている。これらのなかで未来社会は，情報が社会に及ぼす影響が極めて大きく重要となる社会になるという「情報社会論」がある。映画"ALWAYS 三丁目の夕日"に写し出される懐かしい風景，戦後テレビが街や家庭に出現してたった60余年しか経っていないのにこの変わり様。電車に乗るとみんな携帯電話やスマホでメールやゲームに夢中，パソコンを持って場所を移動しながら仕事する人，家に帰れば子どもは自分の部屋に入りパソコンに向かい誰かとコミュニケーション，お母さんがテレビショッピングしている間に夕食が我が家に届く，お父さんは家でマンションの設計図を描きながら，株取引をする。

　人はどこに暮らすかに関係なく，他の世界・人と「接し」，他の世界・人を「知る」。バーチャルの世界はあらゆるもの（遊び，スポーツ，文化，政治，経済，教育，恋人，格闘技，殺人，災害，戦争……）を私たちに提供してくれる。すばらしい！　ついに人間は時空を越えたのだ。だがちょっと待ってほしい。人と人とが現実に向かい合って，遊んだり，スポーツをしたり，恋人と話しあったり，仕事をしたり，生身の戦争をしているわけではない。確かに人間はそういう感覚を得ることができるし，一定の満足も得ることができる。

　ではなぜ生物である人は，このバーチャルな世界を受け入れるのだろうか。人の脳がそれを欲し，それを可能とし，受け入れているからだろう。脳科学が進み，脳のしくみや大脳・小脳・脳幹，右脳・左脳そして脳の特定の部位（たとえば前頭葉，側頭葉，後頭葉……）の役割が，今，次々に明らかになってきている。この人間の脳の役割をしているのが，社会においてはコンピュータを中心とする情報機器だろう。この情報機器は，より精緻になり，より多様となって社会に広まっていく。社会から集められる情報は，この情報機器に集められ，そこから発信される情報は社会や人を統御しはじめる（管理社会，監視社会の出現）。社会はこの情報を中心に回転するようなり，こうして情報を取得・占有し，操作する一部の国，企業，個人が社会を動かす時代に突入した。経済，政治，文化はコンピュータの大きな影響を受ける時代に突入した。

　だが一方では，生身の人間は生身の人間同士のふれあいを欲するであろう。また利潤を求める企業の手によりに情報機器は日々改良され，それについていけない情報難民というべき人達が絶えず現れてくる。それでも情報社会が健全に回るうちはよいが，そこに偽の情報や一方的な情報が流され，ウイルスなどが侵入する場合もある。他人

第Ⅱ部 育　つ

になりすましての振り込め詐欺，偽のネット商品の売買などのさまざまな情報機器を利用した犯罪，社会に大混乱を発生することを目的とするサイバーテロも起こるかもしれない。そして情報は，人や社会をデータ化し（たとえば，総背番号制），管理し，人の私生活を裸にしプライバシーを侵害する方向にも進むであろう。社会と生活をもっと便利に，安全に，迅速に，効率化するプラス面とそれに混乱をもたらすマイナス面を併せ持つ情報社会は，今はじまったばかりである。50年後そしてその先の未来はどうなるだろうか。未来を決定するのは，人間それ自身以外にはありえない。

(吉田　稔)

ネットで「つながる」若者たち

第III部

大人になる

　人は生まれ，成長し，大人になる。大人になると国により成人として認められ，一定に権利を享受し一定の義務を負う。また，自分のことだけを考えて生きるわけにもいかず，日本の国や社会，家族，他の人に対して大人として相応の責任も出てくる。子は，大人になるまでは親に扶養されてきたが，大人になると一定の年齢で結婚し家庭を持ち，今度は逆に，子どもが生まれたらその子を養育し，教育し，子の成長に責任を持つことになる。親から経済的に自立するために自ら稼がなくてはならず，毎日通勤ラッシュにもまれながら出勤して働き，少しずつ貯金をして財産を形成していく。

　そうするために，人は，会社に就職し，労働者として働き，あるいは夫婦が共稼ぎをして自己資金を貯め，いつかはローンを組んでマンションを購入するか一戸建ての家を建て，「豊かな」人生を夢見る。それが現実であり，自分のことだけを考えていれば良いのでなく，周りの人のことも考えて生きなければならない。それができるかどうかは別にして"男はつらいよ"ならぬ"大人はつらいよ"である。ここでは人生の多く時間を過ごす20歳から65歳の充実した時期に，人がさまざまな場面で直面する出来事とそれに関連する法律を考えてみよう。

大人として生きる決意

第7章　権利と義務

　日本国民として生まれ，育ち，二十歳になり大人になった私たちは，成人としていくつかの権利を享受し，義務を負う。その権利と義務の内容は，日本国憲法（全文103条）の第3章「国民の権利及び義務」（第10条～第40条）として定められている。まず，この「国民の権利及び義務」を理解し，これに関していくつかの議論もあり，これについても考えてみよう。

　ところで近代（現代）憲法は基本的には人権とその国の統治について定めるのが一般的である。これに比して日本国憲法は三大原則として，基本的人権の尊重，国民主権，平和主義を定めておりまた象徴天皇制（「天皇，皇太子，皇太子孫の成年は，18年とする」皇室典範22条）を定めているので，世界の憲法の中では特色のある憲法となっている。

1　国民の権利

　憲法が保障する**国民の権利**は，人類の多年にわたる自由獲得の努力の成果として認められた権利であり，現在の国民だけが享受できるだけでなく，将来の国民も享受できる永久の権利である。しかし，この権利は往々にして国の権力者に侵害されるので，国民の不断の努力により保持しなければならないと憲法は宣言している（第97条）。そして，国民の権利を保障し，このために国の権力行使を制約することは憲法の中心の目的である（立憲主義）。憲法の第3章「国民の権利及び義務」（第10条～第40条）では，さまざまな**基本的人権**を定めている。

　人権を分類すると，**幸福追求権，法の下の平等，自由権，国務請求権，参政権，社会権**に分けられる。これらの基本的人権に対しては最大限の尊重が必要だが，他方で社会全体の利益を侵害するあるいは他人の権利と衝突する場合には制約されることがある。制約のあり方としては，社会全体の利益を重視する「**公共の福祉**」論，対立する利益を比較する「**比較衡量**」論，我慢できるかどうか判断する「**受忍限度論**」などがある。

幸福追求権

国民は，個々人が幸せと思うことを目指して生きることを認める規定で，価値相対主義の考えに基づいている。憲法第13条は「すべての国民は，個人として尊重される。生命，自由及び幸福追求に対する国民の権利については，公共の福祉に反しない限り，立法その他の国政の上で，最大の尊重を必要とする」と定める。そして第15条以下に個別の権利を定めている。しかし，それはすべての権利を列挙しているわけではなくて，社会の変化により新たに権利が主張されている。その意味では，この幸福追求権は，憲法に列挙されてない権利や**新しい権利**（プライバシー権，知る権利，環境権，嫌煙権，アクセス権，自己決定権など。Column 7 参照）を導き出す包括的権利として位置付けられている。

法の下の平等

近代の思想"人は生まれながらにして平等である"という理念を規範化した規定である。憲法第14条は「すべての国民は，法の下に平等であつて，人種，信条，性別，社会的身分又は門地により，政治的，経済的又は社会的関係において，差別されない」と定め，貴族制度の廃止，特権を伴う栄典の授与を禁じ，一代に限りその効力を認めている。しかし，一切の差別が禁じられているのではなく合理的な差別は認められている。たとえば，選挙権を成年者に付与すること，収入に応じる累進課税，女性に産休などは認められる。また形式的平等だけでなく実質的平等を図るために生活保護法，労働基準法，男女雇用機会均等法，障害者自立支援法などの個別の法律が制定されている。実質的平等が実際にどれだけ実現されているかは，絶えず検証されなければならない。

自由権

① 精神的自由権

ここでいう自由というのは，国民が国家権力から干渉をされることなく自由に考え，行為することができるとことを意味する。**精神的自由権**は，さらに**内面的精神的自由権**と**外面的精神的自由権**に分けられる。内面的自由権とは，思想，良心の自由（第19条），信教の自由（第20条），学問の自由（第23条）の一部がこれに該当する。これには**沈黙の自由**も含まれ，内面的自由権は制約することができない絶対的な権利である。外面的精神的自由権とは，憲法第21条1項

では「集会，結社及び言論，出版その他一切の表現の自由は，これを保障する」と定められており，2項は，検閲を禁止し，通信の秘密の不可侵を定める。この権利は，民主主義の基礎を形成するものであり，これを制約することは，極力さけなければならず，後述の経済的自由権を規制する立法の違憲性より厳しい基準で，裁判所により審査される（二重の基準）。

② 経済的自由権

経済的自由権は，私有財産制の基礎の上に，国民が経済活動を自由に行うことができる権利で，**職業選択の自由，居住・移転の自由**（第22条），**財産権の保障**（第29条）が定められている。職業選択の自由には，営業の自由が含まれるが，特定の営業（たとえば，理容業，風俗業，飲食業など）を行うには，免許や許可が必要となる。居住・移転の自由は，資本主義経済活動を自由に行うには資本と労働力の自由な移動が前提となるからである。そして経済活動で得た財産は，財産権として保障される。ただし，財産権は，各自が勝手に行使できるのではなく，他人との利害の調整あるいは社会全体の利益を図るために，「公共の福祉」による制約が加わることがある。また公共の利益のための財産の損害に対しては，補償される。

③ 人身の自由

奴隷的拘束及び苦役からの自由（第18条），法定手続の保障（第31条），遡及処罰の禁止・一事不再理（第39条）などで**人身の自由**が定められている。奴隷的拘束及び苦役からの自由は，人格を無視し本人の意に反して，身体を拘束し労働を強制するなどを禁じている。

法定手続の保障とは，被疑者（犯罪の疑いをかけられた者）は，通常は裁判所の発する令状がなければ逮捕されず，逮捕された場合には理由を告げられ弁護人を依頼する権利が与えられる。また被告人（起訴された者）には，公平な裁判を受ける権利や証人を求める権利があり自白を強要されることもない。

遡及処罰の禁止とは，実行の時に適法であった行為を後で制定された法律で処罰することはできず，一事不再理とは，すでに無罪となった行為や同一の事件について重ねて責任を問われることはないことをいう。

これらの規定に関連して，かつて無実の人が死刑を言い渡されるという**冤罪事件**（免田事件，財田川事件，松山事件など）の冤罪があった。今でも冤罪事件はあり，取調べの可視化の導入など，冤罪をどう防ぐかが議論されている。

国務請求権

憲法の三大原則のひとつである**国民主権**を実現するためには，国政が国民の意思を反映しなければならない。これを保障する具体的な権利として**請願権**（第16条），**裁判を受ける権利**（第32条），**国家賠償・補償請求権**（第17条）がある。

請願権とは，損害の救済，公務員の罷免，法律・命令・規則・条例の制定，廃止・改正などを国や地方公共団体に対し国民が希望や苦情を述べられる権利である。

裁判を受ける権利とは，国民の権利が侵害されたときその救済を求めて裁判所に訴えることができる権利である。

国家賠償・補償請求権とは，公務員が不法に国民の権利を侵害した場合，刑事被告人が無罪となった場合などに，国や地方公共団体に賠償あるいは補償を求めることができる権利である。

参政権

参政権は，国民主権の原則に基づいて国民が国政に参加する権利である。第15条は，公務員の選定罷免権，公務員の本質，普通選挙の保障，秘密投票の保障を定めている。国民が国政に参加する方法には，国会議員・地方議員の選挙に間接的に参加する方法（**間接民主主義**）と最高裁判所裁判官の国民審査，憲法改正の国民投票，地方議会の解散請求や地方の首長・議員のリコールなどの方法（**直接民主主義**）がある。

このなかで最も緊急な問題となっているのは，**議員定数不均衡問題**（一票の価値）であり，憲法訴訟が度々提起されている。下級審では違憲無効の判決が出された。最高裁も現在の選挙制度は「違憲状態」であるが，事情判決の法理により，選挙は無効とまではいっていない。また選挙人の年齢も，国民投票法では満18歳以上となっており，引き下げの是非も議論されている。

社会権

私人間の関係を規律する私法は，個人の自由，平等を前提としているが，現実の社会は不利な立場に立たされている人たち，すなわち**社会的弱者**（貧困者，労働者，病人，老人，子どもなど）と呼ばれる人たちもいる。この私人間の関係に国が関与し，国民が国に保護，救済を求める権利が社会権である。

国会に向かう国民

　社会保障に関して憲法第25条第1項は「すべて国民は，健康で文化的な最低限度の生活を営む権利を有する」と，第2項は「国は，すべての生活部面において，社会福祉，社会保障及び公衆衛生の向上及び増進に努めければならない」と定める。これに関連する社会保障の法律として健康保険法，国民健康保険法，厚生年金保険法，国民年金法，雇用保険法，労働者災害補償保険法，介護保険法などの法律があり，生活困窮者を保護する生活保護法，高齢者や障害者の自立を助ける老人福祉法，障害者基本法，児童福祉法，公衆衛生の向上，安全な医療を保障するための食品衛生法，薬事法などの法律がある。詳細については，第12章を参照してほしい。

　労働者保護に関して，第27条第1項は「すべて国民は，勤労の権利を有し，義務を負う」，第2項は「賃金，就業時間，休息その他の勤労条件に関する基準は，法律でこれを定める」，第28条は，「勤労者の団結する権利及び団体交渉その他の団体行動する権利は，これを保障する」と定める。これに関連する労働者保護の法律として労働基準法，労働組合法，労働関係調整法，男女雇用機会均等法などがある。詳細については，第10章を参照してほしい。

　教育に関しては，第26条第1項は「すべて国民は，法律の定めるところにより，その能力に応じて，ひとしく教育を受ける権利を有する」，第2項は「すべて国民はその保護する子女に普通教育を受けさせる義務を負ふ。義務教育は，これを無償する」と定める。これに関連する法律として教育基本法，学校教育法，国立大学法人法，私立学校法などがある。詳細については第5章を参照し

てほしい。

2 国民の義務

大人になると前述の権利を享受するだけでなく，同時に国民としての義務も果たさなければならない。その三大義務とされている義務は，**教育の義務**（第26条），**勤労の義務**（第27条），**納税の義務**（第30条）である。

教育の義務

憲法第26条の第1項は「すべて国民は，法律の定めるところにより，その能力に応じて，ひとしく教育を受ける権利を有する」と定め，第2項は「すべて国民は，法律の定めるところにより，その保護する子女に普通教育を受けさせる義務を負ふ。義務教育はこれを無償とする」と定めている。この憲法の規定を最高規範として，教育基本法，学校教育法，私立学校法などがある。教育は，家庭，学校，地域，職場などで行われるものであるが，第5章で見たように幼児，少年，青年期は，本人の能力形成，人格形成において教育の影響は大きく，教育は大きな役割を果たす。

他方で社会がグローバル化する中でわが国の教育水準の国際比較がなされ，大学の入学時期が議論されはじめた。グローバル化の時代にどのような教育の制度，内容で，どのような国民が形成されるべきかは，国，企業そして国民にとっても重大な関心事となってきている。また国際的に比較してわが国の異常に高い教育費，海外留学の動向やその是非，教育委員会の役割，親と地域の役割，子どもの人権，学力差の問題など解決すべきことは多い。

勤労の義務

憲法第27条第1項は「すべて国民は，勤労の権利を有し，義務を負ふ」，第2項は「賃金，就業時間，休息その他の勤労条件に関する基準は法律でこれを定める」，第3項は「児童は，これを酷使してはならない」と定める。この憲法第27条規定を具体化するために，労働基準法，労働組合法，労働関係調整法などの個別の法律がある。

働くことは第10章で見るように，本人が生きていくために不可欠であるばか

りでなく，人格形成にとっても社会にとっても意味のあることであり，労働能力のある者は，その生存，生活は自分の勤労によって確保，維持せよというのが勤労の義務である。とはいっても勤労意欲はあるが，労働能力の喪失，就職難，解雇，倒産などさまざまな理由で就業できない者もいるのも事実である。その場合には国は働く意欲のある者の就業を支援するのであって，勤労意欲のない者まで支援するわけでない。また，現実には働く気はあっても働けない者もいるし，正規社員と非正規社員との格差など問題は多い。

納税の義務

憲法第30条は「国民は，法律の定めるところにより納税の義務を負ふ」と定める。この憲法の規定を最高規範として，さらに税金の種類に対応して，直接税として所得税法，法人税法，相続税法，間接税として消費税法などの法律がある。国民が納税の義務を負うのは，政府や地方自治体の業務は，国民の支払う税金により支えられているからである。そして新しく税金を課し，課税方法を変える場合は新たに法律でこれを定めなければならない（第84条）。税率については，所得税のように所得に応じて税率を変える場合もあるし（累進課税），消費税のように一律にかける場合もある。各種の税金の種類，税率，負担割合など，税をめぐる議論は多い。

とりわけ消費税は，所得に関係なく一律に国民が負担するので，低所得者にとって負担が大きくなる。そこで消費税の導入，税率が上がるときは，その時の政権を交代させるほど大きな政治問題となることもある。今後消費税がどのくらいになるかは，日本の経済，国民生活に大きな影響を与えることになり，目が離せないし，税に対する国民の姿勢が問われることとなろう。国の財政は，納税により支えられているわけで，最近は，国債の発行額，納められた税金がどのように使われているかという点にも国民の関心が集まっている。

3　権利と義務をめぐる問題と憲法改正

戦後に新憲法ができてからこれまで1条たりとも変わることなく，憲法はわが国を支えてきた。しかし，経済も，政治も，社会も大きく変化してきているのも事実である。そこで社会の変化に対応して憲法も変え，新しい権利を規定

すべきという主張がある。具体的には，まず環境保護のために「環境権」を，民主主義をより実現するために「知る権利」を，情報社会となった今，国・企業・他人から個人の私生活を守る「プライバシー権」などの「新しい権利」を憲法に規定すべきであるとの主張である。これらに関して，これまで**環境基本法**（1993年），**情報公開法**（1999年），**個人情報保護法**（2003年）が制定されてきた。その他，現代社会が生み出す諸問題に対応して男女共同参画社会基本法，製造物責任法，消費者契約法，インターネットに関する法律，犯罪被害者救済に関する法律などが次々と制定されてきた。その意味では現憲法の下でも，新たな法律を制定あるいは改正することで，社会の変化，新たな権利に対応してきたということもできる。義務に関しては，教育，勤労，納税の三大義務ついてこれを否定する意見はないが，その内容をめぐっては第5章と第6章で見たように議論は多い。

また，戦後は国や家族よりも個人の尊重が強調される傾向もあり，日本の歴史，伝統，文化を見直すべきであるという意見もある。個人と個人の利害も対立することも多くなり，これをどのように調整するかという問題も起きてきている。そこで「公共の福祉」「公共性」「家族の役割」をもっと重視するように憲法を改正すべきであるという意見が出てきている。

さらに1990年に米ソを中心とする東西対立は終焉し，新しい国際秩序が形成されると思われた。だが現実の世界では，宗教，人権，民族，軍事，経済，領土などをめぐる対立が新たに激化している。そのため，わが国でも世界の平和，わが国の安全保障をめぐる考え方に，政党・国民の間での相違が生まれ，第3章の1で見たように，わが国も憲法第9条を改正し，軍隊（国防軍あるいは自衛軍）を持つべきとか，軍事的にも世界に貢献すべきであるとかという主張がある。これに対して平和主義，武力の不保持の規定は持つわが国の憲法は世界に誇るべきで憲法であり，またこの憲法の前文や9条の改正は，憲法の三大原則のひとつである平和主義を変えることであり，新憲法制定にあたるという意見もある。その他，天皇の位置付け，軍事裁判所の設置，二院制の是非，首相公選制，道州制（Column 2 参照）の導入，憲法改正手続などの問題が提起されている。

参考文献

樋口陽一・佐藤幸治・中村睦男・浦部法穂『憲法Ⅰ・Ⅱ・Ⅲ・Ⅳ』青林書院（1994年）

伊藤正巳『憲法　第3版』弘文堂（1995年）

芦部信喜・高橋和之『憲法　第5版』岩波書店（2011年）

初宿正典・大沢秀介・常本照樹・高井裕之編著『目で見る憲法　第3版』有斐閣（2007年）

高橋和之・長谷部恭男・石川健治編『憲法判例百選Ⅰ・Ⅱ　第5版』有斐閣（2007年）

（吉田　稔）

Column 7

新しい権利と新しい社会

　憲法が制定されてから60余年が過ぎ，世界も日本も世の中は大きく変わっていった。その間憲法は一度も改正されることなく生き続けている。しかし，いままで考えていなかった多くの社会問題が国際的，国内的に発生し，これらの問題を解決するため国民の新しい権利が多方面から主張されてきている。それは主にプライバシーの権利，環境権，知る権利である。

　しかしプライバシーの権利の保護といっても一般の国民と政治家，芸能人は同じように保障されるべきなのか，知る権利といっても国の機密文書や警察，教育の情報は含めるべきなのか，知る権利と情報公開が対立したらどうするのか，環境保護をする場合には，産業活動や市民生活の確保との調整ないしは環境保護の範囲，程度という問題がある。そして環境権の理念は，基本的人権としてこれを支持する考え方は浸透しつつあるが，工事を差し止めたり賠償を求めたりすることができる具体的な権利としては，いまだ承認されておらず，形成途上の権利に留まっている。一方プライバシー権や知る権利は，基本的人権としても，また具体的な法的権利としても承認されており，プライバシー権は個人情報保護法（2003年）が，知る権利は情報公開法（1999年）が制定されている。また犯罪被害者の権利をどうするか，生命の誕生に深くかかわる女性の生む権利はどうするのかといった問題もある。また個別の法律を制定しそれを機能するようにすれば十分であり，憲法まで改正して盛り込む必要はあるのかという意見もある。

　今後さらに多くの権利が主張され，権利と権利が衝突しはじめる場合に，その解決に社会，法律，司法はどのように対応するかという難しい問題がさらに起こるだろう。

　思うに，思想としては社会の「秩序」が重視され「和」が尊ばれる社会，日常生活で「寄らば大樹の影」「赤信号，みんなで渡れば怖くない」といった集団主義の精神で主に生きる日本人の間で，西洋に生まれ，アメリカ，ヨーロッパで発達した個人主義に立脚する合理的な社会に移ることを目指す思想は定着するだろうか。また社会の歴史には一定の発展法則あり，人が好む好まざるにかかわらず合理的な社会に移らざるをえないという考えもある。今後世界の人口は数十年で100億を超え，一方で日本の人口は8500万近くに減少すると予測される現実がある。この大きな波が世界と日本を覆うとき，この社会を人間はコントロールしなければならないとすれば，それは西欧型の個人中心の訴訟型の社会だろうか，日本型の調和を重視する社会だろうか，それとも人間の尊厳と平和に立脚する，多様性を認める共生型の社会だろうか。

（吉田　稔）

第8章　パートナーと暮らす

　多くの人は、将来を共にするパートナーを選び、結婚（婚姻）する。結婚に対して多くの人は夢を描き、期待し、そして幸せな結婚式を夢見る。人生の最高の時である。もちろん結婚しないで独身のまま生涯を送る人もいるし、一緒には暮らす（同棲する）が婚姻しない人もいる。同性同士、パートナーとして暮らす人もいる。
　ここでは、結婚について法律の面から考えてみよう。
　①結婚（婚姻）するには、どんな要件が必要で、結婚すると当人同士の人間関係や財産関係にどんな法律上の効果が発生するのか、②婚姻を続けることが何らかの事情でできなくなった場合、離婚するにはどんな手続が必要であり、離婚後の当人同士の関係や財産関係はどうなるのか、子どもがいる場合には、どうするのかなどを考えてみよう。

1　婚　　姻

婚姻をめぐる状況

　結婚のことを法律上は「**婚姻**」という。法律が定めた手続をとってはじめて「婚姻」が認められ（法律婚主義）、婚姻関係にある夫婦は、法律が定めるさまざまな権利・義務により結ばれることとなる。婚姻関係のスタートから、場合によっては離婚によるその解消に至るまで、法律は「個人の尊厳と両性の本質的平等」（憲法第24条、民法2条）を基本原理としてさまざまな規定をおいている。
　経済的・社会的諸要因の影響により、最近は、晩婚化と未婚率の上昇傾向が見られる。これが少子化をもたらす要因のひとつでもある。「適齢期での結婚」「出産は当然」といった考え方に揺らぎが見られる。また、世界では同性による共同生活にも法的な婚姻関係を認める国もあり、法制度としての婚姻の意義についてあらためて考えてみることも必要であろう。

パートナーと過ごす休日

　未婚化とは，一度も結婚していない人の割合が増えることであり，とりわけ1970年代後半以降，晩婚化に伴う20歳代から30歳代にかけての未婚化が著しく進んでいる。昭和30年の国勢調査結果では，20歳代前半にある男性の未婚率は90％，20歳代後半が41％，30歳代前半になると未婚の男性は9％にすぎなかった。女性の場合には男性より結婚する年齢が低く，20歳代前半の未婚率は66％で，20代後半には21％に減り，30歳代前半で未婚率は8％となっていた。男女ともほとんどの者が30歳代前半には結婚していたのである。

　ところが最新の国勢調査（2010年）を見ると，30歳代前半の男性の46％，女性の34％が未婚である。50歳代後半の未婚率（婚姻後の死別・離別を除いた割合）も男性14.4％，女性6.4％となっており，晩婚化の顕著な傾向とともに，非婚化（生涯結婚しない人の増加）も進行している。結婚や出産，子育てが当たり前の人生ではなくなってきているのである。

婚姻の要件と婚姻障害

　婚姻は，婚姻届を出すことによって成立する（届出婚主義）。婚姻届は，当事者双方及び成年の証人2人以上から，口頭又は署名した書面でなされ，役所が受理することによって成立する（形式的要件）。また婚姻には，婚姻意思があること，及び婚姻障害がないことを要する。

　婚姻障害につき民法は，①婚姻適齢（男は18歳，女は16歳にならなければ婚姻できない，731条），②重婚禁止（732条），③再婚禁止期間（733条），④近親者間の

婚姻禁止（直系血族又は3親等内の傍系血族間の婚姻禁止等，734条），⑤未成年者の婚姻についての父母の同意（737条）を規定している。

再婚禁止期間

女性は，前婚の解消又は取消の日から6ヶ月を経過した後でなければ，再婚をすることができない（民法733条1項）。女性のみに**再婚禁止期間**を設けるこの規定については，憲法第14条（法の下の平等）および第24条（両性の平等）に反するのではないかとの疑問が投げかけられている。平成7年12月5日の最高裁判決は，「民法の規定の趣旨は，父性の推定の重複を回避し，父子関係をめぐる紛争の発生を未然に防ぐことにあるから，国会が同条を改廃しないことが憲法の一義的な文言に違反しているとはいえ」ないと判示している。

判示にある父性推定について，民法772条は，婚姻成立の日から200日後又は婚姻の解消もしくは取消の日から300日以内に生まれた子は，婚姻中に懐胎したものと推定すると定めている。そこでもし，再婚禁止期間がなく，前婚解消と同日に後婚が成立すると仮定すると，父性推定に100日間の重複が生ずることとなる。すなわち子の出生が前婚解消後300日以内であれば前婚の夫が子の父と推定される一方，出生が後婚成立から200日後の場合には，後婚の夫も子の父と推定されてしまう。両者に100日間の推定の重なりが生じてしまう。この重複が生じないために再婚禁止期間が定められているのである。しかし，最高裁がいうように父性推定の重複を避けるためであるなら，再婚禁止期間は6ヶ月である必要はなく，図8-1のように100日間の重複を避けるため100日間の再婚禁止期間を設ければよい。1996年の民法改正要綱では，現行の再婚禁止期間を100日間に短縮する提案がなされている。

婚姻の効果

婚姻をした場合には，さまざまな法律上の効果が生まれる。婚姻に伴い夫婦は同一の氏を称し（**夫婦同氏**），**同居・協力・扶助の義務**が生ずる。婚姻に伴い夫婦間のみならず配偶者双方の血族間に親族関係が生ずることになる。婚姻中に懐胎された子は，夫の嫡出子と推定され，また未成年者が婚姻した場合には成年に達したものとみなされる（未成年者であっても親の同意なく単独で種々の契約を結ぶことができることになる）。さらに夫婦は相互に相続権を持つことになる。

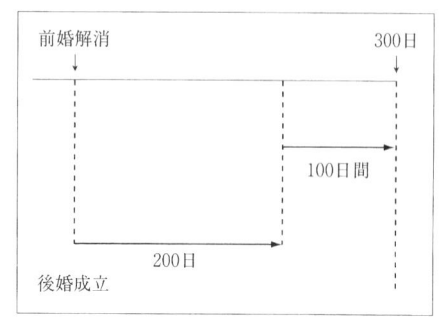

図8-1　出産と婚姻・離婚の関係
出所：筆者作成。

① 夫婦の氏

法律は，「夫婦は，婚姻の際に定めるところに従い，夫又は妻の氏を称する」（民法750条）と規定し，夫婦同氏を原則としている。法律の上では，婚姻前の夫あるいは妻，どちらの氏を選んでもいいことになっているが，現実にはほとんどの夫婦は夫の氏を選んでおり，妻の氏を夫婦の氏とする者は数パーセントにすぎない。

人の氏名が，その個人の人格をあらわすもの，人格の一部であるとするならば，それを法律によって強制的に変更させることは，個人の人格権を侵害することにはならないのだろうか。氏が変わることによって，当人が築いてきた人間関係や家系（家名），仕事上の成果・業績や信用の継続性・連続性が途絶える危険性があったり，それを避けるための手間，免許証やパスポートなどの名義変更の手続などの面倒も生じる。

男女の平等，そして個人の尊重の観点から，夫婦がそれぞれの氏を名のることを可能にしたり，両氏をつなげることを可能にする国もある（オランダや北欧の国々では，同氏にするか別氏にするかの選択を認めている。中国や韓国は夫婦ともに氏を変更する必要はない）。

日本でも別氏選択の可能性を認めるべきだとの声が高まり，1996年の民法改正案要綱では，同氏か別氏かを選択できる制度に改正することが提案されている。要綱では，別氏を選択した場合の子の氏について，夫婦が婚姻時か子の出生時に協議し決めることとしている。

しかし別氏になると家族の一体感が失われるといった反対論も強く，その後

の立法作業は滞っている。男女の平等や個人の自由,個人の尊厳を基本に据えて考えた場合に,どのような対応がふさわしいのか,引き続き議論していかなければならない。

② 同居・協力・扶助義務

夫婦は同居し,互いに協力し扶助しなければならない(民法752条)。当たり前のようではあるが,夫婦関係がこじれ別居する夫婦も多い。一方が出て行った場合,他方は戻って同居するよう求めることができ,任意に戻らない場合には配偶者を相手として家庭裁判所に同居を求める審判を申し立てることができる。

③ 不倫は許されない(貞操義務)

夫婦は互いに貞操義務を負っており,不貞は,後述するように離婚原因になりうる(民法770条1項1号)。また,夫婦以外のものが,夫婦の一方の配偶者と肉体関係を持つことによって,他方の配偶者に精神的苦痛を与え,夫婦関係を破綻に導くこととなった場合には,関係を持った女または男は,夫婦の他方に対する不法行為として賠償責任(慰謝料)を負うことになる。ただし同様の行為によって夫婦の一方と同棲して,夫婦の子が,日常生活においてこの親から愛情,監護,教育を受けることができなくなったとしても,特段の事情のない限り,未成年の子に対して不法行為を構成するものではないとする最高裁判決がある(最高裁判決S.54.3.30)。家庭をあとにした親がその未成年の子に対し愛情を注ぎ,監護,教育を行うことは,別の異性と同棲するかどうかに関わりないというのがその理由である。しかし,そうした不利益と相手方の行為との間には相当因果関係があり,不法行為責任を負うとする見解に説得力があるように思える。

夫婦の財産

夫婦は,婚姻前に契約(**夫婦財産契約**)を結ぶことによって婚姻後の財産関係を定めることができる(民法755条)。しかし,現実にこうした契約を結ぶ夫婦は稀であり,通常,法律が定める財産関係(**法定夫婦財産制**)に従うところとなる。

夫婦の一方が婚姻前から有する財産及び婚姻中に自己の名で得た財産は,その特有財産(夫婦の一方が単独で有する財産)とされる(民法762条1項,夫婦別産

制という)。夫婦のいずれに属するか明らかでない財産は、その共有に属するものと推定される(同条2項)。だが、夫婦別産制は、専業主婦あるいはパートなどの低い賃金水準で働く女性が多い現実を考えると、離婚に当たっての財産整理の際に不利な結果を招きかねない。民法762条1項は憲法第24条に違反しないのだろうか。最高裁は「民法には、別に財産分与請求権、相続権ないし扶養請求権等の権利が規定されており、右夫婦相互の協力、寄与に対しては、これらの権利を行使することにより、結局において夫婦間に実質上の不平等が生じないよう立法上の配慮がなされているということができる」として、違憲ではないと判示している(最高裁判決 S.36.9.6)。

婚姻費用の分担

夫婦はともに生活を営む以上、衣食住の費用や子どもの教育費、医療費、教養・娯楽費など日常生活上必要な費用について、その資産、収入その他一切の事情を考慮して、分担することになる(婚姻費用の分担、民法760条)。

日常の生活に関連して生ずる債務については、夫婦は連帯してその責任を負うものとされる(民法761条)。生活に必要な家電製品を妻が購入し、娯楽のための電子機器を夫が買ったような場合、あるいは妻が子どもの英会話教材を購入したような場合には、あらかじめ夫婦が相談していなくても代金支払いについては連帯責任が生ずることになる。これにはもちろん限度がある。夫婦の収入からしてとても払いきれない金額の別荘の購入を夫が妻に無断で契約する場合、あるいは妻の名義になっている不動産を夫が勝手に売却するような場合にまで、この連帯責任を認めるのは困難であろう。

2 離 婚

法は離婚をどう扱ってきたか

離婚についても変化があり、制度的な変化が見られる。かつて中世のヨーロッパでは婚姻は神の意志に基づくものと考えられていた。とすれば、人間の勝手によって離婚するなど認められるはずはない(離婚禁止)。その後、16世紀以降の宗教改革や個人の自由尊重の思潮のなかで離婚が徐々に認められるようになる。しかし、離婚を認めるか否かは厳格に審査され、法律の定める事由の

存在する場合にしか認められなかった。当然，正式な，制度上の離婚承認の事例は少数にとどまった。その後，欧米各国では1970年代以降，法律が列挙する特定の事由による有責主義から婚姻関係が破綻すれば離婚を認める破綻主義への移行が進み，離婚件数は急増する。

日本の様子はかなり異なる。日本では，明治以降も比較的容易に離婚が認められてきた。そのため，戦後になっても統計上は離婚件数にそれほど急激な変化は認められない。とはいえ近年，離婚率は漸増傾向にある。その背景としては，世間体や周囲の意向よりも個人の判断を尊重する傾向が強まってきたことや，女性の社会進出，経済力・自立力の向上などの要因が指摘されている。

離婚の手続

離婚するにはどのような手続が取られるのだろうか。最終的に離婚が成立するまでの流れ（方式）を分類すると，協議離婚，調停離婚，審判離婚，和解・認諾離婚，裁判離婚に分けることができる。

① 協議離婚

夫婦は，協議によって離婚することができる（民法763条）。お互いが離婚の意思を固めて離婚書類を役所に提出し，受理されることによって離婚は成立する。最も簡単な離婚の方法である。夫婦の間に未成年の子がいる場合には，協議で離婚後の一方を親権者と定めなければならない（民法765条1項）。離婚のほとんどはこの方式によるが，「協議」離婚とはいっても夫婦が対等な立場で誠実に協議を行い，特に離婚後の財産分与や子どもの養育などについて理性的に協議が行われているとは限らない。むしろ離婚後の生活についての十分な話し合いが行われないまま離婚届が出されている状況がうかがわれる。妻子を扶養していた夫が，離婚後の妻子の生活に何ら誠意ある対応を見せないままの離婚（いわゆる追い出し離婚）であっても，離婚届を受理する役所の窓口では対処のしようがない。一方的な追い出し離婚を防ぐ方法として，離婚届不受理の申し出で制度が存在する。事前に離婚届を受理しないように申し出ておくと，相手方から届けが出されても受理されないですむのである。

② 調停離婚

当事者の協議では離婚の合意が得られない場合には，家庭裁判所に調停を申し立てて，調停を通じて夫婦の関係を調整する手続が用意されている。調停で

は離婚の合意だけでなく，財産分与や慰謝料，子の親権，養育費，離婚後に子どもと会う機会の確保（面接交渉という）など，離婚条件の細部についての合意が得られるように調整が進められる。合意が得られれば調停は成立し，離婚が成立することとなる。

③　審判離婚

離婚については夫婦とも合意しているが，財産分与あるいは子どもとの面接交渉などの点で，どうしても両者の合意が得られない場合，家庭裁判所は審判を下すことができる（家事審判法24条）。もっとも，この審判は必ず守らなければならないものではなく，当事者が異議を申し立てれば効力を失う（家事審判法25条2項）。異議の申し立てがなかったときは，確定した判決と同様，当事者は，その内容に従わなければならない。

④　和解・認諾離婚，裁判離婚

調停が成立せず，審判もなされないか，異議申立てによって審判が失効した場合，離婚を望む当事者は**離婚訴訟**を起こすことになる。離婚訴訟中に離婚の合意が成立した場合には，和解調書が作成され離婚が成立することになる（これを和解離婚という。人事訴訟法37条）。また離婚訴訟の被告が原告の主張を全面的に認める場合にも離婚が成立する（これを認諾離婚という。同37条）。

裁判離婚は，法が定める離婚原因（配偶者の**不貞行為**，**悪意の遺棄**，3年以上の生死不明，回復の見込みがない強度の精神病，その他婚姻を継続しがたい重大な事由。民法770条1項）がある場合にのみ認められる。

不貞行為とは，配偶者が自由意思で配偶者以外の者と性的関係を持つことをいう。判例には，夫が他の女性を強姦したことを不貞行為と認めたものがある。逆に強姦被害にあったことは「自由意思」によるものではないので不貞行為にはあたらない。

悪意の遺棄とは，世帯主である夫が家を出て帰らないなど，正当な理由なく同居協力・扶助義務を果たさない場合をいう。強度の精神病が離婚事由に挙げられているのは，扶助を要する配偶者を放り出すかのようで理不尽だと思う向きもあろう。しかし法の趣旨は，婚姻生活においては双方の精神的な交流が重要であり，それが不可能な状況に当事者を拘束するのは酷であるという点にある。

以上に列挙したような具体的な事由がなくても，重大だと思われる事情に

よって婚姻関係が破綻し，回復の見込みがない場合には，離婚が認められる。極端な浪費癖や過度の宗教活動，配偶者による暴力や犯罪行為，性的異常や性的不能などで離婚を認めた判例がある。

有責配偶者からの離婚請求

夫の不倫が原因で夫婦関係に亀裂が入り，家を出た夫が長年にわたって女性と同棲生活をしたあげく，離婚に同意しない妻を相手に離婚を求める裁判を起こした。婚姻関係を破綻させたそもそもの責任のある側（有責配偶者）からの離婚裁判である。裁判所としてこの請求を認めるべきであろうか。かつて最高裁は，昭和27（1952）年2月19日の判決で，このような夫の勝手な請求を認めたならば，"妻は踏んだり蹴ったり"であるとして，離婚請求を認めなかった。しかし，実際上破綻し回復の見込みがない婚姻を維持することに，はたしてどんな意味があるのだろうか。判決に対する異論は少なくなかった。1987年，最高裁は別居生活が36年にも及び，夫婦間に未成熟の子がいない事例について，婚姻関係が破綻している点を重視し，破綻に至る責任のあった配偶者からの離婚請求だからといって離婚請求が許されないものではないと述べ，立場を改めるに至った（最高裁大法廷判決 S. 62. 9. 2）。

離婚に伴う法律上の効果

夫婦が離婚するに至った場合には，次のような法律上の変化が生じる（離婚の効果）。

①再婚が可能になる。ただし，女性は，前婚解消の日から6ヶ月を経過した後でなければ，再婚できない（民法733条1項）。

②婚姻によって氏を改めた夫または妻は，婚姻前の氏に復する（民法767条1項）。離婚後も引き続き婚姻中の氏を称することを希望する場合には，離婚の日から3ヶ月以内に戸籍法所定の手続をとることができる（同条2項）。

③婚姻を契機に配偶者の親族との間に生じていた親族関係（姻族関係という）は終了する（728条1項）。

④離婚する夫婦の一方は，相手方に対して婚姻中に築いてきた財産を分けるよう請求（財産分与請求）することができる（民法768条）。

⑤子の親権者，監護者を決めなければならない（民法819条1項・766条1項）。

財産分与

　夫婦として生活するなかで手に入れたマイホームや自動車，老後のための貯蓄など，築いてきた財産は，離婚に伴って夫婦の間で精算しなければならない。これが**財産分与**という手続であり，どのように精算するかは，まずもって夫婦が話し合って決めることになる。民法768条は，協議離婚をする者の一方は，他方に対して財産分与を請求することができると定めている。当事者の協議が整わないとき，または協議することができないときは，離婚の時から2年以内に，家庭裁判所に調停・審判を申し立てることになる。家庭裁判所は，当事者双方がその協力によって得た財産の額その他一切の事情を考慮して，分与を得させるべきかどうか，分与の額，及び方法を検討する。夫もしくは妻が婚姻前から有している財産はその者の固有財産（特有財産）なので，分与の対象とはならないが，不動産など婚姻中に夫婦が協力して得た財産は，その所有名義がたとえ夫名義になっているとしても実質的な意味での共有財産として精算の対象となる。

　ところで，「財産分与」は，なぜ行われるのか。どのような意味を持っているのだろうか。

　法的には，次のような意味を持っていると考えられる。すなわち，①婚姻中に夫婦が協力して形成した財産を離婚に伴って精算する（精算的要素），②離婚後の生活を考え，生活の支えとなる財産を得る（扶養的要素），③離婚せざるをえなくなったことに対する慰謝料（慰謝料的要素）である。このうち慰謝料的要素については，財産分与に含まず別途考慮すべき事由とする考え方もある。

子の親権と監護

　離婚件数の増加に伴って，親の離婚に巻き込まれる未成年の子は増加している。1960年には離婚件数が6万9410件で，そのうち未成年の子がいる夫婦の離婚は4万452件であった。2007年には離婚件数が25万4832件と増加し，それに伴い未成年の子がいる離婚件数も14万4758件に増加している（離婚夫婦全体の56.8％）。離婚に際して，離婚後の子の親権を夫婦いずれが担当するのか決めなければならない。1960年には夫が親権者となる場合が46.8％，妻41.7％だったが，2007年には妻が親権者となる割合が81.1％となっている。母子世帯（母子世帯の8割近くが離婚母子世帯）の平均所得金額は236.7万円で，児童のいる世

帯の所得701.2万円と比べ大きな差がある（2007年）。ここには、子どもの成長環境を考えるうえで、大きな課題が存在する。

　親は子の監護、教育を行う権利を有し、義務を負う（820条）。また子の居所を定めたり、必要な範囲内で子を叱ったりしつけたりすることも認められる（822条）。子の財産管理や、子が契約を結ぶ場合に同意するしないの判断が求められることもある（824条）。こうした親の子に対する権利または義務を「**親権**」と呼んでいる。婚姻中、父母は共同して親権を行うが（共同親権、818条3項）、離婚に際しては、一方を親権者と決めなければならない。決めるにあたってはまず、夫婦の協議に委ねられる（**単独親権の原則**、819条1項）。協議で決まらないときには、家庭裁判所に調停を申し立てることとなる。調停が不成立の場合、家庭裁判所が審判を行う。離婚裁判によって裁判所が判決で親権者を指定することもある（819条2項、人事訴訟法32条3項）。

　しかし、なぜ離婚に伴って夫婦の一方の親権がなくなるのか、子に対する義務がなくなるのか。離婚した夫婦は他人同士になるとしても、子と親との関係がなくなるわけではない。にもかかわらず親権は一方に決めなければならない。離婚後の夫婦のどちらが親権を担当するのかをめぐってもめる場合は少なくない。

　これに関連して、民法には親権と別に、離婚後の子の監護者を定める規定がある（766条1項）。この監護者制度を使い、親権者とならなかった者を子の監護者と定めることは可能である。父親が親権者として子の財産管理などを行い、母親が子を引き取って監護者として監護・教育を行うといった方法も考えられる。しかし、離婚後の夫婦間に充分な連携を期待するのは無理なところがあり、うまくいくのか疑問もある。

面接交渉権・子の引渡請求権

　離婚後、子と生活をともにしなくなった親が、子に会ったり、電話や手紙のやりとりをしたりする権利を**面接交渉権**という。面接交渉権といっても、必ずしも親の権利ということはできず、むしろ、親との交流を通じて成長・発達する子の権利として捉えることが重要である。どのような方法ないしは頻度で子との交流を図るかについて、離婚夫婦間で結論が出ない、あるいは争いになる場合には、家庭裁判所に調停・審判を申し立てることができる。しかし合意に

いたらない場合が多い。

　離婚訴訟中で別居している夫婦，あるいは離婚後の夫婦間で，夫婦のいずれが子と生活をともにし，養育するかをめぐって争いになる場合は多い。時には，別居している親が強引に子を連れ去るケースもある。連れ去られた親が子を取り戻す法的な方法として，民事訴訟（親権者は，親権行使に対する妨害排除請求として民事訴訟を提起する），家事審判（家庭裁判所に子の監護に関する処分を求め，子の引渡を請求する）が考えられる。履行されない場合に，人身保護法（身体の自由を不法に奪われ拘束されている者の自由を取り戻す手続を規定）に基づき拘束を解くなど必要な処分を求めることができる。裁判所の命令に従わないときには，拘束する者に対する出頭命令，拘引，拘留などの強力な強制手段が用意されている。

3　DV（ドメスティック・バイオレンス）

ＤＶ法

　離婚に至る原因はさまざまである。家庭裁判所に離婚調停を申し立てる際に提出する夫婦関係調停申立書の記入欄「申立ての動機」についての，平成23年度司法統計年報の集計結果は表8-1の通りである。

　夫，妻ともに「性格が合わない」「異性関係」を動機とするものは多いが，妻の動機について見ると「暴力を振るう」（28.8％）「精神的に虐待する」（24.6％）と，夫からの虐待を離婚調停の動機に挙げている。また警察庁の統計（罪種別，被疑者と被害者の関係別検挙件数）から殺人，傷害（傷害致死を含む）および暴行被害者数と，そのうち妻が被害者の数値を括り出すと表8-2になる。

　2010年の殺人被害者総数898人のうち，「妻が被害者」が107人，傷害致死110人のうち妻が11人，暴行被害者2万1529人のうち妻が1376人である。殺人被害者のうちの実に12％は妻が被害者になっているのである。配偶者間の暴力，とりわけ妻に対する暴力が生命，身体に対する重大な結果を招いている実態がある。かつては法，警察あるいは他人は家庭内には立ち入るべきではないと考えられる傾向があった。配偶者である加害者に罪の意識が薄い傾向も指摘されている。配偶者間に限らず，女性に対する暴力は，交際中の男女間にも見られる。男女のあり方に関わる構造的な要因，すなわち「強い男性，従う女性」，「性別

表8-1 離婚調停申立ての動機

申立人	総　数	性格が合わない	異性関係	暴力を振るう	酒を飲み過ぎる
夫	18,641	11,277	3,193	1,394	476
妻	49,138	21,446	11,515	14,167	4,215

	性的不調和	同居に応じない	生活費を渡さない	その他	不詳
夫	2,394	1,830	615	3,335	432
妻	4,222	1,399	12,431	4,554	639

出所：筆者作成。

表8-2 殺人・傷害・暴行被害者数

年	殺人被害者総数	配偶者が被害者	うち妻が被害者	傷害被害者総数	配偶者が被害者	うち妻が被害者	傷害のうち傷害致死	配偶者が被害者	うち妻が被害者
2000	1,152	188	128	21,616	888	838	168	17	17
2001	1,084	176	107	22,348	1,097	1,065	191	14	10
2002	1,170	184	109	23,199	1,250	1,197	180	18	15
2003	1,208	206	125	23,222	1,269	1,211	173	18	16
2004	1,158	192	116	22,716	1,198	1,143	135	14	12
2005	1,162	208	120	22,962	1,342	1,264	138	20	17
2006	1,077	166	107	22,921	1,353	1,294	139	15	14
2007	993	183	101	21,589	1,346	1,255	104	10	8
2008	1,054	189	117	19,724	1,339	1,268	129	15	11
2009	918	140	91	18,991	1,282	1,212	112	15	12
2010	898	176	107	19,093	1,523	1,437	110	11	11

出所：警察庁の統計より筆者作成。

役割分業」などの観念，社会・経済的な実際の状況が背景をなしている。DVは，個人の尊厳を傷つける人権侵害行為であり，社会における男女平等の実現を妨げる重大な問題である。こうした現実を直視し，個人の尊厳，人権の確立と男女平等社会の実現を図るため，とりわけ配偶者からの暴力を防止し，被害者の保護を図るため，2001年に「配偶者からの暴力の防止及び被害者の保護に関する法律」(DV法) が制定された。

同法は，配偶者からの身体に対する暴力またはこれに準ずる心身に有害な影響を及ぼす言動を「配偶者からの暴力」と定義している。また「配偶者」には事実婚関係にあるものも含まれ，離婚後の暴力も対象となる。

配偶者からの暴力を防止し被害者の保護を図るためには，関係機関への通報あるいは相談が欠かせない (図8-2)。配偶者からの暴力 (身体に対する暴力)

第Ⅲ部　大人になる

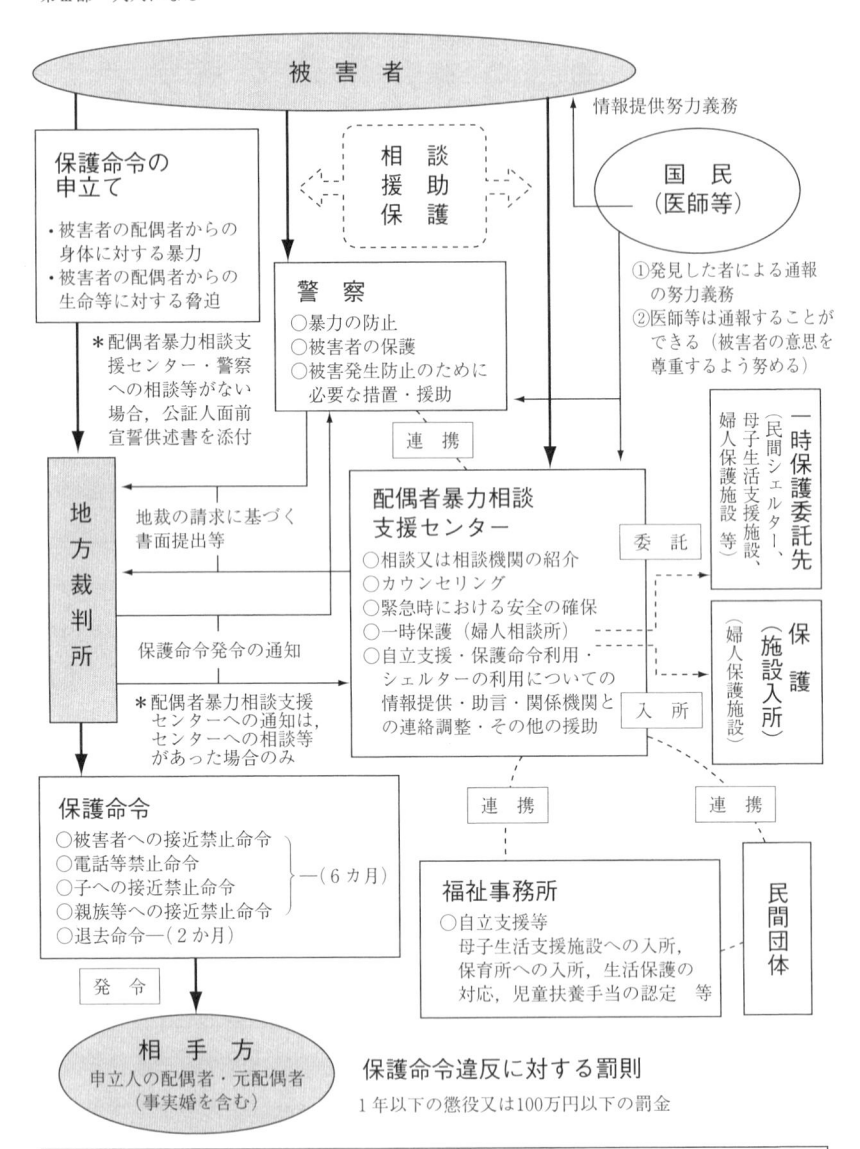

被害者

保護命令の申立て
・被害者の配偶者からの身体に対する暴力
・被害者の配偶者からの生命等に対する脅迫

＊配偶者暴力相談支援センター・警察への相談等がない場合，公証人面前宣誓供述書を添付

相談援助保護

警察
○暴力の防止
○被害者の保護
○被害発生防止のために必要な措置・援助

国民（医師等）
情報提供努力義務
①発見した者による通報の努力義務
②医師等は通報することができる（被害者の意思を尊重するよう努める）

地方裁判所

地裁の請求に基づく書面提出等

配偶者暴力相談支援センター
○相談又は相談機関の紹介
○カウンセリング
○緊急時における安全の確保
○一時保護（婦人相談所）
○自立支援・保護命令利用・シェルターの利用についての情報提供・助言・関係機関との連絡調整・その他の援助

連携

保護命令発令の通知

＊配偶者暴力相談支援センターへの通知は，センターへの相談等があった場合のみ

委託　→　**一時保護委託先**（民間シェルター，母子生活支援施設，婦人保護施設　等）

入所　→　**保護（施設入所）**（婦人保護施設）

保護命令
○被害者への接近禁止命令
○電話等禁止命令
○子への接近禁止命令
○親族等への接近禁止命令　—（6カ月）
○退去命令—（2か月）

連携

福祉事務所
○自立支援等
母子生活支援施設への入所，保育所への入所，生活保護の対応，児童扶養手当の認定　等

連携　**民間団体**

発令

相手方
申立人の配偶者・元配偶者
（事実婚を含む）

保護命令違反に対する罰則
1年以下の懲役又は100万円以下の罰金

国や地方公共団体は…
◎主務大臣（内閣総理大臣，国家公安委員会，法務大臣，厚生労働大臣）による基本方針の策定
◎都道府県・市町村による基本計画の策定（市町村については努力義務）

図8-2　配偶者暴力防止法の概要（チャート）
出所：内閣府男女共同参画局『STOP THE 暴力（平成21年度改訂版）』。

を受けている者を発見した者は、その旨を**配偶者暴力相談支援センター**または警察官に通報するよう努めなければならない（DV法6条1項）。特に医師その他の医療関係者は、その業務を行うに当たり、配偶者からの暴力によって負傷しまたは疾病にかかったと認められる者を発見したときは、その旨を配偶者暴力相談支援センターまたは警察官に通報することができる。その際、その者の意思を尊重するよう努めるが、被害者の生命または身体に対する重大な危害が差し迫っていることが明らかな場合には、そのような同意が確認できなくても積極的に通報することが必要である（DV法6条2項および基本方針第2-3）。医師その他の医療関係者は、被害者に対し、配偶者暴力相談支援センター等の利用について、その有する情報を提供するよう努めなければならない（DV法6条4項）。

通報等により、被害者に対するさまざまな支援を行う中心的な役割を果たす機関が、配偶者暴力相談支援センターである。またより身近な行政主体である市町村も、その設置する適切な施設が、配偶者暴力相談支援センターとしての機能を果たせるよう努めなければならない。具体的には、相談窓口を設け、配偶者からの暴力を受けた被害者に対し、その支援に関する基本的な情報を提供すること、一時保護等のあと、地域での生活をはじめた被害者に対し、事案に応じて適切な支援を行うために、関係機関等との連絡調整等を行うとともに、身近な相談窓口として継続的な支援を行うことなどが求められている（DV法3条1項2項および基本方針第2-1）。

警察官は、通報等により配偶者からの暴力が行われていると認めるときは（夫婦間の問題として取り合ってもらえないこともあるが）、警察法、警察官職務執行法その他の法令の定めるところにより、暴力の制止、被害者の保護その他の配偶者からの暴力による被害の発生を防止するために必要な措置を講ずるよう努めなければならない（DV法8条）。また、被害者の意思を踏まえ、加害者を検挙するほか、加害者への指導警告を行うなど配偶者からの暴力による被害の発生を防止するための措置を講ずることが必要である。被害者に対しては、個別事案に応じて必要な自衛措置に関する助言、支援センター等の関係機関の業務内容及び保護命令制度の教示等、被害者の立場に立った措置を講ずることが必要である（基本方針第2-3）。

第Ⅲ部 大人になる

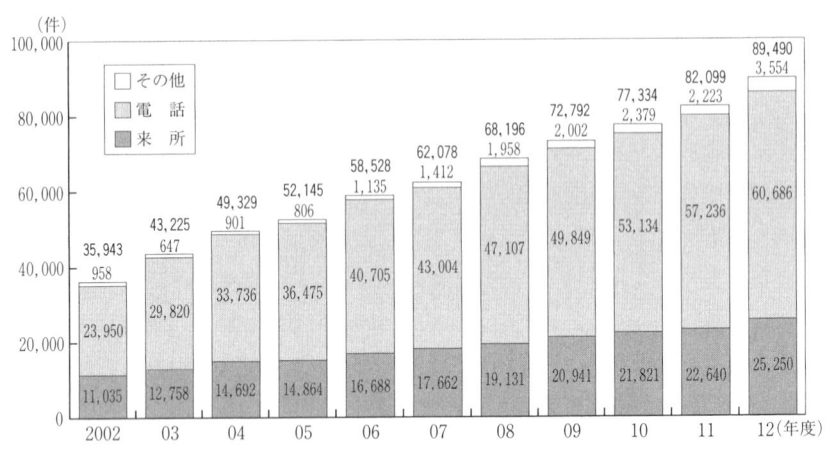

図8-3 配偶者暴力相談センターにおける相談件数

注：配偶者暴力防止法に基づき，都道府県の婦人相談所など適切な施設が，支援センターの機能を果たしている。市町村が設置している支援センターもある。相談件数は，平成24年4月1日～25年3月31日の間の，全国の支援センター223ヶ所（うち市町村設置の支援センターは50ヶ所）における件数である。
出所：内閣府調べ。内閣府男女共同参画局「配偶者からの暴力に関するデータ」2013年。

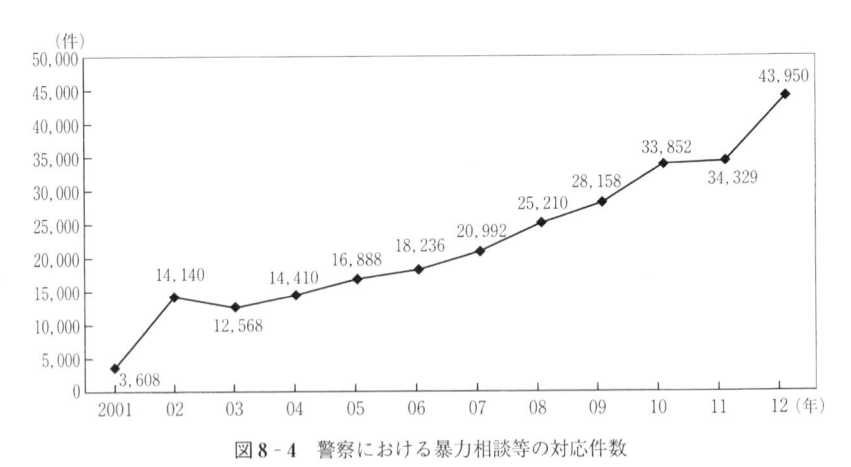

図8-4 警察における暴力相談等の対応件数

注：対応件数とは，都道府県警察において，配偶者からの暴力事案を相談，援助要求，保護要求，被害届・告訴状の受理，検挙等により認知・対応した件数。2001年は10月13日～12月31日の対応件数。
出所：警察庁調べ。内閣府男女共同参画局「配偶者からの暴力に関するデータ」2013年。

緊急時における安全の確保と保護

配偶者暴力相談支援センターは，被害者及び同伴する家族の緊急時における

安全の確保を行う（3条第3項3号）。この緊急時における安全の確保は，婦人相談所の一時保護所が離れているなどの場合に，緊急の保護を求めてきた被害者を一時保護が行われるまでの間等に適当な場所にかくまう，または避難場所を提供すること等を指すものである。状況によっては警察と連携して被害者の保護を図らなければならない。

　被害者及び同伴する家族の一時保護は，婦人相談所もしくは婦人相談所が委託して行うものである。

　配偶者からの身体に対する暴力を受け，または生命等に対する脅迫を受けた被害者が，配偶者ら受ける身体に対する暴力により，その生命または身体に重大な危害を受けるおそれが大きいときは，裁判所は，被害者の申立てにより，その生命または身体に危害が加えられることを防止するため，当該配偶者に対して，次のような保護命令を発するものとされている。

　ひとつは**被害者への接近禁止命令**であり，命令の効力が生じた日から起算して6ヶ月間，被害者の身辺につきまとい，または被害者の住居，勤務先等の付近をはいかいすることを禁ずる。接近禁止命令については，被害者の申立てにより，その実効性を確保するため，面会要求，電話，ファックス，メール等の行為の禁止を併せ命じるものとされている。

　ふたつめは**退去命令**であり，命令の効力が生じた日から起算して2ヶ月間，被害者と共に生活の本拠としている住居から退去すること，及び当該住居の付近をはいかいしてはならないことを命ずる。以上の命令に違反すれば，1年以下の懲役または100万円以下の罰金が科せられる。

参考文献

二宮周平『家族法　第4版』新世社（2013年）
高橋朋子・床谷文雄・棚村政行『民法7　親族・相続　第3版』有斐閣（2011年）
窪田充見『家族法――民法を学ぶ』有斐閣（2011年）
二宮周平『家族と法――個人化と多様化の中で』岩波書店（2007年）
小倉千加子『結婚の条件』朝日新聞出版局（2007年）

（北山雅昭）

Column 8

少子化と女性の生き方

　女性の生き方をどんなふうに思い描くか。かつてはこう考えられた。25歳までの適齢期に結婚し，外で働く夫を陰（外から見れば家の中は陰）で支え，家事・家計一切の切り盛りを万端こなし，家の跡継ぎを生み育てる。これが女性の幸せ，女性の役割であり，女性を評価するうえでのキーポイントであったようだ。ではいつ頃からそう考えられるようになったのか，なぜそう考えられたのか，日本中すべての地域あらゆる階層でそう考えられていたのかなど，不確かな点は多い。武家の嫁のイメージが増幅されて明治以降の理想の女性像を形作ったのか，戦中の銃後の母・妻イメージの残滓でありそれが高度成長期の企業戦士と専業主婦像に流れ込んだのか。いずれにしろ，ある女性の型を設定して，それへの当てはまり具合で女性の価値や幸・不幸を評する考え方には違いない。

　筆者が考える女性のとらえ方は，上述とは異なる。人はそれぞれ，生活環境は異なるし経験・体験も異なる。多様な要因の中で自らの人格を形成し，人それぞれに好き嫌いの感情を持ち，価値観を形作り，生きる意味について悩み考え，自分なりの生き方を見いだしていく。要するにそれぞれに自分なりの幸福観を持つのであって，他者からとやかくいわれるべき事柄ではない。他人の考え方を聞き意見を交える中で自分の考え方を深め，ときに人と考え方を共有する。考え方の多様性にこそ大切な価値があることを認める。そこにこそ「人間の自由」があるし，それを守るためにあえていえば「基本的人権」の保障もある。

　他方で，「国」というもの，社会や経済という大きなしくみを考えた場合，そのシステムを支えるマスとしての人口構成，総体としての経済活動，支えられる年齢層といった個人を超える基盤，枠組み的な要因も個々人が生きていくうえでは重要な要素である。ともに支え合って生き甲斐のある社会を形作っていく上では福祉，社会保障を充実させることは不可欠である。その点で少子化問題は大きな波紋（揺らぎ）を社会のさまざまな部分にもたらすものである。国は少子化対策，子育て支援の施策を進めてきた。2006年から出生率はやや持ち直し2011年度は1.39である（厚生労働省「人口動態統計特殊報告」）。団塊ジュニア世代の出産，景気の回復が大きな要因だと指摘されている。

　出生率の低さで日本と似た状況にあるのがドイツとイタリアである。イタリアでは1990年代半ばに1.19まで落ち込んだあと回復傾向にある（2008年には1.41）。イタリアへの移民者のあいだでの出生率の高さが大きな要因である。

　ドイツでは低下に歯止めがかかっている（1.36程度で推移）。もちろんこの出生率で

は人口が減少してもおかしくないが,むしろ増加傾向にある。トルコや東ヨーロッパからの移住者,毎年10万人を超えるドイツ国籍取得者に支えられている。ドイツの少子化対策の重点は現在,女性の生き方にあわせて,その自由度を高めることに置かれているといってよい。高学歴で職業的キャリアを積む女性,あるいはパートナーとのあいだで子どもを持ちたいという要求は高い。従来の子ども手当等の現金給付の充実に加え,公的な保育施設の拡充,職場・企業内での保育施設の整備を急いでおり,2013年夏からは公的保育を要求する権利が保障されることになる。

　もはや国や社会から「産めよ増やせよ」と求める時代ではない。出産する選択をする場合の前提となる条件を社会として整備することが求められているのである。女性だけではなく男性の生き方・働き方の自由度を高めるためにも。　　　（北山雅昭）

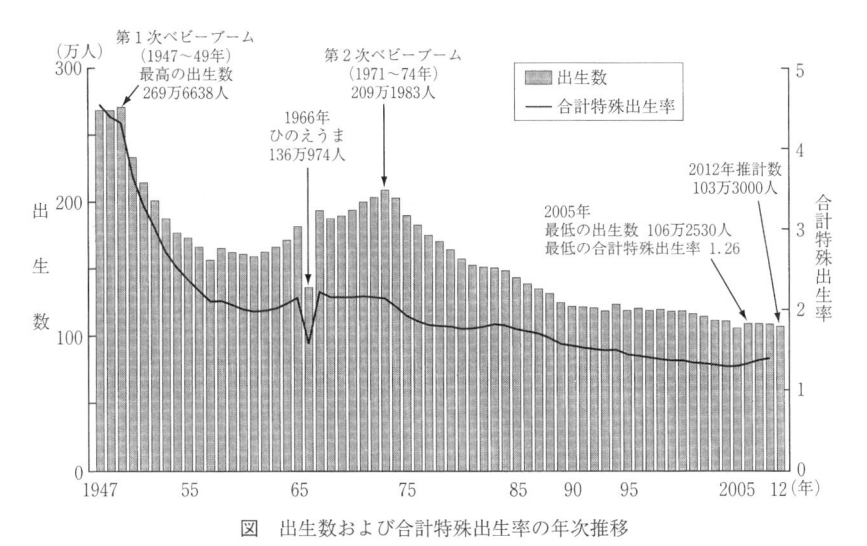

図　出生数および合計特殊出生率の年次推移

出所：厚生労働省「人口動態統計特殊報告」。

第9章　社会に出ていく

　現代社会においては、多くの人は働くことで賃金を得て、その賃金を下に生活をしている。しかし、一部では、不動産の賃料収入で生活をする人や、銀行の預金利息、株式による配当等で生活をする人もいる。そういった人たちは、資本家や投資家などといわれる。会社は、働く人にとっては賃金を得るための場所であり、また時には生きがいや友情などさえも提供してくれる場所であるかもしれない。一方、投資家にとっては、会社は労働を伴わない対価を得るための手段でありシステムかもしれない。

　もちろん、国や社会の立場から見れば、会社という制度がもたらす国の発展や税収などの役割は重要であろう。消費者という視点で見れば、会社はよい商品やサービスを提供してくれる存在といえる。このように、会社という存在には色々な意義があり、現代社会では、誰もがさまざまな形で会社との関わりを持って生きている。そして、このような会社のあり方は、日本では、主に会社法によって法的な枠組みが定められている。会社法を知ることは、会社の基本的なしくみを理解するだけでなく、自分と会社との関わり方や、現代の資本主義社会の具体的な構造を理解することにもつながる。本章では、会社法を主たる対象として、会社と個人との関わりを見ていくこととする。

1　会社を取り巻く法律と会社の特徴

会社に関する法律

　まず、会社を取り巻く法律としてどのようなものがあるのかについてであるが、商取引全般に関する法律としては**商法**がある。労働法が、企業と労働者との関係を規律する法律であるのに対して、商法は、商人（個人企業も会社もありうる）が商行為（商売）を行う際に適用される法律である。

　個人同士の一般的な法律上の関係は、民法によって規律される。これに対して商売を行う者（商人）は取引のプロであり、通常、大量かつ多種多様な商取引を実施しているため、民法の特別法である商法によって商取引を規律する必

要がある。すなわち，商法は商取引全般に適用される法律であって，共同の企業形態である会社はもとより，個人が企業主として商売を行う際にも適用される法律である。

なお，商売全般に関する法律である商法に対して，特に会社に関する法律をまとめたものが**会社法**である。会社法は，従来，商法の第二編「会社」の項目において規定されていたが，現在の会社組織の多様性，重要性から，「会社」の項目は独立して，2005年に「会社法」が成立したのである。共同の企業組織形態である会社については，その具体的な設立方法や運営方法，資金調達方法などについて，会社法によって定められている。

会社においては，多数の利害関係者（会社の出資者，経営者，会社の従業員，取引先，消費者など）が関係することになるため，個々の会社が勝手に独自の運営方法を定めて独自の方法で会社を運営することは，不効率かつ不明瞭である。たとえば，あるひとつの会社における会計情報の開示ルールが他の会社とまったく違った場合，あなたもその会社の取引先も，混乱してしまうであろう。会社法を通じて，一定の会計情報開示のルールが定まっていれば，そこに共通の認識がもたらす効率性や安全性が発生するのである。

基本的には，会社は会社法の定めるルールに従って運営するように定められている。このルールを勝手に無視することはできない。これを会社法の強行法規性という。会社法が適切に適用されることで，会社の出資者や会社の債権者を守り，会社の利害関係者に的確に会社の情報が伝わるなど，会社が健全に運営され，会社の財産が適正に確保されることが期待されている。

それ以外にも，会社に関連する法律として，労働者の権利を守るためには**労働法**が，企業間の適切な競争を維持するためには**独占禁止法**や**不正競争防止法**が，消費者を保護するためには**消費者保護法**が，適切な金融商品市場を維持するために**金融商品取引法**などがある。関連する領域にはさまざまな法律があるので，会社をめぐる他の法律に興味を持たれた方は，これらの法律に関する本なども読んでみるのもよい。

個人企業と共同企業（会社）の違い

まず，共同企業である**会社**の基本的な特徴について考えてみよう。会社の経済的機能は，個人企業と比較して考えることで明確になる。もし，あなたが個

人の事業主になるのなら，企業の所有者であるあなたは，単独で企業を経営することになる。個人事業主は会社の内部的な側面において，通常は他者からの制約をうけることなく，自己の経営上の能力を十分に発揮することができ，また，企業から生じる多くの利益を受けることができる。しかし，個人企業では，企業に必要な資本と労力に限度があることは，自明であろう。もちろん，個人企業であっても，他から借り入れして他人資本を利用できるし，他人を雇うことによってその労力を利用することはできるが，その場合，個人企業における個人事業主は，企業成績の如何を問わず，（会社としてではなく）個人として約束した利息または報酬を支払わなければならないことになる。

すなわち，個人企業では，事業主が事業上のすべての債務について一人ですべての責任を負わなければならない。個人が行う事業では，事業に伴うあらゆる約束は，その個人そのものの約束と同様である。事業の実施者である個人は，会社という制度を利用しないがゆえに，個人の財産と事業上の財産が区別されずに，その事業によって発生した債務（その事業に伴い個人事業主が法的に負担すべき義務）は，すべて個人事業主自身の債務となるということである（**無限責任**）。これでは，会社経営上の危険を分散・軽減できない。後述するが，たとえば，株式会社を設立すれば，会社の所有者である株主は，会社の債務に対する責任を直接に負うわけではない。会社の債務はあくまでも会社の債務に過ぎないからである（**有限責任**）。

また，個人と会社では，規模の違いによる差異も発生する。個人企業の場合は，個人事業主自身の死亡その他の個人的事情が事業に重大な影響を及ぼすから，共同で企業体を作り上げる場合と比べて事業の維持そのものも容易ではない可能性が高いと考えられる。当然，信用力も低く大規模な取引等も難しいのが一般であろう。そこで，個人企業の以上のような欠点を克服するのが共同企業であり，会社法で定められるところの会社である。

会社制度は複数人の資本・労力を結合する機能を営んでいる。一般的には，それによって，企業の規模を拡大し，効率をあげ大きな利益を獲得することが容易となる。結果的には，個人企業の場合よりも各人に帰属する利益も大きくなりやすいであろう。

このように共同企業（会社）においては，個人企業に比して有利な面があるが，その代わりに会社制度を採用することによる弊害（コストや煩わしさなども

含む) も生じるので注意が必要である。たとえば，会社は利益の獲得を目的とした集団の集まりのため，そのことによる利害対立が顕著になりやすいという傾向がある。会社内の少数派の出資者や会社の一部の債権者を犠牲にして，会社内の多数派を占める出資者や経営者が自己の個人的な利益を図る危険性が強くなりがちであることなどは，その典型例として指摘される。そこで，国家の立場から見れば，会社に関わる人の利益を適切に確保するためにも，会社そのものを適切に運営するためのルールを遵守させることが重要となる。すなわち，会社は，多数の関係者が集まった団体であるから，個人法と異なる団体法が必要であり，この必要に応じるのが会社法である。

2　会社の種類と株式会社の特徴

会社の社員と株式会社

　それでは，共同企業である会社には，どのような種類があるだろうか。会社法の成立以前は，有限会社法により有限会社を設立することが可能であったので，会社の種類は全部で4つ（合名会社，合資会社，有限会社，株式会社）だった。現在では，株式会社と有限会社の両類型が株式会社として統合されており，あらたに合同会社が創設できることになっている。したがって，わが国における会社の種類は，**株式会社，合名会社，合資会社，合同会社**の4種類である。ここでは，もっとも典型的な会社である株式会社について考えてみる。

　会社の構成員のことを会社法においては**社員**という。これは原則として会社の出資者を指しており，働いて給料をもらう人つまり**従業員**のことではない。従業員は，会社で行われている業務の従事者であり，会社法においては，使用人という立場で説明される。そして，会社法は，従業員を対象とするのではなく，出資者（社員）や会社債権者を中心に法律を構築しているのである。

　会社財産の出資者（社員）の権利を適切に保護していくことで，適切に会社への出資がなされることを担保するのが会社法の重要な機能のひとつである。そこで，各会社には，社員が会社の債務につき会社債権者に対していかなる責任を負担するのか，企業の経営にどの程度まで参与するのか，したがって各社員の考え（個性）が法律的にどのように重視されるかなどが問題となるのであり，それは各会社の種類によって差異がある。

株式会社では，社員のことを**株主**と呼んでいる。株主は，各自の出資した額（株式の引受額）を限度とする出資義務を会社に対して負担するのみであり，それ以外については，会社に対しての責任を負わない。すなわち，会社債権者に対する責任財産は会社の財産のみであって，会社債権者に対しては，株主は原則として責任を負わないのである（株主有限責任の原則）。もし，あなたが株主として金銭を出資した場合は，その金銭は会社の財産となり株主個人の所有物でなくなる一方，会社の借金などはあくまでも会社の借金であるから，会社の負債をあなたが引き受ける必要はないのである。

　株主が共同企業者として負担すべき危険の分散・軽減に応じて，株主の権限は相対的に限定的となる。すなわち，株主はその出資額に応じた多数決（**資本多数決**）により株式会社の基本的事項の決定に参与しうるが，業務執行は株主総会によって選出される**取締役**に任せることとなる（**株式会社における所有と経営の分離**）。したがって，一般的には，株主の人的個性は日常的な業務との関係ではあまり問題とならない。こうして，株式会社における経営者である取締役は，株主の考えに大きく左右されることなく，経営に集中できることになる（もちろん，いわゆる大株主がその資本に基づく権限に応じて株式会社の経営に重大な影響を与えるケースはありうる）。

株式会社

　株式会社においては，社員の地位を**株式**という。それは，均等な単位割合に細分化されて，出資者は株式を譲渡することにより，いつでも容易に投下資本（投下された出資金）を回収することができる（**株式の自由譲渡性**）。

　法制度としては，**株主**は，①出資額以上の責任を負う必要もなく，②経営に積極的に関与する義務もなく，③いざとなれば株式を売却することで投下資本の回収を図ることもできる。

　このように，株主になれば，株式の価値が下落するリスクはあるものの，経営者や従業員などが負うような日常的な義務がないうえに，リスクも出資額に限定される。その結果，株式会社では，大衆の間に潜んでいる無機能資本（資金）を広範囲に会社に集中させることが可能となり，巨大な共同企業（株式会社）を組織することが可能となる。

　このように，株式会社制度は，「会社の社員（出資者）」としての権利を株式

という有価証券に転化させることで，多数の零細資本を集つめることをひとつの目的とした制度である。しかし，特段，巨大な企業でなくても，実際には，株主有限責任の原則などのメリットなどを享受するために，少数の大株主しか存在しないような中小・零細の企業であっても，株式会社を設立しているのが現状である。

株式会社以外の会社

一般的には，会社といえば多くの場合は株式会社のことを指し，実際に株式会社が利用されることが最も多い。理由は，会社制度を利用する最大のメリットである社員の有限責任や社会的な信用力などの面で，株式会社のほうが他の会社より優位性があるからである。しかし，会社法上では，株式会社以外にも，比較的小規模な共同企業を想定して，持株会社の一類型として**合名会社，合資会社，合同会社**の3形態の会社を設立できることとしている。

①合名会社は，会社債権者に対して，直接かつ無限の個人責任を連帯して負担する社員（無限責任社員）からなる会社のことをいう。「直接に，無限の個人責任を連帯する」というのは，一例を挙げると，会社の債務（借金）が1000万円あれば，社員（出資者）も，1000万円の借金を直接に，会社と連帯して負担しているという意味である。このように，合名会社は，株式会社のような有限責任ではないため，社員の責任は重くなる一方で，社員はこれに対応して会社の業務を執行する権利・義務と会社を代表する権限を有している（所有と経営の一致）。したがって，合名会社は，相互に高度の信頼関係がある少人数の機能資本家（実際の経営も行う資本家）からなる共同企業に適した企業形態である。

②合資会社は，会社債権者に対して出資額を限度とする個人責任を負う有限責任社員と無限責任社員により構成される二元的な組織の会社である。会社法において，有限責任社員は，業務執行権と代表権は原則としてすべての社員がを有することとなった。また会社の債務に対して直接の連帯責任を負う。無限責任社員の業務執行につき強力な監視権を有する。合資会社，社員の信頼関係が前提となり出資の回収も容易でないから有限責任社員もあまり多数にはなりえない。機能資本家と無機能資本家とが提携して共同事業を営むのに適している。

③合同会社は，株式会社と同様に間接有限責任社員のみで構成され，会社の

内部関係については組合的な規律が適用されるという新たな会社類型である。原則として，個々の社員が業務執行権を有し，重要事項については全員一致で決める必要がある。株式会社と比べて，社内の運用ルールが柔軟にできるため，配当や権利関係などの扱いを柔軟に設計できるうえに，有限責任の恩恵もあるためベンチャー企業などによる利用が期待されている。

3　会社を起こすこと，会社で働くこと

従業員にならない場合

　学校を卒業すると，多くの者は社会人として会社に関わることになると思われる。この場合，もちろん公務員など会社制度とは違う規律に従う組織に属することもあるが，多くの者は，何らかの会社に属することになる。もし，あなたが会社に従業員として就職することになるならば，第10章で見るように，あなたは従業員という労働者として労働法の保護を受けることになる。そして，会社の方針に基づき与えられた職務を実行していくことになり，その対価としての賃金（給与）を受け取る。

　しかし，中には投資家として株式投資などで生計を立てる者もいるかもしれない。その場合は，投資家（会社の出資者〔株式会社の場合は株主〕）としての権利を行使して，経営者を監視し，会社の業績が良ければ配当を受け取ることになる。

　現在の職業選択の自由のもとでは，もちろん会社を起こす（起業する）ことも可能である。株式会社という共同企業を設立する場合には，出資者（株主）を見つけ，経営者（取締役）を設置する必要がある。この場合は，もちろん，自分自身が中心的な出資者，経営者になることが一般的であろう。

　あなたが大企業に従業員などの形で属しており，その会社の業務として子会社などを設立して，その子会社の経営者になる場合には，自身の意に沿うかどうかは全く別にして，資本（出資）も，経営者（取締役）も，従業員も，設備も，色々なものが用意される可能性が高い。しかし，もし自分自身が株式会社を設立する場合には，まずは自分が出資して株主となり，自己の投下した資本を前提に自身が取締役になり，投下資本を使って，従業員，設備等を用意していく必要が出てくるだろう。多くの場合は，知人・友人・親戚などの援助を得て，

あるいは金融機関などから融資を受けて（その場合は会社の返済義務とは別に，社長〔代表取締役〕がその債務について個人保証をするのが通常），起業をするのが一般的であると思われる。この場合には，自身の立場は，従業員ではなく投資家であり経営者であるから，健康保険，雇用保険，税金などの色々な問題を専門家の意見を聞きつつ，しっかりと自己管理して運営していく必要がある。

ちなみに，国民という視点で見ても，将来の年金ひとつとっても，株式を通じた運用がなされている。すなわち，たとえ会社に属さないケースであっても，会社という組織に何らかの形で関わっていくのは現代人の宿命といえるのではないだろうか。しかし，あなたが積極的に起業をすることに興味があるのであれば，会社の基本的な設立方法を知っておくのはよいかもしれない。

起業の手続——準則主義

現在の日本においては，誰もが一定の行為を適切に行うことで会社を設立することができる（準則主義）。すなわち，会社法が求める手続をすれば，あなたでも会社を設立することはできるはずである。

ところで，このような準則主義は急に採用されたわけではなく，日本における会社の設立に関する法律は，諸外国における株式会社制度の発展に見られるごとく，特許主義から免許主義を経て，準則主義へと発展してきたのである。

1890年の商法の制定以前は，特許主義がとられ，政府または特定または特殊の会社につき国立銀行条例や私設鉄道条例などの法律を制定し，または内国通運会社，東京海上保険会社など，随時会社の設立に免許を与えていた。1899年制定の商法において，会社の設立についてはじめて準則主義が採られた結果，商法があらかじめ定めた手続に従い要件を満たしさえすれば，設立登記により法人格が付与され誰でも会社を設立することができることになった。現在では，弁護士・司法書士などに依頼して定款などの必要書類を整備し，登録免許税を支払うことで，法人の設立登記をすることになる。小規模の会社を設立することはさほどの手間はかからない。

株式会社を設立する

会社の設立は，会社という一個の団体を形成するとともに，会社という一個の法律上の人格（法人格）を成立させることである。株式会社を設立するには，

①会社運営の基本ルールである定款の作成，②構成員であり出資者である社員の確定，③団体の活動を行う機関の具備が必要である。なお，株式会社制度においては，株主や会社債権者のために会社財産が適正に確保されることが重要であるため，出資の履行が確実に行われているかなどについては，ある程度，厳格なものにならざるをえない。

　株式会社の設立は，必ずしも一からベンチャー企業を設立するということのみで行われるのではない。たとえば，個人企業を税金対策などのために株式会社組織にしたり（法人成り），既存の会社が一事業部門を独立させて子会社にしたり，複数の会社がジョイントベンチャー（合弁会社）などを設立したりする際にも使用されてきた。

　従来は，会社設立の濫用を防ぐために，株式会社については，最低資本金を1000万円と定めていたが，2002年には，経済活動の活性化のために**中小企業挑戦支援法**によって最低資本金規制の適用を受けない会社を設立することが可能となり，そのまま会社法においても，最低資本金を撤廃するに至っている。

　会社の設立を企画し手続を実行する者を**発起人**という。発起人は一人でもよく，最低でも1株以上の株式を引き受ける義務を負う。会社法上は，株式会社を設立するには，設立時に発行する株式の全部を発起人が引きうける発起設立と，発起人は一部の株式のみを引き受けて，残部については他から株式引受人を募集する募集設立がある。

4　会社が不正を起こさず，効率よく運営されるためのしくみ

機関の分化

　会社は法人であるから，自ら行為をすることができないので，自然人またはその集団が実際の決定や行為を行わざるをえず，それが会社の決定や行為として扱われることになる。その場合，その自然人や集団のことを会社の**機関**という。株式会社では，通常，社員である株主の頭数が多くなりがちである傾向にあり，社員の全員が会社経営に関与することはできないから，社員としては，会社の最高意思の形成に参与するのみで，会社業務の執行については別の機関に委ねざるをえない。具体的には，株式会社においては，社員は**株主総会**（後述）という機関の構成員としてその決議に参加することになるが，株主総会で

第 9 章　社会に出ていく

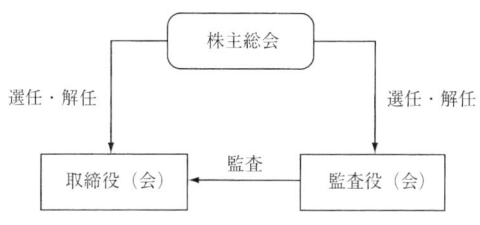

```
              ┌─────────┐
              │ 株主総会 │
              └─────────┘
         選任・解任    選任・解任
      ↙                        ↘
┌──────────┐  監査   ┌──────────┐
│取締役(会)│ ←────  │監査役(会)│
└──────────┘        └──────────┘
```

図 9 - 1　株式会社の基本的な機関
出所：筆者作成。

は日常的な会社の業務のことについては決定しないのである。あなたが起業して株式会社を作った場合でも，出資者が多数いれば，その多数が常時集まって会社業務に関与することが大変であるのは容易に想像できるところであろう。実際に，株主総会は，1年に1回の定時株主総会を実施すれば足りる。

　株主は，一定の要件の下で会社の帳簿を閲覧できる権利（**帳簿閲覧請求権**）や，会社の損害を回復するために訴訟を起こす権利（**株主代表訴訟**）など，自身の財産である株式の価値を確保し維持するためのさまざまな権利を与えられている。とはいっても，あなたがもし株主であれば，やはり経営を担当する業務執行機関の監督を常時行うことは手間であろうし，もし経営者であるなら，多数の株主から常に口出しをされるということは効率的なこととは思わないだろう。そこで，株主総会や経営のための機関とは別に，適切な経営が行われることを監督することを専門とする機関を別に置くことも有効である。会社法では，株式会社の基本的な機関として，**最高意思決定機関**（**株主総会**），**業務執行機関**（**取締役等**），**監査機関**（**監査役等**）の3つを設け（図9-1），それらの機関にさまざまな権限を分配している（監査役等は設置しなくてよい場合がある）。

　このように，株式会社では，所有（株主総会）により，経営（取締役）を最終的にはコントロールできる形にしているのが会社法の建前ではある。だが，このような機関の分化による権限分配については，実際にはそうなってはいないケースも散見されるようである。

　たとえば，中小企業において，大株主が実質上の会社経営者であるようなケースであれば，いわゆるオーナー（株主）は，常に経営をコントロールしているような状況にもなりうると思われる。逆に，企業規模が拡大し，株式の分散が進み，大多数の株主が企業参加への意欲を失い，投資または投機にのみ関心を持っているようなケースでは，会社の支配権さえも（株主総会の議決権の委

任状などを通じて）実質的には現経営者の手に握られるようになることもある。そのような状態にいたっている大規模会社においては，株主は適切に会社を所有者として監視しているとも言い切れない部分がある。その場合従業員，地域住民，消費者などの会社の利害関係者（ステークホルダー）の方が会社経営の監視，監督により多くの影響を与えているのかもしれない。

　いずれにしても，大規模企業においては特に，より適切に会社を経営してもらう必要があるため，会社法においては，経営者を株主総会の力のみに頼らずに適切に監視するための機関構成について議論をすることが多い（コーポレート・ガバナンス論）。

株主総会

　会社法では，株主総会は，株式会社の実質的所有者である株主から構成されるので，株式会社については，必ず設置しなければならない機関（必要的機関）である。株主総会は，会社法に規定する事項および株式会社に関する一切の事項について決議する権限を有しており，最高・万能の機関であるといえる。

　ただし，次に説明する取締役会を設置している会社においては，株主総会は会社法または定款に定めのある事項のみを決議でき，それ以外の事項はすべて取締役（または取締役会ないし代表取締役）の権限に委ねられる。それゆえに，取締役会を設置している会社においては，株主総会は万能の機関ではないが，会社事業の基礎的事項はもとより，経営者である取締役・監査役の選任・解任は株主総会の権限に属するので，依然として最高の機関であることに変わりはない。株式が分散化した大規模会社においては，株主総会の存在は目立たないが，株式を集中的に買い集める者が現れた場合（株式取得による企業買収），その買収者は株主総会を通じて経営者を交代させる可能性もある。

業務執行機関

　株式会社において，取締役は，原則として各自が業務執行をし，会社を代表するものとされている。しかし，それは上記のような会社は比較的規模の小さい会社を想定した制度であるといえよう。すなわち，取締役は実施的に会社経営者といえるために，自ずとその権限は拡大する。そこで，その権限の慎重・適切な行使を図るため，取締役全員を持って構成される取締役会を設け，この

取締役会という機関に業務執行の権限を与え，それと同時に取締役会において選任される代表取締役・業務執行取締役（または執行役）が取締役会の決議の執行と業務の決定および執行を担当するのである。これを取締役会設置会社という。ちなみに，一定の規模の株式会社は，さまざまな事情により**取締役会設置会社**であることが通常である。

　ここでは，取締役会の権限は会社の業務執行を決定し，代表取締役の業務執行を監督することにあるが，従業員出身の社内重役の多いわが国の取締役会の実情の下では，この業務監督機能は十分に実効性があるとは言い切れない側面もあるといわれているようである。そこで，いわゆる**社外取締役**（従業員出身などではなく会社の外部から招聘(しょうへい)された取締役）などを通じて取締役会の監督機能を強化しようという考え方や，取締役と共同して会社の計算書類等を作成する権限を有する会計参与の制度などを任意で設置することも，会社法上は可能としている。そのような取り組みをしている会社は，外部からは比較的，適切に業務を執行している可能性が高いと予測されることになると考えられる。

監査制度

　監査役は，業務監査の一般的権限を有し，その一環として会計監査も担当する。しかし，公開会社でない株式会社の監査役の権限は，会計監査に限定することができる。監査役は一人でもよく，中小会社では監査役を置かなくてもよいケースが多い。そのような会社では株主による経営者の監督もある程度期待できるからである。他方，株式会社は，監査の充実を期するため，監査役会を設置することもできる。監査役会には，半数以上は社外監査役を起用しなければならない。監査役の資格は会計専門家に限られていないため，会計監査も十分には行われないことがありうるので，株式会社は会計監査人を置くこともできる。

　なお，会社法上，大会社とみなされる場合には，監査役会や会計監査人の設置が必須となっている。

参考文献

神田秀樹『会社法　第14版』有斐閣（2012年）
近藤光男『会社法の仕組み』日経文庫（2006年）

第Ⅲ部　大人になる

『会社法　法令集　第九版』中央経済社（2012年）
弥永真生『リーガルマインド会社法　第13版』有斐閣（2012年）
前田庸『会社法入門　第12版』有斐閣（2009年）

(長阪　守)

会社法とコンプライアンス

　会社法の大きな役割は，会社を適切に運営させることにある。この場合の適切な運営とは，会社を発展させるような「より良い経営」をしてもらう，という点と，さまざまな会社の活動の中で，「違法なかつ不健全な行為を防ぐ」という点のふたつから考えることができる。

　特に，後者の点では，会社の粉飾決算であるとか，役員のインサイダー情報の漏洩，消費者を欺くような宣伝広告，巨額の脱税行為など，会社を通じた違法行為には，実に多くのパターンが存在する。会社が持つ社会的影響の大きさを考えても，法制度が，企業の法令遵守（コンプライアンス）に力を入れるのも当然のことであろう。

　会社法では，コンプライアンスを支えるしくみとして，本章でも述べた会社機関の分化がある。株主総会が（株式の所有者という立場から）所有によるコントロールを行い，選ばれた取締役が取締役会を構成する。そして，取締役会は，代表取締役を選び，取締役会という機関を通じて（あえていうならば良識ある経営者の集団として），代表取締役を適切に監督することが期待されている。さらに，株主総会で選ばれた監査役が監査を行い，一定の要件を持った会社には，公認会計士による会計監査も入るのであるから，法令を順守させるための経営の監視・監督機関には，さまざまなアプローチによりそれを行っているといえる。しかし，それでもなお，常にコンプライアンスの問題は発生しているわけであるから，近年では経営陣の中に社外者を入れるという社外取締役の役割は，こういった機関分化による監視・監督機能を保つための試みとして評価されるべきであろう。

　2004年に制定された**公益通報者保護法**は，コンプライアンスの制度的な補完という視点からも，重要な役割を占める可能性がある。これは，法律に違反するような事実を発見した労働者が，しかるべき機関にその事実を通報した際に労働者を保護するための法律である。そのような通報者は，会社の従業員に限らず公務員なども含まれる。この法律では，公益通報をしたことを理由とする公益通報者の解雇の無効等並びに公益通報に関し事業者及び行政機関がとるべき措置を定めることにより，公益通報者の保護等が図られている。いわゆる内部通報者を保護するということを制度的に担保することで，会社の健全性がさらに保たれることが期待されている。　　（長阪　　守）

第 10 章　労働者として働く

　人は学校を卒業すると通常何らかの職業に就く。その職業には，一般企業や国・地方自治体などに勤めること，家業を継ぐこと，新たに起業することなどがある。
　現代のわが国では誰でも自由に職業を選択することができる（憲法第22条）。土地，建物，機械，資源など生産手段を持たない者は，自己の労働力（≠労働ではない）を誰かに売って対価として賃金を得て生活していく。学校を卒業した者の約8割は他人に雇用されて生活する。つまり労働者としてその生涯の大半を生きることになる。ここでは，その労働者の働く主要な4つの場面，すなわち仕事を探すこと，仕事をはじめること，ときには仕事を変わること，あるいは仕事を辞めることなどの場面で直面する主な法律問題について考えることにする。

1　仕事をさがす

　就活から採用内定を得るまでの苦難は，就活する若者本人もその親も切実に実感するところだろう。内定が決まって内定ゲットと喜んでばかりはいられない現実がある。契約をよく見たら内容は非正規（たとえば契約社員であるなど）の労働契約であり，その内定すら取消されないとはいえない。今は，ひとつの会社で定年まで働く正規社員が減り，非正規社員（パート，派遣，契約社員など）がますます増加してきている（約4割弱，総務省労働力調査）。ここでは，就活から採用までの過程でおこるさまざまな問題，すなわち職業紹介のしくみから採用内定の取消し，試用期間後の本採用拒否，労働契約における問題，働き方を決める雇用形態などのそれぞれの法的な問題を検討する。

職業紹介のしくみ
　仕事を探すための方法は，学校による紹介，個人的な努力によるものから社

会の制度を利用するものまで多様である。

　学校による紹介はこれまで職業紹介に大きな役割を果たしてきた。最近では自分で求人案内を見て就職先を見つけ連絡し、面接や試験を受け入社にこぎつけるというのが一般的である。

　個人的な縁故による仕事さがしは、家族や親せき、知人・友人、学校の先輩などの紹介によるものである。

　そこでもっとも広く頼りとされるのがハローワーク（公共職業安定所，全国544ヶ所2013年現在）である。ここでは、国民一般に開かれた無料の職業紹介を全国的に行っており、求人及び求職の申し込みを受け、企業と労働者との間で就職のあっせんを行う。就職件数204万件、就職率26.1％（2009年度実績）。就職経路に占める割合は、ハローワーク19.7％、民間職業紹介事業者1.6％、広告30.9％、縁故23.5％、その他24.3％（ハローワーク・インターネットサービスによるもの3.6％を含む）となっている（2008年雇用動向調査）。

　近年、わが国の社会の制度として、1997年に民間職業紹介に関する条約が批准され、民間有料職業紹介を可能とする職業安定法の改正（1999年）がなされ、民間有料職業紹介が行えるようになった。それはいわゆる人材ビジネスとかヘッドハンティングという形で行われている。人材を紹介する会社は、求人側の会社から成功報酬として求職者の年収の2～3割にあたる手数料を受け取る。職業紹介の主流はインターネットの利用に移行し、2003年に企業がネット利用によって新卒の求人募集する割合が半数を超え、加えてネットでしか求人を行わない企業も目立ちはじめた。これは企業にとっては経済的負担が少なく効率がいい。求職者側にとっても、パソコンや携帯電話で手軽に応募できるメリットもある。

　労働者派遣の利用という職業紹介もあり、とくに登録型派遣や紹介予定派遣は職業紹介のしくみとして利用されるようになってきた。加えてインターンシップを通じての職業紹介もある。

採用・試用期間

　以上述べた職業紹介を使って応募し「採用内定」が出ることになる。「採用内定」は、一般的には、大企業が新卒者を卒業前に確保するための手だてである。採用内定をめぐる法的問題では、内定取消しと内定者からの辞退が考えら

れる。最高裁の判例では、解約権留保付就労始期付労働契約──大日本印刷事件（1979年）がある。使用者が留保される解約権を行使できる場合とは、学生が卒業できなかった場合や、重病で事実上就労が不可能な場合など社会通念上相当な理由として認められる場合である。

「採用内定」や「内々定」取り消しが多数発生し、企業が相当額の金銭（留年する学費分など）の支払いをする例がある。試用期間中の本採用拒否の問題も起こる。企業が3ヶ月の試用期間中に理由を明らかにしないまま本採用をせず「解雇」したことに対して労働者が争った有名な事例がある（三菱樹脂事件、1971年）。

労働契約

労働契約の当事者は労働者と使用者である。

労働者とは、職業の種類を問わず事業に使用されるので、「賃金を支払われる者」である（労基法9条、労働契約法2条1項）。労働組合法では、労働者とは職業の種類を問わず「賃金、給料その他これに準ずる収入によって生活する者」である（労働組合法3条）。労働組合法上では、実際雇用されているかどうかには関わりがない。現に失業者もその対象に含まれる。プロ野球選手なども労働組合法上は労働者である。事実、球団再編などをめぐってストライキ（労働争議）が行われたこともあった（2004年）。

一方使用者とは、「事業主又は事業の経営担当者その他その事業の労働者に関する事項について、事業主のために行為をするすべての者」である（労基法10条）。事業主とは企業主、個人（個人企業）や法人（法人企業）それ自体をさす。事業の経営担当者とは、代表取締役や支配人をいい、事業のために行為する者とは、人事や給与について決定または、労務遂行の指揮命令について権限と責任を有する者をいう。労働契約法では使用者とは「その使用する労働者に対して賃金を支払う者」をいう（2条2項）。

労働契約の内容では、権利・義務関係が重要となる。労働者は労働契約の内容にそって指示された就業場所、時間、業務について労働義務を負い、使用者は賃金規定に従い賃金を支払う義務を負う。使用者は円滑な企業活動を営むため、労働者の人員配置、日常の労務管理（時間管理や業務管理など）、職場秩序の維持（就業規則や服務規律策定等）を目的として、人事権や施設管理権などの

権利を持つ。労働者は一般的には合理的な範囲でそれに従う義務を持つ。労働者にとって労働力の提供（労働過程）は，労働者自身の人格と不可分であり，そこには使用者と労働者の一定の信頼関係がおのずと求められる。使用者には労働過程におけるさまざまな危険から労働者の生命・身体・健康を保持する安全配慮義務がある。

不況による人員削減が必要なときでさえ，使用者にはできるだけ解雇を回避する努力（配置転換の実施や新規採用を控えるなど）や労働者に対して事前の説明・協議を誠実に果たす義務がある。他方労働者にも企業秘密・営業秘密をみだりに漏えいしないことや会社の信用や名誉を不当に傷つけない義務がある。とくに労働契約締結に付随して重要なこととしてふたつのことがある。ひとつは，使用者には労働条件明示義務があることである。もうひとつは，労働者には身元保証人の保証が必要である（肉親者，近親者などで「弁済の資力」を持つ者。民法450条）。「身元保証ニ関スル法律」（1933年）に基づき，身元保証人と使用者との間で身元保証契約を締結する。通常有効期間は3年である。

雇用形態

労働者は，**正規社員**と**非正規社員**というふたつの雇用形態のいずれかの形態で働く。最近はパートタイマー，臨時社員，派遣労働者，有期契約社員，嘱託社員，アルバイター（フリーター）などの非正規社員は，増加している（1881万人，総務省労働力調査2013年）。正規社員は，通常①長期継続雇用を前提に，②期間の定めのない労働契約を締結し，③直接雇用で，④フルタイム労働の形態である。非正規社員は，正規社員の4つの条件のうちいずれかを欠いていることが多い。とくに派遣社員（派遣会社の正社員として派遣先で労働する常用型の派遣とその都度契約し派遣先で労働する登録型派遣の2種類がある）の登場は，雇用関係を一変させた。とくに登録型派遣が圧倒的に多数であり，最盛期には400万人を超えた。

企業が非正規社員を多用するのは，景気動向にもとづく企業戦略，人件費削減，労働力の需要変動，最大利潤の追求や柔軟な対応（労働力の再編成・再配置）のためである。「疑似パート」（正社員と変わらない働き方のパート社員）や違法派遣，偽装請負なども含めて，今後も非正社員の雇用は多様化し，その活用は拡大しつつますます企業によって選択されていくと思われる。政権が変わり，

「限定正社員」活用の提言も出された (2013年)。あらかじめ職種や勤務地を限定して働く正社員だが、仕事がなくなれば失職する。また不合理な格差やその格差に基づく労働者の分断支配は、職場にさまざまな矛盾を生み、人間関係も不正常化させる原因にもなる。正社員と非正規社員との間の均等待遇や均衡処遇、同一価値労働同一賃金などが深く検討される必要がある。

2　仕事をはじめる

　労働契約に基づき雇用形態が決まり、実際に働くことになる。職場では自分の具体的な労働条件やその変更は、法的判断をする際には、基準となるので、労働者は法律のルールを知ることが必要となる。だが、わが国では白紙委任的な労働契約が広く行われ、労働条件に関する就業規則や労使協定が一方的に決められていることが多い。

職場のルール

　職場のルールでは、**就業規則、労働協約、法令・労使協定、労使慣行、労働判例**が重要である。

　①就業規則は、労働基準法では、常時10人以上の従業員がいる事業場では作成及び届出義務がある (89条)。就業規則の変更により、労働契約の内容を変更することが可能となる (労働契約法8条)。しかし、その変更が労働者にとって不利益変更となる場合があり、争われる。労働契約法では、確立した最高裁判例にもとづき、就業規則と労働契約との関係 (7条)、合意の原則 (8条)、就業規則の変更による労働契約の内容の変更 (9及び10条)、就業規則の変更に係る手続 (11条)、就業規則違反の労働契約 (12条) の規定がある。

　②労働協約は、労働組合と使用者が合意して成立する。労働者の待遇に関する基準や団体交渉その他労使関係のルールに関する事項を主に定める。労働組合の組織率が高い欧米では、有給休暇などの日数に関する法律上の基準に上積みする効果を持つが、わが国では企業別労働組合が多く労働協約締結率は低い。法的には労働協約に違反する労働契約の部分は無効となり (強行的効力)、無効となった部分は労働協約で定める基準が適用される (直立的効力)。

　③法令・労使協定のうち、法令としては、憲法はもとより労働基準法、労働

大人はつらいよ！

契約法，最低賃金法，労働安全衛生法，男女雇用機会均等法，職業安定法，雇用対策法，労働者派遣法，労働組合法，パート労働法など労働関係法令がある。

④労使協定は，実際の職場では重要な意味を持つ場合も少なくない。たとえば時間外労働や休日労働に関する「三六協定」(労基法36条に関する協定)などと呼ばれ，三六協定はいわゆる残業が認められる法的根拠となる。また賃金からの控除（天引き）についての各種協定（労働組合費の天引き，財形貯蓄・社内貯金，計画年休などについて）がある。これらの労使協定では「事業場の労働者の過半数を組織する労働組合又は過半数を代表する者」が労働者側の当事者となる。「従業員過半数代表制」という。職場での現実的な働き方を具体的に決定することが，この「従業員過半数代表者」と使用者との労使協定によることが広がってきている。労働時間についての変形労働時間，裁量労働制，育児・介護休業に関する協定などが問題とされるようになってきた。したがって労働者としては，「従業員過半数代表制」に関して，職場の労働組合との関係，選出母体，選出方法や任期などについて関心をもたないわけにはいかない。また労使協定を補完する目的で労使により構成される労使委員会という組織もある。労使委員会は，労働条件について調査・審議し，事業主に対して意見を述べるためのものである。

⑤労使慣行とは，労使間で長期間にわたり，反復継続して行われてきた職場での取扱いや行為をいう。たとえば15分遅刻は黙認されている慣行があれば，始業時刻はそれに従い，これが実質的な就業規則となる。ただしその要件とし

ては，具体的には制度や取り扱いが相当長期間にわたってくりかえされており，かつ社員がそのことを承知し，使用者もその制度や取扱いを守るべきルールと思っていることが必要となる。つまり「事実たる慣習」が「法たる慣習」として労働契約の内容となる。

⑥労働判例については，その法理が強行法規的な性格を持つ場合をあげる。たとえば，男女平等取扱い法理は，1960年代以降，女性に対する結婚・出産退職制，差別的定年制などを憲法（第14条）と民法（公序良俗）に反し無効，違法としたものである。男女雇用機会均等法（1985年）改正は同法理を補完する役割を果たす。**解雇権濫用法理**は，労働契約法（16条・19条）に規定され，解雇一般や有期雇用労働者に対するその適用も含めて，「客観的に合理的理由」及び「社会的相当性」のふたつの要件を中心として同法理の判断の枠組みを採用する。**懲戒権濫用法理**は，労働契約法（15条）に規定され，解雇権濫用法理と同様な判断基準となる。ほかに労働契約についての法理として，採用内定や試用期間中の「解雇」について述べたように「**解約権留保付労働契約**」という判例上の法理もある。

賃　金

賃金は，労働基準法では，労働の対償として使用者が労働者に支払うすべてのものと定義する（労働基準法11条）。結婚祝い金や死亡弔慰金なども就業規則などで支給条件が明確になっていれば労基法上の賃金にあたる。解雇予告手当，休業手当，年次有給休暇手当などの算定基礎として，「平均賃金」も実務上よくつかわれる（12条）。男女同一賃金原則（4条），賃金支払い原則（24条），非常時払い（25条），賃金カットなど減給制限（91条），時間外労働の割り増し賃金保障（37条），賃金の消滅時効（115条）が，賃金原則としてある。特に時間外労働の割増率（8時間超は25％，午後10～午前5時の深夜は25％，休日は35％，その他60時間超は50％）も重要である。もらい忘れた賃金は2年間，退職金は5年間，遡及して請求できる。近年年俸制も見られるが，12等分して月給として支払われることが多い。

その他，最低賃金法による地域別最低時給やそれとの関連で最低生活を支える生活保護基準などが問題となる。民法では，最後の6カ月の給料について先取特権を定める（民法306・308条）。

現代社会では、賃金においていわゆる格差問題が顕著にあらわれている。正規社員と非正規社員、正社員とフリーターでは生涯賃金で億単位の格差があるのが現実だ。賃金における学歴格差、企業規模による格差、男女の格差、雇用形態の格差、その他障害を持つ人、母子家庭、高齢者など社会的弱者や外国人労働者（研修生など）の低賃金の問題などがある。

わが国では年収200万円以下で働く貧困層（ワーキングプア）にとって、人間らしい生活ができる賃金（**最低生活賃金**）とはどういうものか。そのことは公的な生活保護のあり方の問題とも関係する。また年功主義から能力主義（成果主義）への賃金体系の変化もある。億をこえる役員報酬や年俸制、株式売買により高額な所得を得られる給与のしくみ（ストックオプション）など新たな賃金システムの問題もある。

労働時間

日本国憲法第27条2項は「賃金、就業時間、休息その他の勤労条件に関する基準は、法律でこれを定める」と規定する。なぜ憲法において賃金、就業時間、休息の問題を具体的に定めたのだろうか。労働時間は使用者と労働者のもっとも熾烈な利害対立のひとつであるからである。つまり労働力を買った使用者は、できるだけ長い時間、労働者を働かせたいと思う。労働者は、労働力を売ったけれども人格までは売っておらず、使用者の支配から一刻も早く逃れたいと思う。最近では、支払う賃金を抑えるため業務は減らさず、働く労働時間を短縮させたい（労働強化）という企業も多い。

悲惨な労働の歴史的教訓から生存権思想が生まれ、やがて ILO 条約、世界人権宣言、国際人権規約さらに各国で8時間労働制が確立していった。つまり憲法の規定は、労働者の基本的かつ具体的な人権保障として、労働（者）保護法の原理を明確に謳ったものであり、勤務条件法定主義といわれる。法定労働時間は週40時間、1日8時間（労基法32条）である。休憩は6時間を超える場合は45分、8時間を超えた場合は1時間を労働時間の途中に与える。休日とは、労働義務を負わない日をいう。週休制の原則があり、休日の特定は就業規則などで定める。休日の振替や代替付与、代休での割増賃金の問題もある（労基法35条）。時間外・休日労働については、①非常災害時の時間外・休日労働、②公務のために臨時の必要がある場合の時間外・休日労働、③三六協定による時

間外・休日労働，これは最長限度の規制がないことや割増賃金で問題となることが多い。また，労使協定を結べば，使用者は有給休暇に振替が可能である。そのほか，みなし労働時間制度，事業場外労働（労基法38条の2），裁量労働制の問題もある。近年，「名ばかり管理職」のサービス残業（賃金未払い労働）が大きな社会問題となった。

休　　暇

　継続的な労働関係を前提として，労働の義務が一時的に免除される期間を休暇という。**年次有給休暇制度（有休）**は，一定期間継続勤務して，所定労働日に8割以上出勤した労働者には，その制度を利用する権利が自動的に得られるものである。勤務しはじめてから6カ月で10日，その後は1年ごとに増えていく。上限は20日である。公務員は1年目で20日である。パートタイマーや臨時社員，アルバイトでも，有休は比例付与制度として取得できる。その制度により，勤務日数に応じて休暇日数が比例して得られる。大別して**法定休暇**と**任意休暇**（ただし賃金のところで述べたように就業規則などで定めてあれば請求権はある）とがある。年次有給休暇のほかに産前産後休暇，生理休暇，公民権行使の休暇，育児・介護休暇がある。病気・忌引き・結婚休暇，ボランティア休暇，リフレッシュ休暇，教育訓練休暇，転職休職制度があり，そのほか災害休暇，療養休暇，ドナー休暇，夏季休業，節電休業などもある。

　休暇をめぐる問題の中心は有給休暇であり，わが国ではその有給休暇が3割程度しか取れないという現実の問題がある。諸外国では年休は必ずとるものであり，わが国の「年休取得率」という概念はそもそもない。たとえば，ドイツではわが国とほぼ同じ法定有給休暇制度（年20日）であるが，労働協約によりその2倍休暇（ウアラウプという）を取っている。夏冬各3週間ずつとり，1週目は疲れをとり2週目は本来のリクリエーション3週目は職場に戻るための準備という。わが国でも連続休暇の意義が唱えられ，長期休暇制度の法案などが出されたこともあるが，企業，国民の労働観，休暇に対する考え方もあり実現は困難な状況である。バカンス法やバカンス手当などが構想される必要もあるかもしれないし，企業間競争や労働者間競争を休暇問題にかぎっては，止める法律や行政が求められるかもしれない。

働く環境

働くうえで，職場の環境は重要である。これには，ふたつ問題があり，ひとつは職場の安全衛生・災害補償，もうひとつは職場における人間関係である。まず安全で衛生的な職場環境については，「**労働安全衛生法**」がある（1972年）。法の目的は，職場の危険や災害を防止するための基準の設定，事業主の防災管理に関する「責任体制の明確化」「自主的活動の促進」の措置などである。具体的には，労働災害による死傷者を減らすこと，労働者の疲労の蓄積やストレスの原因となる，職業病の防止とその比率を下げる努力を促すための安全衛生対策である。安全衛生管理者，産業医を選任することや安全・衛生委員会の定例化などが中心となる。

いくら労働災害被害の防止につとめても事故や職業病は発生する。そうしたとき頼りになるのは，**労働災害補償保険法**である（以下，労災保険法）。業務災害や通勤途上の災害に対して保険給付がなされること，被災した労働者の社会復帰を促進すること，労働者自身やその遺族の援護をすることなどを目的とする法律である。労働者を1人でも使用している限り，原則としてすべての事業所に適用される。保険料は使用者がもっぱら負担する。パートや学生アルバイト，外国人労働者も事業所と労働者との間の雇用関係が成立している外国人労働者であれば，保険給付を受給できる。給付の内容は①療養給付，②休業給付，③障害給付，④遺族給付（遺族年金または一時金が支給される），⑤葬祭料，⑥傷病年金（負傷・疾病が一定期間経過後も治らずに障害が残る場合），⑦介護給付がある。

もうひとつの問題である職場の人間関係では，近年ハラスメントの問題が増えてきた。最近では上司による**パワハラ**が問題となってきた。2002年頃からその用語が使われるようになり「いじめ・嫌がらせ」の相談件数も増えてきた（2002年約6000件，2011年約3万3400件，2012年には5万件を超えた。厚生労働省・個別労働紛争解決制度実施状況調査）。もちろん部下がこぞって上司に対しハラスメントをする場合もあり，職場の人間関係はいっそう複雑になってきた。またパワハラの定義や予防も提言された（厚生労働省「職場のいじめ・嫌がらせ問題に関する報告」2011年12月及び「提言」2012年3月）。

ハラスメントの本質は，人権侵害の問題である。陰湿ないじめや執拗な嫌がらせは不法行為となる。労働者には，いじめや嫌がらせを拒否ないしは阻止す

る法的権利がある。使用者は見て見ぬふりをすることは許されず，いじめや嫌がらせについてもこれを止める，やめさせる義務がある（就業環境配慮義務「労働安全衛生法」3条）。

　こうしたいじめや嫌がらせには，個人的感情などの問題もあるがその背景にはより広く職場における人間的なコミュニケーションの欠如の問題がある。製造現場ではロボット化がますます浸透し，オフィスでは人間同士が対面して仕事をすることが減り，パソコンに向かう。労働者間の成果競争がいっそう熾烈に強制されるようになってきたことがある。そうした労務管理は厳しさを増し，「数字が人権」（休暇がほしければ営業成績を上げろ！）となる。どうしたらこうしたことを克服できるのだろうか。仕事の後「一杯飲んで，お喋りして，愚痴をこぼし」「明日からまたがんばろう」としてもなかなかうまくいかない。労働者自身が，仕事を通しての話し合いをする一方，人間的な思いやりをもち「相手の立場を考えてみる」という想像力を持つ努力を，地道に積み重ねていくことが必要ではないだろうか。

3　仕事を変わる

　朝，出勤したら突然地方への転勤を命じられた，職場の上司から慣れた仕事である経理から未経験の営業に回るようにいわれた。その場合どうしたらいいだろうか。

　職務内容，職種，勤務地，場合によっては会社が変わることもある。広く人事異動といわれる。人事異動には大別して企業内の人事異動と企業間の人事異動の2種類がある。企業内人事異動には配置転換と転勤がある。企業間人事異動には**在籍出向**と**移籍出向**（以下，転籍という）がある。

企業内人事異動——配転（配置転換）・転勤

　配転（配置転換）とは，同一会社内で労働者の職務の種類・内容，勤務地を変更することをいう。転勤とは，勤務地の変更である。とくに遠隔地配転や異職種配転の場合，労働者の心理的・物理的負担は大きく，場合によっては単身赴任など家族がひとつ屋根の下で暮らせないことも起きる。そうしたとき，労働者は使用者のいうままに配転，転勤命令を受け入れなければならないのだろ

か。配転・転勤命令が有効といえるためには，配転・転勤命令の行使について労働契約上の根拠があり，その配転・転勤命令がその権利行使の許容範囲であることがまず必要である。たとえ配転・転勤命令に根拠があるにしても，職種や勤務地が限定されていることが契約上明らかな場合にはその命令権の範囲も限定されることになる。専門職の看護師やアナウンサーなどの場合や採用の際の条件として地域を限定してある場合などがそれにあたる。

企業間人事異動——出向・転籍

出向とは労働者が自分の使用者のもとを離れて第三者の指揮命令下で労働することである。出向には①労働契約上の契約当事者たる地位を出向元会社に残す場合，すなわち在籍出向と，②出向先会社に移す場合，すなわち**移籍出向（転籍）**とがある。単に出向というときは在籍出向を指す。在籍出向はふつう関連会社や子会社に出向して労務に従事するという形が一般的である。使用者が労働者に対して一方的に出向を命じることを**出向命令**という。

使用者の出向命令が有効といえるには，出向命令権について労働契約上の根拠があり，その出向命令権の範囲内であることが必要である。ただし配転と違って，労務提供の相手が変わり，労働条件が大きく変わることが想定されるため，労働契約上の根拠はより明確なものでなければならない。

転籍とは，これまで勤めていた会社を退職することと次の会社に再就職することが一体として連続して行われる人事異動である。これにはふたつの方法がある。ひとつは，合意解約のあと新労働契約を締結するという方法であり，もうひとつは会社や事業部門の営業譲渡による方法である。

それでは，労働者は会社のいうままに転籍命令を受け入れなければならないのか。在籍出向は労働契約関係がそのまま継続するのに対して，転籍は移籍する以前の労働契約が一旦解約となるのであり，在籍出向と転籍とは決定的に異なる。原則的には，転籍には労働者の個別的合意（同意）が必要であり，労働者は法的には転籍を強要されることはない。転籍によって労働条件が著しく低下する場合も少なくない。いやなら同意しないことができる。

4　仕事をやめる

　労働契約はさまざまな理由で終了する。たとえば契約期間満了，契約で定めた事由の発生（定年制や休職期間終了など），労働者の死亡や行方不明，合意退職，労働者の自己都合退職，解雇などの場合である。その中でも重要なのは，解雇をめぐる争いである。とりわけ非正規労働者の有期労働契約の場合，一定の契約期間満了後，使用者の都合による契約更新の拒絶すなわち「雇止め（やといどめ）」が問題となる（後述）。さらに会社の再編（合併・買収や営業譲渡，分割・統合など）により労働契約が終了する場合である（継承する場合もある）。加えて退職にあたっては退職金や退職年金なども問題となる。また退職後の生活が十分支えられる場合は良いが，そうでない場合には，継続雇用，嘱託社員，準社員などとして再雇用，そして定年制の延長などが現実の問題となる。ここでは労働契約の終了の理由について検討し，あわせて失業の問題も考える。

定年制・自己都合退職
　労働契約は，一定の契約期間を前提としている。正規労働者の場合には期間の定めがない労働契約の締結であり，定年まで働ける（60歳，65歳定年制など）のが一般的である（「改正」高年齢者雇用安定法は2013年4月以降希望者全員を65歳まで継続雇用することを企業に義務付けた）。期間を区切って労働契約を締結した場合，その期間が満了すれば通常，契約は終了する。労働基準法では期間を定める場合には最長3年である。特別に専門的業務や高年齢者などについては5年もありうる。
　定年制は労働者が一定の年齢に達した場合，労働を継続する意思や能力の有無に関わりなく労働契約を終了させる法的制度である。この定年制には定年退職制と定年解雇制がある。定年制をめぐっては年金支給開始年齢とのつなぎ問題，生きがい問題，企業における労働力の年齢構成，若年者の雇用問題と関係がある。年金受給65歳までの継続雇用，再雇用制度が求められる反面，企業の人的再構成や雇用をめぐるイス取りゲームなどの矛盾の解決が迫られる場合もある。
　合意解約は，労働者と使用者双方が労働契約を解約することについて合意す

ることである。その際，信義誠実の原則や当事者の真意に基づいてなされる必要がある（真の合意）。退職強要は，法的には労働契約を合意解約するための申し込みあるいは勧めであり，労働者はそれに応じる義務はない。退職強要の程度や態様が不当な場合には不法行為と認定されることもある（隔離部屋，追い出し部屋なども問題となる）。その場合には損害賠償の対象となる。

　自己都合退職は労働者から一方的に「退職届」や「辞職願」を提出して雇用契約を終了させることであり，使用者がそれを受け入れれば，形としては「合意」解約となる。通告時期は退職の2週間前であれば足りる（民法627条）。使用者が解雇通告するには30日前までに行うことが義務付けられている（労基法20条）。期間の定めがある場合の途中退職には，使用者との「合意」が求められる場合がある。

解　雇

　解雇とは使用者が労働契約を将来に向かって一方的に解約・終了させることをいう。

　解雇には普通解雇，懲戒解雇がある。普通解雇の理由には労働能力の喪失低下，勤務不良，協調性や業務適格性の欠如などがあげられる。懲戒解雇の理由には，業務命令違反，企業秘密漏えい，経歴詐称，暴力の行使などがある。解雇に関しては，労基法，労働組合法，男女雇用機会均等法，育児介護休業法上などの制限と就業規則・労働協約上の制限がある。また解雇権濫用による制限もある（労働契約法16条）。解雇手続として例外的な場合を除き30日前の予告が使用者には義務付けられる。

　解雇については，他に企業が経営不振に陥った際に行われる人員削減を整理解雇と呼ぶ場合がある。解雇には，判例上4要件（人員削減の必要性，解雇回避努力の実施，対象者選定基準の合理性，解雇手続）が必要とされる。

雇止め

　期間を定めた労働契約の場合契約期間満了後，労働者が希望するにもかかわらず使用者が労働契約の更新を拒絶することを**雇止め**という。労働契約が期間満了したことをもって，使用者から一方的に契約更新を拒絶することが許されるかどうかについては法的に争われてきた。

声をあげる労働者（メーデー）

　契約期間は，形式上は一応定められていても，契約更新手続が適正に行われずに契約が反復されている場合，更新への期待を抱かせるような言動を使用者が行っている場合には解雇権濫用法理が類推適用され，雇止めが無効とされることもある。また更新回数や期間について上限を定めていても，労働者の信頼が保護される場合，すでに生じた労働者の信頼を排除する（雇止めする）ことはできないとする判例もある。労働契約法の改定（2012年8月10日）により，その判例上の雇止め法理が明文化された（19条）。

企業の再編と労働契約

　企業についての詳細は，第9章を見てほしいが，ここでは企業の再編に関連する労働者の問題を考える。企業活動と景気動向，国内外の業界と個別企業の経営状況を考慮して，**企業の再編**が起こる。M＆A（合併と買収），営業譲渡，会社の統合と分割などは絶え間ないものとなる。

　企業で働く労働者にとって企業の再編は，労働契約の継承や終了，内容の変更を必然的に伴う。合併の場合には労働契約も合併会社に当然包括承継される。労働者が承継を望まない場合は，解約の自由はある。買収の場合には，買収された会社の法人格は存続する点で合併とは異なり，通常，労働契約はこれまでどおり継続される。ただし合併，買収により労働者の人員削減，身分変更，労働条件の改変などは起こりうる。会社分割に伴い，労働契約については承継する労働者の選別，承継にあたり労働者の同意が要るかどうかという問題がある

(労働契約承継法)。営業譲渡については，当然承継，原則承継，非承継などの場合がある。裁判例では，労働契約の承継を認めるものが多い。

さらに企業が**倒産**することもある。倒産には破産，特別清算，民事再生，会社整理，会社更生の5つがある。倒産しても法的に会社が消滅する（法人格の喪失）までは，解雇または退職の手続がとられなければクビにはならない。

失　業

職を失うことを**失業**という。具体的には，失業率とは毎月末の調査期間の1週間内に1時間以上仕事しない人の割合をいう（総務省労働力調査）。そこで定職がなくアルバイトなどをしている労働者は，自分を「立派な」失業者と思っているとしても，失業率にはカウントされない。わが国の失業率は4～5％で推移している。だが，とりわけ若者（15～24歳）および高年齢者（55歳以上）の失業率は2ケタ以上もあり深刻である。さらに当面の就職活動をあきらめている人々が潜在的に多いことにも目を向ける必要がある。また就業をあきらめた「失望者」（求職意欲喪失者という）の存在を忘れてはならない。そう考えると「失業率」の実体は10％を超えているのかもしれない。

参考文献
佐藤昭夫『労働法学の方法』悠々社（1998年）
中窪裕也・野田進・和田肇『労働法の世界　第9版』有斐閣（2011年）
菅野和夫『労働法　第10版』弘文堂（2012年）
村中孝史・荒木尚志編『労働判例百選　第8版』ジュリスト別冊有斐閣（2009年）
藤本正『労働契約・就業規則・労働協約』学習の友社（1999年）

（渡邉隆司）

Column 10

労働トラブル解決法

　解雇，給料・ボーナスのカットや退職金がでないなど，雇用をめぐるトラブルは多い。ノルマに追われ残業の日々，取れない有給休暇，さらに「お前は役立たずで，もういらない」などのハラスメントや隔離部屋・追い出し部屋の存在もある。とくに若者の雇用に影を落とす「ブラック企業」の問題もある。その他雇用保険や厚生年金未加入，相次ぐ労働災害のあげく過労死，過労自殺などが発生する。加えて企業倒産，合併，営業譲渡など会社そのものが消滅・再編することさえある。そんなとき貴方はどうしたらいいのだろうか。どこに相談したらいいのだろうか。

　労使（労働者と使用者）の話し合いでトラブルを解決しようとする場合には，個人で交渉するか労働組合に加入して団体交渉（団交）をする。個人の場合は使用者に聞き流されたり，ハグラかされたりすることが多い。労働組合の団交は，使用者が法律上理由なく拒否できない。企業内の組合あるいは地域にある個人加盟の組合などに加入して使用者と交渉できる。団交では勤務条件や雇用上の問題などすべてが交渉事項となる。

　加入したいと思う労働組合がない場合には，2人以上の仲間と労働組合を結成することもできる。

　当事者間で解決できない場合には，第三者機関（行政機関や裁判所）で解決できることもある。各都道府県にある三者で構成する（公益委員，労使の各参与委員）の労働委員会に申し立てて，使用者に対して誠実に団体交渉に応ずるよう，法的命令を求めることができる。また労働委員会には，あっせんという解決の方法もある。労使のいずれかが申請し労働委員会が仲介する形で，労使の利害調整により問題の解決を図るというものである。また明らかに企業（職場）に法律違反があると思われる場合には，最低労働基準については国が監督する労働基準監督署や都道府県の労働局が，使用者に対して法律を遵守するように，指導・監督・助言し，問題を改善するよう促すことができる。その他労働相談センターなど公的労働相談機関もある。

　使用者が悪質な法律違反を行い，いっこうに改善する気配がみえないような場合には裁判所に訴訟を起こすこともできる。具体的には，一般の民事裁判のほかに労働審判制度という解決方法も，近年新たに創設された。労働審判は民事裁判にくらべて費用や時間が少なくてすむ利点がある。原則3回（申立てから2～5ヶ月）で審判（判決）が出される。また職業裁判官（審判官1名）のほかに労使の専門家（各1名）によって労働現場の事情をよく斟酌して審理が進められるという利点もある。

　労働者が権利を主張し，その権利侵害に対して権利の回復を求めること，さらに勤

労条件の向上を勝ち取ることは，たいへん困難で険しい。歴史を振り返るとき，労働者は，"暗い谷間の無権利状態"のなかから労働者の労働三権（団結権，団体交渉権，団体行動権）を闘い獲り，それらが憲法，労働組合法などに具体的に明記されてきたことは事実である。

　労働者は，これらの法的権利を具体的に行使することによって権利侵害から自らを守ることができる。また具体的な要求にもとづき主体的に自らが団結して，労働条件の向上を図ることもできる。いつまでも泣き寝入りし続けることはない。

　＊小額訴訟：民事訴訟のうち，60万円以下の金銭の支払を求める訴えについて，原則として1回の審理で紛争解決を図る手続である。即時解決を目指すため，証拠書類や証人は，審理の日にその場ですぐに調べることができるものに限られる。

（渡邉隆司）

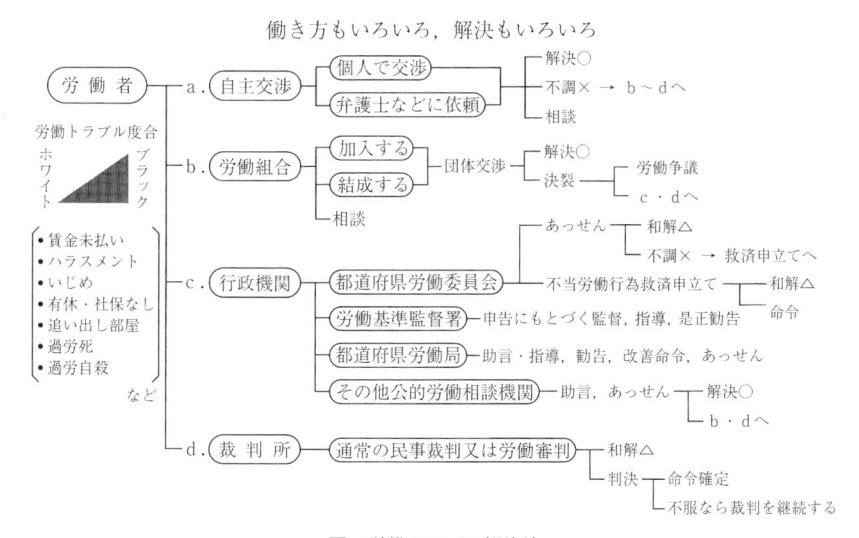

図　労働トラブル解決法

出所：筆者作成。

第IV部

老いる

　人は，一生の最も充実した長い期間である大人のときを経て，老いていく。晩年がどうなるかは，大人のときをどう生きたかで決まるということである。「後悔先に立たず」というし，また20～30歳のときの，その人の地位，立場がその後の人生を決めるなどという考えもある。大人のときにどう生きてきたとしても，老人はそれでも生きがいを探しながら，助け合いながら生きていく。人は幾つになっても一人では生きていくことは，難しいし辛いことだ。

　そこで民法は，家族，親族間でまず協力し，助け合いなさいと定めている。これを私的扶養という。ところが，みんなが皆，仲が良いとは限らず，家族，親族間でいろいろなトラブルが発生する（日頃から良い関係を持つことが大事である）。また定年になるとお金を稼げない人は多くなるし，何らかの事情で身寄りがない人，ホームレスになる人だっている。その場合，公的機関による支援，援助のしくみがある。これが社会保障であり，法律はこれを定める。しかし現実は，国が今の社会保障を維持しさらに充実することは難しくなり，少子高齢社会にどのように対応するか，高齢者が増加するなか財政赤字の解消，社会保障の維持をどうするかなどの問題を日本は抱えている。

ある介護施設のイベント

第11章　生きがいを持ち，家族・親族と暮らす

　どんなに権力や財力を誇り体力・気力に充ちた人にも，やがて夕闇のように「老い」はやってくる。老いにもさまざまな考え方・呼び名があり，初老（40歳），「四十にして惑わず，五十にして天命を知る」（孔子）になり，還暦（60歳），古希（70歳），前期高齢者（65〜74歳），後期高齢者（75歳以上），喜寿（77歳），傘寿（80歳），米寿（88歳），卒寿（90歳），紀寿・百寿（100歳），昔寿・大還暦（120歳）などである。

　かつてわが国では「隠居」という伝統もあったし，「棄老」という伝説（貧窮に苦しむ山村ではかつて70歳にして神の山へ向かう『楢山節考』）もあった。最近では高齢者に対して「恍惚の人」「要介護老人」「おひとりさま」「団塊老人」「暴走老人」「老老介護」「老後難民」「ホームレス老人」「漂流老人」「老前整理」「終活」「エンディングノート」そして「孤立死・孤独死（病死・餓死・衰弱死）」などという場合もある。

　ここでは，高齢者の生活と生きがい，経済生活，住まいや健康，そして私的扶養，とくに成年後見制度，高齢者虐待の実態やその防止について考える。

1　高齢者の生活と生きがい

　わが国の平均寿命（0歳時の平均余命）について見ると，戦中・1945年では男23.9歳，女37.5歳，戦後・平和憲法のもとでは1946年男42.6歳，女51.1歳であった。現在わが国は男女とも世界一の長寿国で，平均寿命は女性86.41歳，男性79.94歳である（2012年厚労省）。100歳以上の高齢者が5万人を超えた（2012年）。

　ところで**高齢者**とは，国連の世界保健機関（WHO）の定義では65歳以上の人のことをさす。高齢化率とは1956年国連の経済社会理事会において「全人口に占める65歳以上の人口の割合」とされた。人口の年齢構造上は，0〜14歳までを年少人口，15〜64歳までを生産年齢人口，65歳以上を高齢人口という。高齢者が全人口の7％を超えた社会を高齢化社会（aging society）といい，14％を

超えた社会を高齢社会（aged society）という。現在わが国は高齢社会をはるかに超え（24.1％, 2012），2050年には38.8％（世界一）になると予測されている。また高齢社会と同時に少子・人口減少社会が並行して進み，胴上げ型（多数が1人を）から騎馬戦型（3人で1人）そして肩車型（1人で1人）へと進む。

ここでは，老いとその生活を支えるしくみについてさまざまな面から考える。

第一に多様な生活を含めた高齢者の生きがいとは何か，人生設計，経済生活，住まい，健康，社会生活に関わる問題について考える。第二に家族など私的扶養とりわけ法的な扶養の権利と義務，高齢者の財産管理（成年後見制度）さらに近年問題となっている高齢者に対する虐待についての問題を考える。第三に社会保障いわば暮らしをめぐる問題を，病気やけが（医療保障），老いる（年金），貧しくなる（生活保護），障害を持つ（介護）場合などを支える公的なしくみについて考え，最後にまとめとして，老いを支えるために今後何が必要かを考えてみたい。

人生いろいろ，老いもいろいろ

悠々自適な老後生活の見通せる人もいれば，定年後も働き続けなければ生活がなりたたない人もいる。また病気や障害で働けず生活保護などを受けて暮らさざるをえない人もいる。そしてさまざまな理由で家庭が壊れ，老人ホームで

社会保障を支える人

ひっそりと孤立した生活を余儀なくされる場合,ホームレスになり路上や河川敷で生きなければならない人さえいる。

老人には,他の動物と異なり食べて寝るという物質的な充足だけではなく,生きていて良かったと思える精神的な充足,つまり生きがいも必要である。確かに,のんびり余生を暮らすことを生きがいと感じる人,豊富な人生経験や職業的熟練さを生かして社会活動に参加することを生きがいとする人,新たなことに挑戦する人がいてもいい。

この老いを支えるには,お金(貯蓄・財産,年金など)と家族(私的扶養)が基本となる。加えて住まい,健康も大切である。生きがいも,経済あるいは家族の支え,住まい,健康と切り離して考えることはできないからである。そして老後の法律を知ることは,その人の老後の人生を具体的に考え,行動する助けとなるだろう。

会社勤めなどの労働生活約40年,老後を考えると,定年を迎えて高齢者としての生活約20年がある。会社人間として過ごした退職者は,リタイアすると多かれ少なかれなんらかの「燃え尽き症候群」に襲われ,家庭では「粗大ごみ扱い」されるのが常である。なぜなら社会的ステータス(地位)やアイデンティティ(帰属意識)の喪失に直面するからである。そこには,日本人全体に共通する問題がある。

それは日本人は欧米人と比べて,職業生活のあとの暮らしについて,具体的なイメージが弱いからである。欧米人は,リタイア後,夫婦が世界の船旅を楽しみ,田舎でのんびりと別荘暮らしをし,地域の仲間とワインを囲み食事を楽しむなど具体的な老いの生活計画を持つといわれるのに対して,日本人は,老後について漠然と考え,「なんとかなる」と思っている人が大半ではないだろうか。日本人の多くは,「自分だけはなんとかなるさ」式のメンタリティ(心性)を持っているのである。こうした考えを心理学では,「正常化の偏見」(地震や災害にあっても自分だけは助かるという考えなど)という。

わが国に史上かつてない少子高齢社会がやってきた。その中で重要なことは,高齢単身者世帯がますます増えており(約501万世帯2010年),その予備軍ともいえる40・50代の未婚・単身者もかつてなく増加している。ひきこもり,孤立死する老人さえ増加し,そうした現象を「無縁社会」ととらえる見方もある。今後,高齢者生活20年はそう簡単に「なんとかはならない」。そのために,ここ

第Ⅳ部　老いる

老いの中でも希望を！

では高齢者の経済，住まい，健康，社会生活についてあらためて考えてみよう。

老いと経済生活

　老いの生活に入る状況は，人により非常に異なっている。経済的にいえば，お金がある人とない人に二極化する。それでもこれまで安心感が持てたのは，日本人の貯蓄率はもともと高かったし，社会保障制度が十分とはいえないとしても，基礎的な社会保障制度が背景にあったからである。それが不安になったのは，近年ゼロ金利政策の下，貯蓄率は低下し，労働者の所得が下がり，各種ローンに回す分が相対的に増えるなど，可処分所得が減ったからである。それでも親が残してくれた土地，家屋等の不動産や貯金，有価証券類など財産があるならそれを有効に使えばいい。一般的にいえば，老後，夫婦で月におよそ20数万円かかるという民間調査機関の試算もある。夫婦2人高齢者生活に総額約6000万円，夫（妻）の死後残された妻（夫）の生活に，さらに1000万円かかるともいわれる。そして個々の高齢者は一人ひとりが必要な生活費の見通しを立てること，同時にお金のかからない楽しみを持つなど生活のしかたを工夫することも必要である。

　お金のある人の場合は，資産運用には利率のよい外資系銀行やネット銀行への預金，投資信託，FX（外国為替証拠金取引），生命保険会社の変額保険，株式投資や金投資，外貨立てによる預金や投資，国債など債券購入，マンション経営などいろいろある。

　お金のない人の場合は，退職金は老後を支える重要な備えとなる。ただし企

業の規模や勤続年数（有期雇用で働く場合など）によっては，退職金が得られないことや得られたとしても低額の場合もある。それでも退職一時金は貯蓄か住宅ローンとして，年金は生活費として消費されることが多い。財産がない場合には年金は老後の生活を支える土台となる（詳しくは第12章参照）。

さらにお金が必要なら働くことで補塡（ほてん）することもできる。正社員が難しければ，嘱託，パート，アルバイトなど「スポット就労」という方法もある。たとえば駐車場やマンションの管理人などは，体力は使うが，高齢者向きの仕事である。パソコンなどを使って自宅で行う在宅ワーク（SOHO（ソーホー））とよばれる働き方もある。賃金はそれほど高くはないがシルバー人材センターに登録して仕事をする方法もある。場合によってはハローワークでの職業紹介を利用することもできる（職業安定法8条）。

それでも，どうしても働けない場合や仕事が見つからない場合には，不足分について生活保護の利用もできる（生活保護法2条）。現に受給している人は215万人を超えた（2013年）。生活の立て直しや自立のための「権利としての生活保護」は，国民生活の土台を支えるものとして欠かせない。一方で，お金は「お足」といわれるようにすぐ逃げてしまうものである。「振り込め詐欺」（被害総額400億円超2013年）や悪徳商法など，高齢者をねらう犯罪に引っかからないように注意しなければいけない。金製品の売買，投資など高齢者をねらった「うまい話」にも注意しなければいけない。

消費者を守る法律として**消費者契約法**（2000年）がある。この法律は「消費者と事業者との間の情報の質及び量並びに交渉力の格差に鑑み，事業者の一定の行為により消費者が誤認し，又は困惑した場合について契約の申込み又はその承諾の意思表示を取り消すことができることとするとともに，事業者の損害賠償の責任を免除する条項その他の消費者の利益を不当に害することとなる条項の全部又は一部を無効とすることにより，消費者の利益の擁護を図り，もって国民生活の安定向上と国民経済の健全な発展に寄与することを目的」（1条）としている。相談先としては，2009年に発足した消費者庁やそれが所管する国民生活センター，および各地域に消費生活センターがある。商品やサービスなど消費生活全般に関する苦情や問合せなど，消費者からの相談を専門の相談員が受け付けている。具体的には「**クーリング・オフ制度**」の活用がある。消費者である高齢者は，申し込みまたは契約締結から一定の期間内（契約類型に

よって8日から20日間)であれば、理由を問わず無条件に一方的に、申し込みの撤回または契約の解除ができる。まず身近な信頼できる人や役所に相談することが、取り返しのつかない事態を回避するために有効である。日頃から家族や地域で相談しながら、他の人とも助け合いながら生きることも必要である。

老いと住まい

住まいは、人の生活の安心・安全を支える根幹であり、住宅を含めて幸福追求権などの基本的人権の内容を考えることが必要である。老いても住み続けられる自分の家があればいいが、その住まいさえ失うという問題も起こる。その場合に、まず子どもの家に身を寄せる、集合住宅の分譲を取得する、公営住宅に申し込む、民間賃貸アパートを借りるなどの方法がある。病気になれば介護が必要になり、老人ホームが住まいとなることもある。次に自力で無理なら文字通りホームレスとならないように、公的補助を受けて住宅を得ることも可能ではあるが、いずれは一定のお金が必要であり、そう簡単でない。現実には、都会の片隅や河川敷・公園などでひっそりと青テント生活をしている高齢者さえいる。さらに生活保護費めあての住みごこちの悪い「寮」や倉庫や事務所など居住用ではない部屋を細分した狭いスペースだけの「脱法ハウス」に身を寄せる老人もいる。

住まいの現状は、高齢者世帯における家族構成や資産力の格差を反映し、住まいの安心と現実の状況とは大きな相違がある。わが国の高齢者の持ち家世帯比率は約8割(戸数ベースの比率)である(全体としては約6割)。歴史を見れば、高齢者のための住宅政策は、公営住宅、公団住宅、公庫融資などの方法で行われてきた。公営住宅法(1951年)では同居人の存在が入居要件であったが、一人暮らし世帯の入居を可能とする法改正も行われた。その後の1996年の改正で、高齢者の入居基準の緩和や社会福祉法人などによるグループホームのための公営住宅の活用や高齢者向けに建築設計しなおすことなどが推進されている。他面、老親の死去により居住権の継承が制限される問題も起きている(東京都営住宅)。

今日、最大の問題は低所得者向け公営住宅の絶対的不足である。そのため、公団住宅法(現在の都市再生機構法)では、高齢者向けの優遇措置や2世帯住宅向け割増貸付やバリアフリー化など対策がとられてきた。ただし団地など集合

住宅の場合，入居から多年を過ぎると団地そのものがスラム化，高齢化，限界集落化（高齢化率50％超）の問題となる。住宅金融公庫法（現在の住宅金融支援機構法）により，住宅の新築やリフォームなどに優遇措置が講じられることも可能になった。民間賃貸住宅については「高齢者の居住の安定確保に関する法律」（2001年）などが成立し，高齢者に対する居住支援を具体化する措置（一定の助成や家賃債務の保証など）が講じられようになった。その後同法は全面改正され，あらたに**サービス付き高齢者向け住宅**（「サ高住」と略称される）制度が創設された（2011年）。民間事業者による高齢者のための住宅は，有料老人ホームと「サ高住」のふたつの市場化が目指されることになった。ただしいずれも低所得層の高齢者には必ずしも利用しやすいとはいえない実態がある。そのほか従来の借地借家法が「改正」され，定期借地借家制度が新設された（1999年）。今後契約の解除を迎える際には，具体的な住み替えの問題も生じるだろう。

また阪神淡路大震災（1995年）を契機に市民による立法運動が原動力となり，自然災害による住宅被害について被災者生活再建支援法（1998年）が成立した。住宅の再建（建設・購入，補修，賃貸）について公的援助（全壊世帯の場合，最高300万円の支援金など）が被災者生活支援法人を通して受けられる。

資本主義社会では，土地も住宅も商品である。そのことはホームレス問題も含め，住宅問題の本質的原因のひとつである。資本の要求により，都市に集中された労働者に対する良質で安価な住宅の安定的確保は，都市における不可避の問題となる。政府による「持ち家」政策推進と国民の「持ち家」への無理な願望は，多くの国民が住宅ローンを背負い（**債務奴隷化**），消費生活を歪めたり人生設計を狂わせたりする一因ともなっている。すべての国民，とりわけ高齢者にとって安心して住み続けられる住宅が保障されることは，「健康で文化的な生活」保障のための生存権そのもの，すなわち**「居住福祉」**である（公営住宅法，住宅・都市整備公団法，住宅金融公庫法各1条）。低所得単身高齢世帯の急増が予想される状況のもとでは，高齢者の誰もが安価な負担で最低基準を満たす終の棲家を得ることは，ますます困難となるであろう。

老いと健康

自分の親や身近な老人の「老化」を観察して，自らの老いや健康の問題を切実に実感する人は多い。老人の健康を考える場合，病気の予防と健康維持，病

気・けがの治療，必要な介護，付添いなどの家族の協力・援助などが問題となる。人の死の三大死因はがん，脳疾患，心臓疾患であり，それに糖尿病，精神疾患を加えて「五大疾病」（厚労省）という。とくにがんや生活習慣病などの予防，発見，治療には食生活や衛生環境とともに定期健康診断（健診）が有効かつ重要である。会社を退職すれば会社の健診は受診できないから，とくに自治体が費用負担して行う無料の健診制度はなくしてはならない。そのほか窓口負担が払えず医者にかかれない高齢者が増えているなかで，「無料低額診療事業（無低診）」（社会福祉法，法人税法施行規則）が注目されている。

　健康増進のためには散歩，ヨガ，太極拳，水泳やプール歩行，登山など体調に合わせて実践することが望ましい。ただし，とりわけ熱中症には気をつける必要もある（救急搬送の約半数は65歳以上の高齢者である）。さらに高齢者の死亡事故にもつながる家庭内での転倒事故防止のためには，廊下・階段・浴室・トイレ・ベッドなどの事故予防のためのバリアフリー改修が必要となる場合もある。要介護の状態によって介護保険で利用できる住宅改修，福祉用具の購入やレンタルなどのサービスがある（限度額に対して1割自己負担）。今後，急速に増加が見込まれる認知症（全国高齢者全体の約15％，462万人，厚生労働省研究班による2012年時点での推計）に対する対策・対応は重要な社会問題となるだろう。

老いと社会生活

　老いても生きがいが必要であることは前に述べたが，別の言い方をすれば，生きがいとは①自分のやりたいこと②自分でできること③社会のためになることをすることで得られることである。老人の中には引きこもりや孤立して暮らす人もおり，地域にあるコミュニティセンターなどを利用し食事会が行われ，たいへん喜ばれている。東京にある高層団地（高齢者率が50％を越え，「限界集落」といわれたこともある）では月2回恒例の「ほっと安心100円カフェ」の例などもある。また，生きがいを実現するためには個人の好きな活動をすることや社会への貢献としての活動が考えられる。個人の活動としては，これまでの経験を生かしてミニコミ誌の発行，ネットを通じたコミュニティづくりなどもできる。シニアの文化活動として音楽，芸術，スポーツなどで新しい人間関係を築くこともできる（昔とった杵柄？）。高齢者同士のつながりと同時に緩やかな世代間の支え合い（経験の継承，交流，たとえば子育てやそこでの伝承遊びの伝え

合い）もあろう。さらに自らの体験や経験を社会に還元し戦争の語り部として平和の問題に関わることもできる。大学や市民講座の受講や資格取得のための学習機会を得ることもできる。行政書士，社会保険労務士など資格を取得し，その資格をもとに起業することもできる。

社会的な活動としては，仲間とNPO法人を立ち上げ，新たな挑戦をする人々も増えてきた。NPO法人は1995年の阪神淡路大震災をきっかけに法制化されたものである（特定非営利活動促進法1998年）。設立する事務所の所在地である都道府県の知事等が所轄官庁となり，設立の認証をうければ誰でも設立できる。2012年現在約4万団体が認可され，さまざまな活動を展開している。さらに食の安全や食料自給率低下など「食の問題」が懸念（けねん）されるなか，老人は「農」を学びなおし，安心・安全な「食」のために，帰農，援農そして「自給自足」の田舎暮らし（国内，海外）をすることもできる。

老人福祉法（1963年）は「老人は多年にわたり社会の進展に寄与してきた者として，かつ，豊富な知識と経験を有する者として敬愛されるとともに，生きがいを持てる健全で安らかな生活を保障されるものとする」（2条）と規定している。近年社会問題となっている老人虐待やいじめなどとんでもない！ということである。

2　私的扶養——家族・親族の助け合い

家族・親族における扶養の権利と義務

家族であるからには，まだ独り立ちできない子どもあるいは高齢や障害などの要因で経済的に自立できない家族を，家族のなかで扶養しなければならない。法律は，夫婦，親子を中心に一定範囲内の家族に対して扶養の権利と義務を規定している。民法上，夫婦は相互に扶養の義務を負う。また親子，祖父母と孫といった直系血族，兄弟姉妹の間にも扶養義務がある。それ以外に叔父叔母（おじおば）と甥姪（おいめい）（3親等内の親族）の間でも，長年面倒をみてきたとか財産相続をしたなどの関係がある場合には，家庭裁判所の審判により扶養義務を負うことがある。

扶養義務を負う者は，自分の収入や財産状態を基準にしてこの義務を果たさなければならない。夫婦間や小さな子どもに対する扶養の場合には，自分の生活と同程度のレベルまでの扶養が求められる（**生活保持義務**）。それ以外，たと

えば兄弟・姉妹が生活難に陥った場合，自分に経済的に余力があればその範囲で扶養を求められる（**生活扶助義務**）。親を扶養する義務を負う者が専業主婦である場合，夫の収入のうち妻である自分が自由に使用できる範囲内で扶養義務を果たせばよいとする判例がある。

高齢者が自分一人では生活できなくなった場合に，経済的な扶養だけではなく，生活上の世話をすることも扶養義務に含まれるのだろうか。法的には，扶養義務はあくまで経済的な援助に限られる。したがって介護自体は介護サービスに依頼し，扶養義務者に対しては介護費用の負担を求めることになる。もっとも現実には，兄弟姉妹間で誰が親を引き取り介護するのかをめぐってもめることが多い。

高齢者の財産管理（成年後見制度）

高齢者だけの世帯，しかも一人世帯が増えている。毎日の買い物や預貯金その他の資産管理など，自分の能力の衰えも気になり将来を不安に思うお年寄りも少なくない。2000年4月にスタートした**成年後見制度**は，本人あるいは子や兄弟姉妹が，本人の判断能力に不安があり，成年後見制度を活用しようと考える場合に，本人の状態にあわせて，**後見，保佐，補助**の3類型から選択して家庭裁判所に申立てを行うものである。

① 後　　見

たとえば認知症の症状が進み，常に**事理弁識能力**（判断能力）を欠いた状態にある場合には，家庭裁判所は後見開始の審判をし，成年後見人を選任することになる。成年後見人は本人の代理人として，本人の財産を管理する。本人が高額の商品を売りつけられたとか，住む家屋に不必要な補強措置を行う契約をしてしまったような場合には取り消すことができる。ただし，本人（被後見人）も日用品の購入など日常生活に関わる契約は，後見人に相談するまでもなく単独で行うことができる。

② 保　　佐

事理弁識能力を著しく欠いているが上記の「後見」型ほどではない場合には，家庭裁判所は保佐開始の審判をし，保佐人が選任される。これにより本人（被保佐人）は，自分勝手に定期預金を解約したり，不動産を売却したりできなくなる。こうした重要な財産行為には，保佐人の同意を得なければならない。も

し保佐人の同意を得ないでこうした処分を行った場合には，保佐人はこれを取り消すことができる。

③ 補　　助

上記ほど事理弁識能力に欠けてはいないが，やはり不充分だという場合には，家庭裁判所は補助開始の審判をし，補助人が選任される。補助開始の審判では，重要な財産行為（民法13条）のうち，特定の行為につき補助人の同意を要するものと決めることになる。たとえば，不動産の売却や証券取引，有料老人ホームへの入居契約，あるいは一定金額以上の商品購入契約などには，補助人の同意を要することにしておけば，財産管理上安心である。補助人の同意なしに行われれば，補助人はこれを取り消すことができる。

任意後見

高齢等のため自分の財産管理に不安を感じはじめたとき，あらかじめ信頼できる人に財産管理に関わることがらを委ねておくことができる。これが**任意後見制度**である。委任者（任意被後見人として保護を受ける者）が，受任者（任意後見人となる者）に対し，精神上の障害によってものごとの理解・判断力が不充分な状況に陥った場合に，自身の生活，療養看護，財産管理に関する事務の全部または一部を委託し，その代理権を与える契約を結ぶ。これを家庭裁判所に申し出て，任意後見監督人を選任してもらう。この選任をもって契約の効力が生ずることになる（任意後見法2条1号）。

任意後見制度を利用するか，前述の法定後見制度を利用するかは，本人および関係者の選択による。

任意後見人の職務のひとつは，本人の「財産の管理」である。自宅の不動産や預貯金の管理，年金の管理，税金や公共料金の支払いなどである。もうひとつが，「介護や生活面の手配」である。たとえば，要介護認定の申請などに関する諸手続，介護サービス提供機関との介護サービス提供契約の締結，介護費用の支払い，医療契約の締結，入院手続や入院費用の支払い，生活費の処理，老人ホーム入居のための諸手続が考えられる。後見人の職務は，財産管理や生活に関わる諸手続の処理であり，実際の介護，身の回りの世話と行った事実行為は含まれない。

任意後見監督人は，任意後見人の事務の監督とそれら事務に関し，家庭裁判

所への定期的な報告などを行う。家庭裁判所は，必要に応じ後見監督人に対して，後見人の事務に関する報告を求め，状況調査その他必要な処分を命じることができる。

3　高齢者虐待の防止

　年をとれば体力は低下し，健康上の不安を抱える人も多くなり，場合によっては精神的・知的な能力も衰えてくる。いずれは，家族・他人の世話にならざるをえないであろうし，介護施設を利用することにもなろう。

　ところが介護する家族から虐待を受ける老人は少なくなく，介護者による被介護者の殺害や心中事件も後を絶たない。また老人介護施設での身体的虐待や介護等の放棄（ネグレクト）などが発覚することもある。

　高齢者虐待防止法による制度が整備され，虐待問題に対する社会の関心が高まり，市町村等への虐待通報・相談件数は増加している。家族などの養護者による高齢者虐待に関する相談・通報件数は，制度発足の2006年度の1万8390件から2010年度の2万5315件に増加した（図11-1）。事実確認調査が行われた事例のうち，虐待を受けた又は受けたと思われた事例も2006年度の1万2569件から2011年度の1万6599件に増加した。養介護施設従事者等による虐待相談・通報件数も2006年度の273件から2011年度の687件に増加した（図11-2）。虐待と判断された件数は2006年度の54件から2011年度の151件に増えた。虐待の類型を見ると家族などの養護者による虐待事例で「経済的虐待」が4分の1，家族等の養護者による虐待の63％，養介護施設従事者等による虐待の70％は身体的虐待であり，虐待等による死亡事例は毎年20件から30件発生している。

　こうした高齢者虐待の深刻な現状を踏まえ，高齢者虐待を防止し，またその背景要因である養護者の負担軽減を図り支援することを目的として，2005年に高齢者虐待防止法が制定された。同法では，高齢者を65歳以上の者とし，「高齢者虐待」を「養護者による高齢者虐待」と「養介護施設従事者等による高齢者虐待」に分けて定義している（養護者は「養介護施設従事者等」以外の者をいい，家族や親族その他同居人等による高齢者の世話が想定されている）。ともに以下の行為が虐待にあたるものとされている。

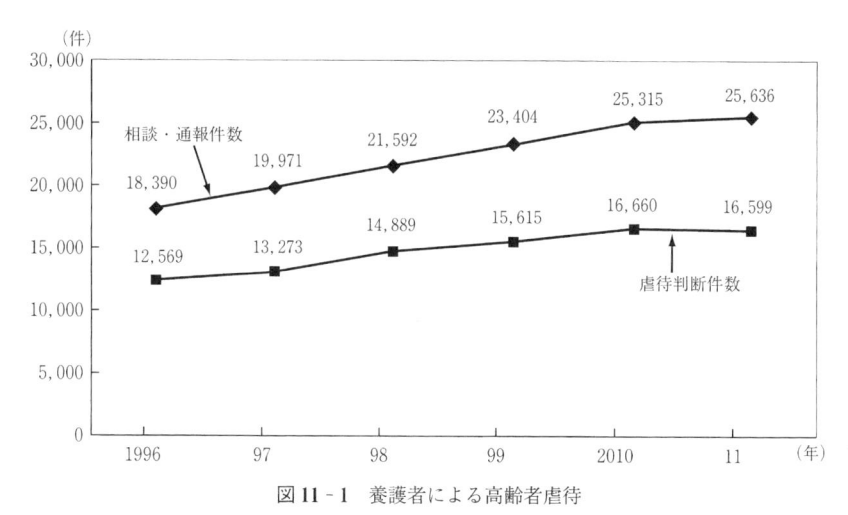

第 11 章 生きがいを持ち，家族・親族と暮らす

図 11-1 養護者による高齢者虐待

出所：厚生労働省「平成23年度高齢者虐待の防止，高齢者の養護者に対する支援等に関する法律に基づく対応状況等に関する調査結果」。

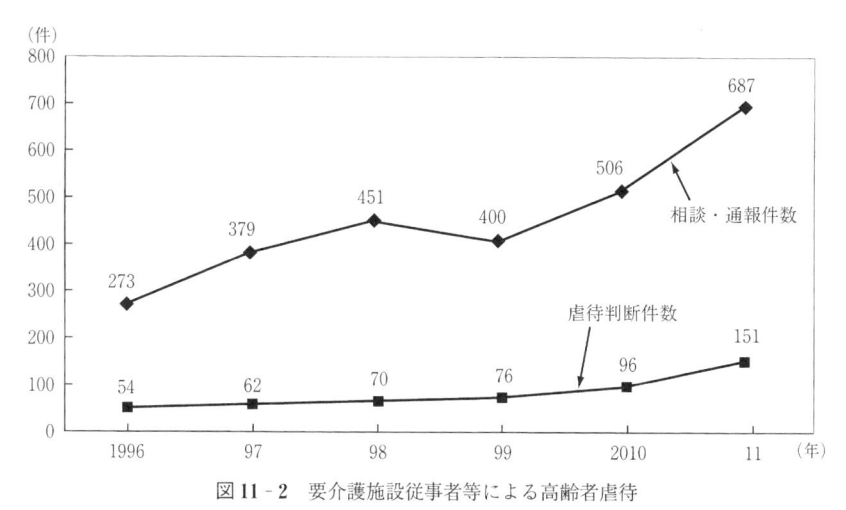

図 11-2 要介護施設従事者等による高齢者虐待

出所：厚生労働省「平成23年度高齢者虐待の防止，高齢者の養護者に対する支援等に関する法律に基づく対応状況等に関する調査結果」。

①**身体的虐待**（高齢者の身体に外傷が生じ，又は生じるおそれのある暴行を加えること）。

②**介護・世話の放棄**（高齢者を衰弱させるような著しい減食又は長時間の放置，養護者以外の同居人による虐待行為の放置など養護を著しく怠ること。養介護施設従

事者等にあっては，これに加えて，高齢者を養護すべき職務上の義務を著しく怠ること）。
③**心理的虐待**（高齢者に対する著しい暴言又は著しく拒絶的な対応その他の高齢者に著しい心理的外傷を与える言動を行うこと）。
④**性的虐待**（高齢者にわいせつな行為をすること又は高齢者をしてわいせつな行為をさせること）。
⑤**経済的虐待**（高齢者の財産を不当に処分することその他当該高齢者から不当に財産上の利益を得ること）。

「高齢者虐待の例」として，「入浴しておらず異臭がする，髪が伸び放題，皮膚が汚れている」「室内にゴミを放置するなど，劣悪な住環境のなかで生活させる」などは，上記②に該当する。「排泄の失敗を嘲笑し，それを人前で話すなどにより高齢者に恥をかかせる」，「侮辱を込めて，子どものように扱う」行為は③に当たる。

同法による保護が行われるためには，虐待を受けた本人や虐待を発見した者による，市町村（市区町村の担当課や介護保険法に基づき設置されている地域包括支援センターなどの窓口）への通報が欠かせない。高齢者虐待防止法では，養介護施設や病院，保健所その他高齢者の福祉に業務上関係のある団体と，養介護施設従事者や医師，保健師，弁護士その他高齢者の福祉に職務上関係のある者に，高齢者虐待の早期発見の努力義務を課している。養介護施設従事者に対しては，当該施設や事業において，養介護施設従事者等による高齢者虐待を受けたと思われる高齢者を発見した場合に，市町村への通報を義務付けている（21条）。一般の人々に対しては，通報に努めなければならないと規定するとともに，当該高齢者の生命又は身体に重大な危険が生じている場合には，速やかに，市町村に通報しなければならないと規定している（7条）。

養護者による虐待事例では，加害者の85％は同居家族であり，被虐待高齢者からみた虐待者の続柄は，「息子」が42.6％と最も多く，次いで「夫」が16.9％，「娘」が15.6％である（平成22年度調査）。虐待等による死亡事例の加害者も「息子」が9人（42.9％）で最も多く，次いで「夫」7人（33.3％），「妻」3人（14.3％），「娘」1人（4.8％）である。こうした統計からは，介護を行う家族による高齢者虐待の深刻な状況が浮かび上がる。

第 11 章　生きがいを持ち，家族・親族と暮らす

表 11 - 1　虐待の種類別虐待発生の原因（上位 5 位の回答）

	1位	2位	3位	4位	5位
身体的虐待	虐待者の介護疲れ(49.6%)	虐待者の性格や人格(48.5%)	高齢者本人の痴呆による言動の混乱(46.5%)	高齢者本人と虐待者の人間関係(42.0%)	高齢者本人の性格や人格(36.0%)
心理的虐待	虐待者の性格や人格(55.3%)	高齢者本人と虐待者の人間関係(54.8%)	高齢者本人の性格や人格(43.5%)	虐待者の介護疲れ(38.3%)	高齢者本人の痴呆による言動の混乱(38.0%)
経済的虐待	虐待者の性格や人格(64.0%)	高齢者本人と虐待者の人間関係(55.5%)	経済的困窮(47.9%)	高齢者本人の性格や人格(39.6%)	経済的利害関係(32.4%)
介護・世話の放棄・放任	高齢者本人と虐待者の人間関係(55.2%)	虐待者の性格や人格(55.0%)	高齢者本人の性格や人格(43.0%)	配偶者や家族・親族の無関心(34.5%)	高齢者本人の痴呆による言動の混乱(33.0%)

出所：財団法人医療経済研究機構平成15年度「家庭内における高齢者虐待に関する調査」。

　虐待が起こる要因について，ある調査（表11‐1）は，「虐待をしている人の性格や人格」「高齢者本人と虐待をしている人のこれまでの人間関係」「高齢者本人の性格や人格」など，虐待者や高齢者の性格や人格，人間関係上の問題があることを示しているが，「虐待者の介護疲れ」「高齢者本人の痴呆による言動の混乱」「高齢者本人の身体的自立度の低さ」「高齢者本人の排泄介助の困難さ」などの高齢者介護の難しさ，負担の重さも重要な要因であることを示している。これらの諸要因は相互に関連しており，それに「配偶者や家族・親族の無関心」や「経済的困窮」が絡んで虐待をまねいている，と考えられるのではないだろうか。虐待者は「主たる介護者として介護を行って」おり（60.6％），「相談相手はいるが実際の介護に協力する者はいなかった」（38.6％），「介護に協力する者も相談する相手もいなかった」（17.7％）場合が多い（厚労省「高齢者虐待防止の基本」による）。

　高齢者虐待については，「加害者‐被害者」という構図に基づく対応ではなく，虐待を受けた高齢者の安全確保と保護，家族からの分離を含めた適切な介護の提供はもちろんのこと，介護疲れなどの問題を抱える養護者に対する支援（カウンセリング，生活相談，被虐待高齢者ほか家族との関係修復に関わるアドバイスなど）も考えられなければならない。

　虐待を防ぐためには，具体的には，高齢者介護の方法，特に認知症に対する理解や種々の介護知識の普及，啓発，介護保険制度の利用促進と社会的な介護

システムの充実が図られなければならない。また民生委員や地域組織との協力，各種のボランティア団体，保健医療，福祉関係組織の連携と高齢者介護家庭への支援など，日常的な取り組みも欠かせないものである。こうした高齢者介護家庭への支援は，虐待の兆候を早期にキャッチする取り組みとしても重要である。高齢者虐待の予防システムを整えることは，高齢社会が人間の尊厳に見あった社会であるための緊急かつ最も重要な課題のひとつである。

参考文献
二宮周平『家族法　第4版』新世社（2013年）
高橋朋子・床谷文雄・棚村政行『民法7　親族・相続　第3版』有斐閣（2011年）
窪田充見『家族法——民法を学ぶ』有斐閣（2011年）
二宮周平『家族と法——個人化と多様化の中で』岩波書店（2007年）
小倉千加子『結婚の条件』朝日新聞出版局（2007年）

（渡邉隆司〔章リード文・1〕・北山雅昭〔2・3〕）

Column 11

第11章　生きがいを持ち，家族・親族と暮らす

家族を考える——崩壊と再生

　今，家族が崩壊し，家庭の団欒(だんらん)も失われつつある。少子高齢化がすすみ，家族数が減り，単身世帯も急増している。家庭内暴力（DV），ストーカー，子どもや高齢者への虐待，親族間による犯罪，さらに東日本大震災などからの避難をきっかけに離散して暮らす家族もある。これまでは，わが国は，企業社会といわれて家族を支える一定のしくみがあった。労働者は社宅に住みながら住宅ローンを組み，マイホームを夢み，実際手にすることもできた。しかし家族手当を付与され，社内行事，冠婚葬祭に至るまで家族をまるごと守ってくれた「うちの会社」は，今ではすっかり減ってきた。また金にたよる「個としての消費生活者」が現れ「個人」のみが偏重され，家庭，学校，会社や地域における人の関わり合いも，これまでになく希薄になり疎遠になってきた。「個食（孤食）」に見いだされるように家族団らんは失われ，かつては家族がそろって見た「高度成長の夢」は郷愁となった。血縁，学縁，社縁，地縁なき「無縁社会」という名の風景が，あちこちで見られ，実感されるようになった。

　その結果，個人としては，自殺（自死）がふえ，孤立死・孤独死が社会問題とされる。孤立した個人は，犯罪者集団・暴力団や教祖を絶対視する宗教と結びつきやすくなる。一方では社会として，国家主義的に上から国民を統合しようとする動きもある。伝統と文化の尊重，郷土愛や家庭教育の強調（教育基本法改定や憲法「改定案」）などもそのひとつである。

　それでは家族のほんとうの再生は，どこに求められるのだろうか。個人の尊重と家族のきずなの両立を図るにはどうすればいいのだろうか。わたしたちは，大震災や福島第一原発事故をきっかけに，あらためて家族について深く根本的（＝哲学的）に考えることになった。この「非婚時代」が進む中，未婚の男女が真剣に結婚を含めて"きずな"を考えるようにもなった。しかし「家族になること」はそう簡単なことではない。世の中で起きる家族や家庭をめぐるさまざまな事件の発生がそのことを雄弁にものがたっている。

　動物界から抜け出し「精神」を持った人間は，それまで運命（人知を超えたもの）と考えられていた「生と死の問題」，「自由」さえも人間自身が解決する問題とした。人間が「自由」を求めることは，同時に人間が「孤独」になることを意味する。家族の問題の根底には，個人と家族の関係があるようにおもう。つまり家族の再生のためには，人間が個人として持つ「自由であるがゆえの孤独」をリアルにとらえることがまず必要になる。

　次にわれわれが生きるこの企業社会を，究極の最大限利潤を求め「個としての消費

者」を発見する社会として認識されていることを、あらためて考え直すことが必要である（家電や他の消費財でも一家に1台より、1人に1台のほうがたくさん消費されるというしくみが、ほんとうに必要なのか考えてほしい）。

　動物は、一定の時期がきたら子は自立していき、老親の扶養や介護はしない。自然の情愛は人間と動物は共通かもしれないが、人間は動物を超えた存在なのだから、自然の情愛を持ちつつも、具体的な矛盾や葛藤を個人としてだけではなく、家族とともにいっしょに乗り越えていける。家族を再生するということは、人格的関係の中で、お互いに支え合い助け合い、困難を乗り越えることである。そのためには一人ひとりが、お互いに他の人を必要とすることを、真に内面化（自分の問題として受けとめ、引き受ける自覚）することが大切である。だから家族は、なにげなくありふれて、常に存在するものではなく、絶えず個々の中に内面化（自分の問題として自覚）され、発見されるべきものではないだろうか。

(渡邉隆司)

口はださないが、目はだす

第12章　社会保障の下に暮らす

　生身の人間は，老いとともにさまざまな不都合（病気，けが，障害，老化，失業，貧困，孤立など）が起き，家族や親族だけでは支えきれない場合もある。そこに社会保障による公的な助け合いが必要になる理由がある。憲法第25条は，「すべて国民は健康で文化的な最低限度の生活を営む権利」を有し，「国はすべての生活部面において，社会福祉，社会保障及び公衆衛生の向上及び増進に努めなければならない」と定めて，国民の生存権を保障している。高齢者を保護することに関連する法律としては生活保護法（1950年）と老人福祉法（1963年）がある。その後，高齢社会対策基本法（1995年）が制定された。医療制度の柱となる老人保健法（1982年），介護保険法（1997年）については，「老人の福祉を図ることを目的とする」（老人福祉法1条）に基づく解釈・運用が必要となる。
　ここでは老いに関連して，①病気やけがに対する公的な「医療保障」，②働けなくなったあとの生活を支える「公的年金」，③経済的に困窮した場合にそれを支える「公的扶助」，④要介護生活となる場合の「介護保障」の4つ柱について見てみよう。最後にまとめとして老いを支えるために何が必要かについて検討する。

1　病気やけがを支える「医療保障」

　老いに対する**医療保障**は，だれにとっても，どんな病気にどこでなっても安心して医者に診てもらえるという意味で重要である。
　医療保険制度には，民間企業や国・自治体などの被用者（従業員，公務員）およびその扶養家族を対象とする**健康保険**と自営業者などおよびその扶養家族を対象とする**国民健康保険**のふたつがある。国民皆保険の考えの下，だれでも原則としていずれかの保険に加入し，保険料を納付しなければならない。被用者でも退職すれば国民健康保険に移ることもある。また75歳に達すると健康保険の対象者でも国民健康保険の対象者でも，老人医療制度（高齢者の医療の確保に関する法律）いわゆる**後期高齢者医療制度**（2006年）の適用を受ける。これに関

しては，負担割合や年齢区分について問題点が指摘されている。被保険者資格を取得した場合には，被保険者には保険証が交付されて，医療機関で受診する際には治療費の一部の自己負担（3割）で済む。老齢化に伴い一般的には有病率は高くなり受診機会も増える。そのことは，医療機器・技術の高度化や治療設備，施設，医薬品などの要素とも相まって，保険財政を圧迫し保険料の引き上げが繰りされる理由とされている。

とくに問題は，高齢者が加入する国民健康保険料（税）の滞納（加入世帯2071万世帯のうち20%の414万世帯）および無業の若者の滞納である。滞納がある場合には，保険者は被保険者の資産の差し押さえや保険証の取り上げ，資格証明書（1年以上の滞納者対象）を交付する。被保険者は窓口で治療費の全額を支払わなければならない（後で，その7割が返還される）。そのほか短期被保険者証という数ヶ月単位の有効期限付被保険者証の交付もある。つまりこれも滞納者へのペナルティである。

2　生活を支える「公的年金」

老後の資金のない高齢者にとって，年金は老後の生活を支えるうえで重要な柱となる。年金には，まず国民すべてをなんらかの加入対象にした公的年金がある。保険料は年金の種類に応じ納付しなければならない。**公的年金制度**は，すべての国民に共通する基礎年金（1階部分）と一般企業の労働者が加入する厚生年金，公務員や私立学校の教職員が加入する共済年金（2階部分）とから構成される（国民年金法，厚生年金法，地方公務員共済年金法，私立学校共済年金法などが定める）。通常，老後のための年金は，**老齢基礎年金**といい，保険料納付期間に応じて年金額に差があるが，一般的には，納付期間が40年間で月受給額は67000円である。標準的な厚生年金，共済年金の額は月20数万円である。そのほか企業や個人が独自に加入する企業年金，個人年金などがある。

年金制度の根幹に関わる問題として，積立方式（自分が負担し積み立てた保険料が自分の受け取る年金の財源に充てられるもの）か賦課方式（現役世代が払う保険料が，年金を受給する高齢者が受け取る年金の財源に充てられるもの）かの問題，国民年金納付率の低下問題，「消えた年金」問題（国民年金など公的年金保険料の納付記録のうち5000万件が誰のものか分からないことが発覚したこと），無年金者問題

(生活が苦しくて保険料を納められなかった時期があったりして年金受給資格を得られない人がいること)などの解決を含め,とりわけ若年層や非正規雇用者の間で年金制度に対する不信感(納付した保険料に見合う年金がもらえないのではないか)も事実存在する。だれもが生活できる最低保障年金制度の確立とは何かなど課題は多い。

3 貧しさを支える「公的扶助」

公的扶助は,歴史的には慈善的・恩恵的な救貧制度として制度化されてきた。現在では税金を原資とし,無拠出の(自己負担を伴わない)生活救済であり,憲法第25条(生存権保障)に基づく。その生存権をめぐっては,プログラム規定説(憲法第25条は国家に対し権利実現に努めるべき政治的,道義的目標と指針を示すにとどまるとする考え方),抽象的権利説(憲法第25条に基づいて直接訴えを起こすことはできないが,生存権を具体化する法律があれば訴えを起こすことができるという考え方であり,通説である)。具体的権利説(生存権の内容を具体的に定める法律がなくても,直接第25条に基づいて訴訟を起こすことができるという考え方)などの解釈がある。朝日訴訟第一審判決では生活保護基準について,国の予算配分に対して一定の客観的水準を考慮すべきだとした。憲法第25条を受けた生活保護法は「最低限度の生活を保障するとともに,その自立を助長することを目的とする」と規定する(生活保護法1条)。生活保護は最後の**生活の安全網**(セーフティネット)といわれる。人は,病気,障害,失業,老齢などで収入がなくなるとき,家族,友人や地域の人々の支えがない場合には,家賃や食費など生きる糧(かて)に困ることになる。その場合には**生活保護**を受けることができる。

生活保護には①**最低生活保障**,②**自立助長**,③**無差別平等**,④**補足性**,⑤**必要即応の原則**などがある。①は健康で文化的な最低限度の生活ができるという基準であり(朝日訴訟で問題となった),②は経済的自立や人格的自立ないし社会的自立をいい,③は日本国民一般(外国人も日本国民に準じる)に対する平等をいい,④は資産や能力の活用をいい,⑤は要保護者の個別事情などを考慮し必要な保護を行うことをいう。生活保護を受けるには福祉事務所に申請し(申請主義),収入認定にもとづき保護の要否判定を経ることになる。

特に問題となるのは,資産や能力の活用である。生活保護を受けようとする場合には,まず最低限度の生活維持に必要な物以外の資産は処分して,処分し

住まいを求める人

て得たお金を生活費に充てることが先決とされる。能力とは労働能力のことで，「必死になって仕事して収入を得ろ」ということである。できるだけ保護を抑制しようという行政の「水際作戦」，「沖あい作戦」（福祉事務所に行きにくくすること）にもかかわらず，近年生活保護受給世帯や人が急増している。その原因は経済，雇用の悪化に伴い，ワーキングプア（年収が低い働く貧困層）の増大がある。生活保護を受けた方が有利であるとの考え方も広がり，地域別最低賃金の見直しもはじまっている。

さらに生活保護をめぐる問題としては，住所不定者の受給の可否，どの範囲まで財産の保有が認められるか（たとえばクーラーや車の保有），収入認定の問題（学資保険加入や災害補償金など），所得の高い親族扶養義務者がいるかどうか，生活保護受給者を食い物にする「貧困者ビジネス」の存在，不正受給の問題などがある。生活保護受給者の一定程度は，生活できる年収が得られる仕事につき保護を受けずに済むといわれている（生活保護関連2法が成立，2013年）。

保護の種類は**生活扶助**，**教育扶助**，**住宅扶助**，**医療扶助**，**出産扶助**，**生業扶助**（技能習得費），**葬祭扶助**，**介護扶助**の8種類がある。扶助の方法は金銭給付と現物給付である。

4　老いの介助を支える「介護保障」

老人は，寝たきりになる場合もあることで分かるように，他人の介護が必要

な障害者となる場合もある。老人の介護は，これまで長らく家族それも専業主婦により主に背負われてきた。その負担軽減が課題となり，「**介護の社会化**」が求められきた。その背景にはいくつかの要因がある。ひとつは高齢化の急速な進行であり，ふたつめは核家族化であり，3つめは在宅介護の推進，4つめは公的支援について政府の責任を減少させることを柱とする社保障制度の再編である。つまり福祉国家という理念から，自助，相互扶助を中核とする福祉社会を目指すことへの転換である。福祉社会における「介護の社会化」は，介護保険法という法的制度のひとつとして具体化された。

　介護保険の保険者は原則として市町村及び特別区であり，満40歳以上のものが被保険者となり保険料（全国平均は4000円を超える）を負担し，介護給付費の財源は，保険料（50%），国（25%），都道府県・市町村（各12.5%）である。介護保険の利用を希望する本人または家族は，まず自治体に要介護認定の申請をする。認定調査員が面接により介護の必要の確認がなされ，認定委員会に報告書が提出される。要介護度が判定され介護保険被保険者証が発行される。そしてケアプランを作成してもらう事業所をさがし，介護が開始される。ケアプランに沿ってヘルパーが派遣される。介護を現実に行うのは民間であり，介護はビジネスにもなった。保険給付の種類として介護給付と予防給付が中心となる。

　介護保険を行う側の問題は次のようなものである。要介護度の認定は適切か，要介護者の要求を十分満たすものとなっているか，財源抑制を理由として必要な介護が受けられないことはないのかなどの問題である。近年では介護職員の過重労働，低賃金などが理由となりその退職率の高さが問題となっている。ほかに在宅での介護では，とくに生活支援の時間短縮により，要介護者の家事負担軽減（掃除や買い物など）という要求に十分に答えられていないという批判もある。

　介護を受ける側にも問題はある。介護職員は家族ではなく，自分のできることは自分ですること，同時に他人の介護を受けるという「覚悟」も必要になる。またお金のある高齢者向けの介護付き有料老人ホームに対する人気が高まっているが，費用と介護の質は必ずしも一致しないという現実もある。ホームの生活や介護内容を十分確かめて入居する必要もある。

　このように見てくると，そもそも社会保障制度とは何だろうと考えてしまう。そもそも私的扶養が老人をすべて支えきれないところから社会保障の制度化が

行われてきた。歴史的には，社会保障は資本主義社会における社会政策（労働力の保全）として出発し，総資本の立場からその時々の政策により変化してきた。救貧法はその代表的な例であり，慈恵的・温情的な政策でもあるが，一方では治安立法としての本質も持っていた。また社会保険立法（厚生年金法など）が戦費調達のために創設されたという事情があった。その後，国民の権利獲得のための要求運動が高まり，それに対して資本の側が国民に対して抑圧，懐柔，融和を目的のひとつとする福祉国家の時代になり，国民の要求を抑え込み，運動をたえず体制内化しようとする動きでもあった。つまり「老い」に対する国家が行う立法や政策は，資本主義国家の政治的，経済的，社会的な受忍の範囲内で基本的には行われてきた。

つまり社会保障制度は資本と国民の要求とが相互に矛盾し，対立する側面を併せ持つ制度である。その意味で，社会保障制度の拡充のためには，絶えざる国民の「権利のための闘争」が不可欠である。資本主義社会では，かつて老人は商品として「廃品」だと述べた者がいたし，わが国の国会議員のなかには，「枯れ木に水をやってもムダ」と公言した者もいた。さらに現代資本主義国家では，その「廃品」からさえもビジネス（各種高齢者向けビジネス）を通して，さらなる利潤をあげようとするものさえいる。生存権の保障のためには，そして社会福祉や社会保障に関する法律を実現するためには，国民の理想，考えの普及と主体的な運動が必要である。社会保障制度は，人間を商品としての「廃品」に貶めることなく，「国民一人ひとりが尊厳を持ち，人間らしく生きていけること」を確保するための「盾」あるいは「歯止め」とならなければならない。

参考文献

加藤智章・菊池馨実・倉田聡・前田雅子『社会保障法 第4版』有斐閣（2009年）
川上則道『高齢化社会は本当に危機か』あけび書房（1989年）
西村健一郎・岩村正彦編『社会保障判例 第4版』有斐閣（2008年）
沖藤典子『介護保険は老いを守るか』岩波書店（2010年）
F・ボーボワール『老い（上・下）』人文書院（1972年）

（渡邉隆司）

第 12 章　社会保障の下に暮らす

楽しく老いを過ごそう

　老いとはなんだろう。仕事をリタイアし人生の第4コーナーを回った後の時間，つまり人生の集約，まとめの時である。人生のまとめを意義あるものにするにはどうしたらいいのか。何のために生きてきたのかが試されるのが，老いの時だと見ることもできる。どのような人格を形成することができるのかを試せる，最後のチャンスである。「余生」を過ごすというよりは，老いをもっと積極的に生きる時と考えられないものだろうか。むしろこの老いこそが人生の中で最も幸福な時であるともいえる。

　人生の過去，現在，未来を，まるで宇宙船に乗って地球や果てしない宇宙の果てから見るように見渡し，心を開き，旧交を温め，自分が本当にやりたかったことに熱中し，さらに新しいことにチャレンジし，若い人々との交流を通じ自分の経験を伝え，命のバトンタッチに情熱をかたむけるのも良いのではないだろうか。

　"フーテンの寅さん"は，人間を最後まで信頼した。『老人と海』の漁師は，人間本来の生命力を信じた。老人になることに抵抗するのではなく，義務感から解放され，自分から老人として生きることを歓迎する生き方，つまり自分の限界を知ることで，老人になった悩みを解決し，その意義を見出す生き方をしていくこともできる。

　雑事は片っ端から片付けて，老人よ！　まだ見ぬ「新しい世界」へ出よう，そして心を好奇心と感動に踊らせながら，さらに新しい出会いや他人の発見をしながら，老いを楽しく生きぬいていこう。

（渡　邉　隆　司）

生きがいを求める老人

第Ⅴ部

死　ぬ

　人は生まれ，成長し，大人になり，老いそして死ぬ。その死ぬことを，「畳の上で死んだ」「病院で死んだ」「多くの人に看取られて死んだ」「孤独に死んだ」とか，現象的に捉えていわれる場合がある。また，「遺書はあったの」「葬儀はどうしようか」「お墓はどうしようか」とか，死後の家族，親族の役割や死者との関係がいわれる場合もある。さらに「会社にとって大きな損失だ」，「文学界では稀有で貴重な人物だった」とか，社会との死者との関係，評価としていわれる場合もある。そして「この子は死んだおじいちゃんの生まれ代わりね」「おばあちゃんが天国から見ている」とか，宗教，倫理の側面から死が語られ場合もある。

　死とは個体の消滅を意味するだけで，死ぬのは本人自身の問題であり他人には関係はないことであると思われる。だが，このように個体の死は，実際は家族，親族，社会の関係にも影響し，多方面に意味を持ち，影響を与えるのが普通である。死は，死んだ本人自身はもとより，家族・社会との関係を中心としてさまざまな方面に新たな変化を引き起こす。そして法律問題も発生することも多い。ここでは人生の最期（死）に関係する法律を考えてみよう。

墓地にて

第 13 章　死とは何だろう

　人は必ず死ぬ。そこでまず"死とは何か"をめぐりさまざまな分野で問題となる。死後の世界を現世の人は知ることはできない（時々死後の世界を見てきたという人がいるけれど）。死の意味や死後の世界をこれまで専ら哲学や宗教が扱い，考え，そして議論してきた。現実には死は，寿命ばかり（日本人の2012年の平均寿命は男約80歳，女約86歳）でなく，交通事故，犯罪の被害者，死刑・戦争・災害の犠牲者になり，突然本人にもたらされることもある。ここでは，寿命の場合を主に考えてみよう。

1　死に対する見方

　最近は終末期が長くなり，人生の残された時間をどう過ごすか，終末期医療をどうするか，どのような死に方を選ぶかということが，医療技術の格段の進歩（最近ではiPS細胞の発見）や高齢社会の進行に伴い，本人や家族にとって重要な関心事になってきた。死に対する準備である「終活」，心構えである「エンディグノート」までが語られる時代になってきた。

　だが，法律はこれまで死を定義してこなかった。実際の死の現場では，医者はこれまでは聴診器を胸にあて，脈をはかり，眼球にペンライトをあてて，家族に「ご臨終です」といってきた。このように呼吸および脈拍の不可逆的停止，瞳孔の散大（三徴候死説）により死は決定されてきた。このことは医学的に認められ，社会の合意となり，法律の条文上の規定はないが法的にも承認されてきた。そして臨床においては，死を宣告し証明する事務は原則として医師に委ねられてきた。

　医師法は死亡診断書の作成，交付を医師に義務付けている。ところが最近の医療技術（特に脳研究や技術）の進歩により脳死（全脳＝大脳・小脳・脳幹の不可逆的停止）になっても，生命維持治療を行えば2週間ぐらい心臓を動かすこと

臓器提供意思表示カード

が可能となり，日本医師会，脳死および臓器移植問題調査会などさまざまな所で，脳死をめぐりさまざまな議論がされてきた。最終的には1997年に臓器移植法が制定され，脳死も人の死として認められ，死はいわゆる三徴候による死と脳死が認められた。2009年の法改正により，親族に対して臓器の優先的に提供，家族の承諾による臓器提供，15才未満の者からの臓器提供が可能となった。ちなみに植物状態とは，意識はないが，脳幹は生きており呼吸，循環など生命に必要な機能は保持しており，脳死とは異なる。

死がこのように法律で定義されたとしても，死は本源的には本人，家族に特に関係する事柄である。死に際して本人の肉体的，精神的苦痛をどう軽減するか，その希望をどのようにかなえるか，そして看護する家族・親族の精神的，肉体的，経済的負担をどうするかという問題は別に発生する。そこでこれらの問題とも関連し**安楽死**が議論され，医療技術が進歩するなかで**クオリティ・オブ・ライフ**（生命の質）が問われ，**尊厳死**が議論されてきた。一方，現実の世界では安楽死，尊厳死を認める国（ベルギー，オランダなど）も増えてきており，国民の死への関心も高まってきている。

2　安　楽　死

安楽死の語源は，ギリシャ語のeuthanasia（オイタナジー）（良き死）で，およそ死の苦しみを免れさせる方法を意味した。自然死という見方もある。わが国では安楽死の問題を文学で著したのが，森鷗外の『高瀬舟』である。その後いくつかの安楽死に関する裁判が起こり，判例では，安楽死とは，死期が切迫している病人の肉体的苦痛を緩和，除去し安らかな死を迎えさせることとなった。安楽死の型として①純粋な安楽死で，生命を短縮することなく死苦を緩和することである。②間接的安楽死で，死苦を緩和する措置（たとえばモルヒネ注射の多用）の副作用により，病人の生命が短縮する場合である。③消極的安楽死で，治療を行わない（たとえば輸血しない）ことにより生命を短縮する場合で，不作為による安楽死である。④積極的安楽死で，病人の死苦を緩和，除去するため生命を短縮

する場合で，作為による安楽死であるといわれている。ここで問題となるのは④の病人の死苦を緩和，除去するために生命を短縮することが殺人，嘱託殺人になるかということである。学説では違法論と適法論がある。違法論は，安楽死が生命の尊厳への絶対的確信を揺るがせ「生きる価値のない」生命の抹消につながると主張し，行為者が許されるのは違法性が阻却されるからではなく，行為者を責めることができないからであるとする。他方で適法論は，安楽死は人間的同情，惻隠の行為として，科学的合理主義に裏付けされた人道主義に基づくものあるとする。

　安楽死に関するわが国の代表的な判例は，1962年の名古屋高裁の判決と1995年の横浜地裁の判決である。前者は脳溢血で倒れた父親の姿を見た息子が，最後の親孝行として父親を殺すことを決意し，牛乳に殺虫剤を入れておいたところ，事情を知らない母親がこれを父親に飲ませ有機リン中毒で死亡させたものである。判決は安楽死を認める要件として①不治の病に冒され死期が目前に迫っていること，②もっぱら死苦の緩和を目的とすること，③苦痛が甚だしく何人も見るに忍びない程度であること，④意識が明瞭で本人の真摯な嘱託または承諾があること，⑤医師の手により，医師によりえない場合はこれを肯首しうる特別な事情があること，⑥方法が倫理的に妥当なものであることである。この事件では⑤と⑥の要件が欠けているとして同意殺人罪となり懲役一年・執行猶予三年の有罪判決となった。

　後者は多発性骨髄腫で入院した男性患者（58歳）に対し被告人（大学の付属病院の内科医と勤務していた助手）が，患者を楽にしてくれるよう患者の妻と長男の強い申し入れにより，塩化カリウム剤を静脈注射し心停止させ死亡させた事件である。この判決では安楽死の要件として①患者が絶え難い肉体的苦痛に苦しんでいること，②患者の死が避けられずその死期が迫っていること，③他に代替手段がないこと，④患者の明示の意思表示があることが示された。この事件では③と④が欠けているとして殺人罪が懲役二年・執行猶予二年の判決が下された。この事件は医師が家族の同意を受け病院内で実行されたはじめてのケースだった。

　さらに2002年に家族の要請に基づき，男性患者が女性主治医に筋弛緩剤を投与されて死亡するという川崎協同病院事件がおこった。外部評価委員会は「許される安楽死とは考えがたい」とする報告書をまとめた。東京高裁も「死期は

切迫していなかった」と認定した。いずれにせよわが国では1950年の病母殺害事件以来，判例は安楽死を認めていない。

3 安楽死から尊厳死へ

　安楽死は近代医学の進歩とともに提起され，フランシスコ・ベーコン，モンテニュー，トマス・モアなどにより論じられてきた。わが国では先に述べたように森鷗外が文学で取り上げた。国際的に見れば，1930年代にイギリスやアメリカで安楽死法制化運動がはじまったが，その後ナチスが身障者に安楽死を強制したこともあり，この運動は大きな運動とはならなかった。1970年代頃から現代までアメリカ，オランダ，イギリス，オーストリア，スイスなどでこの運動は活発になった。安楽死に認める立法としてはアメリカのオレゴン州で制定され（1997年），オーストラリア北准州で「末期患者の権利法」が1995年に制定された（1997年連邦議会の反対で廃止）。安楽死を認める国としては，オランダ（2001年），ベルギー（2004年），ルクセンブルク（2008年）などがある。

　このように安楽死はこれを認める国は多くなってきているが，末期医療の進歩により苦痛の軽減については，相当程度は可能となってきている。また患者の意思表示については患者が意識を失った場合には不可能ではないかとの議論が起こっている。今日では，患者本人，家族あるいは社会にとって，残された命，時間をいかに有意義に過ごすかということが，尊厳死の関連で提起されている。

尊厳死とリビング・ウィル

　医師はあらゆる努力を払い，患者の命を一日でも長く生かすことが使命である。この考えは「ヒポクラテスの誓い」として西洋医学の最高の指針であった。そして生命維持装置の進歩による医療技術は，輸血，高カロリー輸液，人工呼吸，心臓マッサージ，栄養補給など方法で長期の延命治療を可能としてきた。回復の見込みのない末期症状（6ヶ月以内に死が不可避の状態）の患者に対する無益な生命維持治療を中止し，人間の尊厳を保ちながら自然の死を迎えさせる**尊厳死**（自然死とも呼ばれる）が問題となり，議論されてきた。尊厳死を望む人の中には，延命治療よりも苦痛のコントロールや不快な症状の緩和を望む声が

ある。このケアを主に行うのがホスピスであり，残された時間の**クオリティ・オブ・ライフ**（**生命の質**）の向上を考える人が増えている。

　尊厳死が世界的に話題となったのはアメリカでの**カレン事件**である（1976年）。当時21歳のカレン・クィンラン（女性）は事故で植物状態になった。父親は神父と相談してカトリックの教義に反しないということで自然の死を迎えさせることを決意し，医師に生命維持装置を外すように求めた。医師がこれを拒否したため裁判所に対して，自分を後見人に任命し，生命維持装置を外すように申し立てた。ニュージャージー州高等裁判所が申立てを却下したため，最高裁判所の判断を求めた。最高裁判所は次のような判決を下した。カレンさんにはプライバシーの権利に基づき治療拒否権がある。この権利は医療措置の身体に与える負担が大きくなるのに比例して，また回復する見込みが小さくなるのに比例して尊重する度合いが大きくなる。カレンさんは治療拒否の意思を示すことができないので，彼女の後見人として家族が彼女に代わって，その権利を行使することを認めるべきであるということである。この結果，人工呼吸器は取り外された。その後自発呼吸が回復し9年間植物状態で生存し1985年に死亡した。

　この事件を契機とし各州で**リビング・ウィル**（生前発効の遺言）を法制化し，「自然死法」「尊厳死法」が制定されていった。1981年の世界医師会（WMA）の「リスボン宣言」は11の原則を掲げ，その3で自己決定の権利，10で尊厳を得る権利を述べる。

　わが国では1992年日本医師会生命倫理懇談会が「末期医療に臨む医師の在り方」という報告書で，末期状態では自然死を希望する患者の意思を尊重し，延命措置を打ち切ることとし，リビング・ウィルの法制化を提唱した。1994年日本学術会議は「尊厳死について」という報告書を総会で承認した。そこでは尊厳死を認め，回復の可能性のない患者に対する過剰な延命措置を中止することを，一定の要件の下で許されるとした。一方尊厳死を普及する社会活動として，死のあり方を選ぶ権利の確立を目指して1976年に「日本尊厳死協会」が設立され，2010年には約12.5万人（男4万，女8.5万）を超える会員がいる。

尊厳死を考える

　回復の見込みのない延命治療を中止させることは，何を根拠に認められるのか。①国あるいは国民全体の医療費負担の軽減を根拠に主張することがある。

国の経済・財政の観点すなわち経済的負担の観点からのこの主張は，つまるところ「命」と「お金」を天秤にかけてお金の方が大切だということをいっている。しかし命の大切さ・至高性，現代の社会国家（福祉国家）の理念・役割からしてもこの考えを受け入れることは難しい。②患者を支える家族や親族の精神的負担，経済的負担の軽減を根拠に主張することがある。これには一定の理があると思われるが，家族や親族にとって死に逝く病人を支え，扶養する義務があることは倫理的にも法的にも当然である。また社会全体でサポートする体制をつくることも必要であり，このことは難しいとはいえ，できなくはない。根源から考えれば，近親者の精神的負担，経済的利害も命の重さと比較できるものでないし，命を上回るものでもない。③回復の見込みのない延命治療を中止し，苦痛を緩和することで，人間としての尊厳を保ちながら自然の死を迎えたいという患者本人の意思・願いをかなえてあげること，すなわち本人のために，残された時間における生命の質の問題と本人の意思を尊重（自己決定権）すべきであるという主張がある。これを考えてみよう。

　この自己決定権の思想は，憲法第13条の「幸福追求権」を根拠に導かれるさまざまな権利（生む生まないの権利，プライバシー権，人格権など）のひとつとして主張されており，ここでは生命の終焉（しゅうえん）（死ぬ権利）として主張されている。この際考えなければならない重要な点は，次の３点である。

　第一に，私の命は誰のものかということである。単に私のもの（私的所有の対象物）であるなら，私的所有として自由に処分できるということをいえなくはないが，果たしてそうだろうか。私（死に逝く本人）は，時間，自然史の観点から見れば，その存在はその前提として私の前の存在（生物，祖先）があり，その絆（つながり）として存在している。社会との関係の観点から見れば，自然界の恩恵，日常的に自覚しているわけでないが目に見えない他人（特に家族）との関係，協働のなかで存在している。単純に「私の勝手でしょう」とはいえないのではないだろうか。

　さらにこれらを認めたとしても，第二に，自己決定をする本人の意思をいつ，どのように確認するかまたできるのかという問題もある。これは医療の現場ではインフォームド・コンセント（説明と同意），リビング・ウィルの問題として処理している。しかし患者が植物状態になり，本人の意思を確認できない場合もあるし，本人の意識が回復し，本人が当初確認した意思の変更を求める場合

もある。

　第三に，死に関連して，2009年臓器移植法が改正され，脳死になった人からの臓器移植を家族の同意だけでできるようになった。わが国では臓器移植が進んでいないという事情（1997～2007年で86例）があるとしても，本人の同意がなく家族の同意だけで死者の臓器を移植できるようにしたのは，適切であるのかという問題もある。

　要するに，人間（社会）は死に関して起こりうるすべての問題を，前もって法的に解決し，あらゆる面から完全に対処していこうと努力しているわけである。しかし「死ぬ」というこの現実に，法的にはもちろんのこと医学的にも倫理的にも，人間は完璧かつ十全に対応できるものではないことを知るべきであろう。死は，人間の判断や行為の範囲を超えたところに，その根本（本質）があるということを認識すべきではなかろうか。

参考文献

唄孝一『医療と法と倫理』岩波書店（1983年）
平野武編『生命をめぐる法，倫理，政策』晃洋書房（1998年）
土岐茂・渡邉隆司・吉田稔『人間と法』北樹出版（2008年）
生命倫理と法編集委員会『新版資料集　生命倫理と法』太陽出版（2008年）
宇津木伸・町野朔・平林勝政・甲斐克則編『医事法判例百選』有斐閣（2006年）

　　　　　　　　　　　　　　　　　　　　　　　　　　　　（吉田　稔）

Column 13

自殺——死に向かう人々

　わが国では毎年自殺する人，自ら死に向かう人々が1997年までは１～２万人台であったが，1998年以降連続して３万人台となっている（2012年には２万7766人に減少）。日本のどこかで一日約90人の人々が，さまざまな原因，動機，手段，方法，場所で自らの命を絶つ。自殺とは「死が当人自身によってなされた積極的・消極的な行為から直接・間接に生じる結果であり，しかも当人がその結果の生じうることを予知していた場合」である（デュルケーム・自殺論1897年）。

　内閣府の「自殺対策白書」平成23，24年によれば，最近は年齢層では，45歳から64歳が高い山を描き，性別では男性が２万人台，女性が9000人台である。職業別では，約半数を「無職者」が占め，次いで「被用者」，「自営業者」，「主婦・主夫」，「学生」，「管理職」の順である。もっとも重要な原因・動機は，約半数が「健康問題」で，次いで「経済・生活問題」，「家庭問題」，「勤務問題」，「男女問題」，「学校問題」となる。「健康問題」の内訳では，「病気の悩み・影響（うつ病）」がその半数を占める。手段別では，「首つり」が６割を超え，次いで「練炭等」（12.8％），「飛び降り」（８％），ほかに「入水」などである。場所別では，「自宅」（約55％）が最も多く，次いで「乗物」（約10％），「海（湖）・河川」，「高層ビル」（各５％），「山」（約４％）の順となっている。80歳以上では「福祉施設」の場合もある。

　ところで人口10万人当たりの自殺者数を自殺死亡率というが，世界の中で日本はどの位置にあるのだろうか。統計上比較の年は異なるが世界保健機関（WHO）によれば，最上位のリトアニア（34.1人），韓国（31.0人），ロシア（30.1人）と続き，わが国は８番目の位置にある（24.4人）。自殺大国といわれてもしかたない。

　しかし自殺者数に関連して，つぎのような驚くべき指摘もある。ひとつは，年間約10万人いるとされる失踪者（警察に捜索願いが出された件数）であり，その約１割の人の行方が分からないままである。自ら命を絶っている人がいるかもしれない。もうひとつは，年間約16万人の変死者（死因が不明，刑事訴訟法229条）の存在である。WHOの統計では，変死として取り扱われる人のうち約半数は自殺者とカウントされる。事実，変死者数の半数を年間の自殺者に含める国は少なくない。わが国の実際の自殺者数は３万人のほかに，変死者の半数８万人と失踪者の一定数が加わることになり，年間11万人を超えるという数になるかもしれない。だとすれば世界で最も自殺死亡率の高い国（人口10万人対約80人超）となるのではないか。さらに通り魔，無差別，道連れ殺人など「間接自殺」ともいえる犯罪，ネット心中，無理心中，放火自殺，受けるべき医療を積極的あるいは消極的に「拒否」し病死する人々，そして死後何日もたって発見

される孤独死，孤立死なども含めれば，自殺問題ははかりしれない深さと広さを持つ問題として私たちの前にあるといえないだろうか。人はなぜ自ら死を選ぶのか？私たちが生きるこの社会で起きている自殺の姿は，決して他人事ですまされることではない。

政府は，自殺対策基本法（2006年）を制定しそれに基づき自殺総合対策大綱（2007年）を策定した。大震災後"絆（きずな）"が強調されているが，私たちが暮らすこの社会は底辺から静かに確実に崩れてきているといえるのかもしれない。

（渡邉隆司）

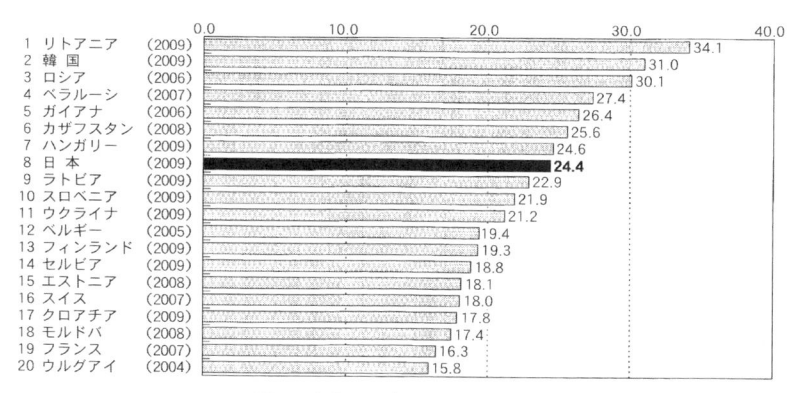

1	リトアニア	(2009)	34.1
2	韓 国	(2009)	31.0
3	ロシア	(2006)	30.1
4	ベラルーシ	(2007)	27.4
5	ガイアナ	(2006)	26.4
6	カザフスタン	(2008)	25.6
7	ハンガリー	(2009)	24.6
8	日 本	(2009)	24.4
9	ラトビア	(2009)	22.9
10	スロベニア	(2009)	21.9
11	ウクライナ	(2009)	21.2
12	ベルギー	(2005)	19.4
13	フィンランド	(2009)	19.3
14	セルビア	(2009)	18.8
15	エストニア	(2008)	18.1
16	スイス	(2007)	18.0
17	クロアチア	(2009)	17.8
18	モルドバ	(2008)	17.4
19	フランス	(2007)	16.3
20	ウルグアイ	(2004)	15.8

図1　諸外国の自殺死亡率（参考）

出所：内閣府『自殺対策白書』（平成24年度）。

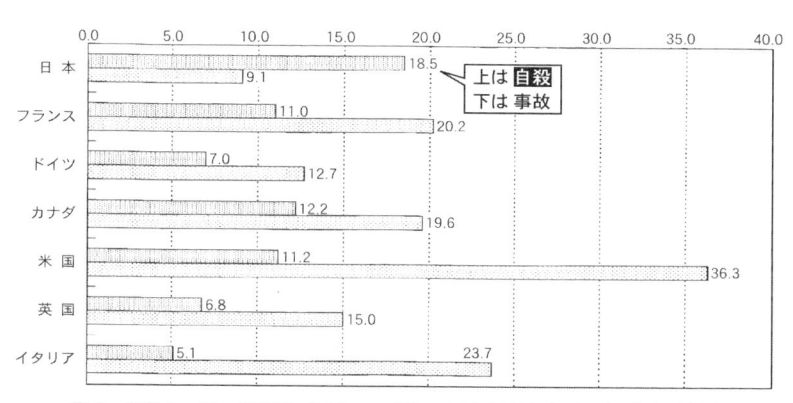

国	上は自殺	下は事故
日 本	18.5	9.1
フランス	11.0	20.2
ドイツ	12.7	7.0
カナダ	12.2	19.6
米 国	11.2	36.3
英 国	6.8	15.0
イタリア	5.1	23.7

図2　先進7ヶ国の年齢別（15歳～34歳）10万人対死亡率（二大死因の対比）

出所：内閣府『自殺対策白書』（平成24年度），一部筆者加筆。

第14章　死後に残す

　人は，生きているあいだに，自分以外の人とさまざまな家族関係や，経済的な契約関係を結んでいる。自分が生きるため，家族を養うために収入を得て財産を築くこともあろう。この世を去るときには，こうした関係は精算されることとなる。財を成したとしても，すべてはこの世に置いていかなければならない。所有者が亡くなったあとの財産，残された借金は相続制度を通じて相続人が引き継ぐことになる。遺族が複数いる場合には誰がどう相続するのかについて争いになることもある。遺産争いを避けるために法律はどんなルールを用意しているのだろうか。

　死によってすべては終わる，というわけにもいかないのが人の情である。逝く者，遺される者にとってお墓はひとつの心の拠り所でもある。お墓を設け維持することについても法律はさまざまに関係している。

　人が死んだ後に関わる法律を見てみよう。

1　相続のしくみ

法定相続分と遺言による相続分の指定

　人の死亡に伴って生じる重要問題のひとつが**相続**である。なぜ相続という法制度があるのかという根本的な問題はあるとしても，働いて得たお金を貯蓄し，住宅ローンを組んで買ったマンションに暮らしていた人が死亡した場合，銀行預金やマンションの所有権，ローンの残金はどうなるのか。一体誰がどう引き継ぐのか，まず，相続に関わる法定相続の制度を見てみよう。

　妻との間に2人の子どもを持ち，自らが所有するマンションに暮らしていたA氏が死亡したとする（死亡したA氏を**被相続人**，妻と子どもを**相続人**という。以下図14-1参照）。遺言による相続分の指定がない場合には，民法の規定に従いA氏の財産は妻が2分の1，子が2分の1（2人の子がこれを平等に相続するので各自4分の1）相続することになる（**法定相続分**）。子がなくA氏の親が生きてい

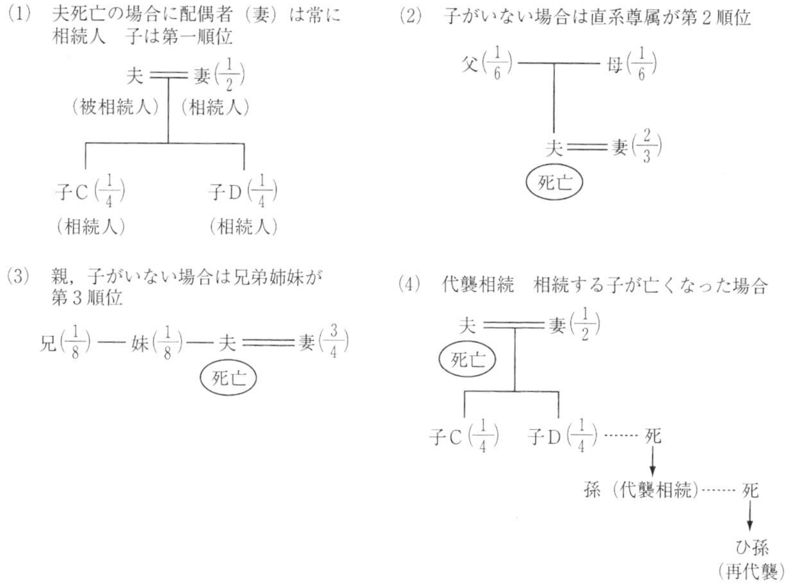

(1) 夫死亡の場合に配偶者（妻）は常に相続人　子は第一順位

夫 ══ 妻 $\left(\frac{1}{2}\right)$
（被相続人）（相続人）

子C $\left(\frac{1}{4}\right)$　　子D $\left(\frac{1}{4}\right)$
（相続人）　　（相続人）

(2) 子がいない場合は直系尊属が第2順位

父 $\left(\frac{1}{6}\right)$ ─── 母 $\left(\frac{1}{6}\right)$

夫 ══ 妻 $\left(\frac{2}{3}\right)$
（死亡）

(3) 親，子がいない場合は兄弟姉妹が第3順位

兄 $\left(\frac{1}{8}\right)$ ─ 妹 $\left(\frac{1}{8}\right)$ ─ 夫 ══ 妻 $\left(\frac{3}{4}\right)$
（死亡）

(4) 代襲相続　相続する子が亡くなった場合

夫 ══ 妻 $\left(\frac{1}{2}\right)$
（死亡）

子C $\left(\frac{1}{4}\right)$　子D $\left(\frac{1}{4}\right)$ ……死

孫（代襲相続）……死

ひ孫（再代襲）

図 14-1　法定相続分

出所：筆者作成。

る場合には，妻3分の2，A氏の親3分の1（両親ともにいる場合には各自6分の1）となる。A氏に子も親もなく兄弟姉妹がいる場合には，妻4分の3，兄弟姉妹4分の1（複数いる場合はこれを均等に分ける）となる（民法900条）。A氏の2人の子（CとD）のうちDはすでに死亡しており，そのDに子（A氏の孫）がいる場合には，孫であるDの子はDに代わってDが受け取るはずであった相続分を受け取ることになる。これを**代襲相続**という（民法887条）。孫もすでに死亡し，ひ孫が存在する場合にはひ孫が相続することになる（**再代襲**）。

相続分は，A氏が遺言によって定めることもできる。遺言による相続分の指定があれば法定相続分に優先するが，相続人に留保されている遺留分を超えて指定することはできない。**遺留分**は，妻も子もおらずA氏の親のみが相続人であるときはA氏の財産の3分の1，妻や子がいる場合にはA氏の財産の2分の1である（民法1028条）。各相続人の遺留分は，この全体としての遺留分に各自の法定相続分を乗じた割合となる。

配偶者とはあくまで法律上の者をいい，いくら長期にわたる場合であっても内縁関係にあるにすぎない者には相続権は認められない。

嫡出でない子の相続分

被相続人と婚姻関係にない者との間に生まれた子，すなわち婚外子（嫡出でない子）の相続分は，婚内子（嫡出子）の相続分の2分の1と定められていた（民法900条4号）。同じ被相続人の子でありながら婚内子か婚外子かで法定相続分に差を設けるこの規定は，憲法14条の法の下の平等の原則に違反するのではないかとの疑問が出されていた。かつて最高裁大法廷判決（H7.7.5）は，「法律婚の尊重と非嫡出子の保護の調整を図ったもの」で合理的な根拠があり，著しく不合理で立法府に与えられた合理的な裁量判断の限界を超えたものということはできないとして，合憲の判断を下していた。5名の裁判官が，少数意見であるが違憲とするとの反対意見を述べていた。

しかしこの判決には2013年9月4日，最高裁判所大法廷は，上記判断をくつがえし，法定相続分の差別規定を憲法14条1項に違反するものと判示した。判決は，婚姻や家族のあり方に対する国民の意識の多様化，諸外国での婚内子・婚外子の平等化の進展と相続差別の廃止（ドイツは1998年に，フランスは2001年にそれぞれ従来の相続差別規定を撤廃），国連自由権規約委員会による嫡出でない子に関する差別的規定の削除勧告，子どもの権利委員会による法改正の勧告等に言及し，「父母が婚姻関係になかったという，子にとっては自ら選択ないし修正する余地のない事柄を理由としてその子に不利益を及ぼすことは許されず，子を個人として尊重し，その権利を保障すべきであるという考えが確立されてきているもの」と述べている。この違憲判決を受けて国会では，同年12月5日，民法900条4号の嫡出でない子の相続分を嫡出子の相続分の2分の1と定めた部分を削除する法改正が行われ，両者の相続分は同等になった。

相 続 税

相続や遺言によって財産を譲り受けた場合には**相続税**が課される。相続税がいくらになるかを計算するには，まず，遺産総額から非課税財産や借入金などの債務，埋葬費用を引き，3年以内に贈与された財産の金額をたして算出する正味の遺産額から基礎控除（「5000万円＋1000万円×法定相続人の数」）を引いた額を算出する。その総額を法定相続分通りに分けたものとして相続税の総額が計算される（税率は金額に応じて10～50％）。実際に納める税金は，相続税の総額を実際に各相続人が相続した割合に応じて**按分**することになる。法定相続人が3

人いる場合には，遺産額からの基礎控除が8000万円にもなる。実際に相続税を課される人は多くない（財務省の資料によれば年間死亡者数に対する課税件数の割合は4％ほどである）。

2　相続資格の剝奪

相続資格剝奪制度

相続は，被相続人の財産を家族として共同生活を送ってきた者に引き継ぐ制度であり，死んでいく者は自分の財産を身近な家族に残したいものだとの想定のもとに成り立っている制度だ。したがって，相続人に不正があり，著しい非行によって家族的な人間関係を壊すような者は，被相続人の思いとして相続人から除きたいこともあるだろう。民法は，相続人に著しい非行や不正があった場合に，その相続人から相続権を法律上当然に剝奪する制度と，被相続人の申立てまたは遺言により家庭裁判所の審判を通じて，その相続権を剝奪する**相続人廃除制度**を規定している。

相続人の欠格事由

相続人同士の利害関係から，自分よりも相続順位が優先する相続人あるいは同順位にある相続人を殺害し，あるいはその未遂として刑法上処罰を受けた者は，相続人になることはできない（**欠格事由**）。被相続人が殺害されたことを知りながら告発せず，または告訴しなかった者，さらには詐欺や強迫によって被相続人をして相続に関する遺言をさせたり，変えさせたりした者，また，遺言書を偽造・変造・破棄・隠匿した者も同じく相続権を剝奪される（民法891条）。

相続人の廃除制度

上記の欠格事由にあたるほど重大ではなくても，被相続人が自分の財産を相続させるに相応しくないと考える場合に，被相続人の意思で相続権を奪うことができる。これを推定相続人の**廃除制度**という。遺留分を有する推定相続人が，被相続人に対して虐待をしあるいは重大な侮辱を加えたとき，またはその他の著しい非行があったときに，被相続人は，その推定相続人の廃除を家庭裁判所に請求することができる（民法892条）。

「虐待または重大な侮辱」とは，被相続人に対し精神的苦痛を与えまたはその名誉を毀損する行為であって，それにより被相続人と当該相続人との家族的な共同生活関係が破壊され，その修復を著しく困難ならしめるものをも含むとする判決がある（東京高裁決定）。この事件では，自分の結婚式の招待状の招待者として無断で父親の名を印刷して親の知人らに送付したことが廃除事由とされた。廃除された当人はこの父親の娘であり，小・中・高等学校在学中を通じて非行を繰り返していたという。そのあげくに暴力団員だった男と結婚し，父母ともにこの結婚に反対していることを承知で父の名で父の知人らに招待状を送付したことが問題とされたのである。

3　相　　続

どのように相続するのか

相続について民法は，被相続人に属した一切の権利義務が原則として相続人に相続されるものと定めている。これを**包括承継**という。ただし，被相続人の一身に専属したもの（**一身専属権**）は，相続人に承継されることはない。会社と雇用契約を結んで働いていた場合の労働する義務などのように，当人の能力・個性と結びついたもので他人が代わって行うことが相応しくないものは，当人の死とともに消滅する。

他人の不法行為によって死亡した者が有する，加害者に対する損害賠償請求権については，**逸失利益**などの財産的損害のみならず，精神的苦痛に対する慰謝料請求についても相続を認めるのが判例である（最高裁判決 S.42.11.1）。学説上は，死者の逸失利益などの財産的損害の相続を認めず，遺族の扶養利益喪失にもとづく固有の損害賠償請求を認めれば足りるとし，慰謝料についても死者の慰謝料請求権の相続を否定し，遺族固有の慰謝料請求権（民法711条）で対応すべきであるとする説も有力に主張されている。

恩給や年金を受給していた者が事故によって死亡した場合，加害者に対して損害賠償を請求するにあたり，これらの受給利益の喪失を逸失利益と認め，その相続を肯定するのが判例である（最高裁判決 S.59.10.9）。

公営住宅の借り主である夫と共に生活していた妻は，夫の死亡後引き続きこの公営住宅に住み続けることができるのだろうか。問題は公営住宅の使用権が

相続人に引き継がれるかどうかである。最高裁はこれを否定している。公営住宅法の目的は「住宅に困窮する低額所得者」に低廉な家賃で住宅を提供することにあり、そのため入居者を一定の条件に当てはまる者に限定している。この条件を満たしたとして入居が認められていた者が死亡したのだから、利用はそれで終わり、その相続人が当然に入居する権利を引き継ぐわけにはいかない、という理由である。民間の一般の借家の場合には、借家の賃借権の相続が認められる。

死亡に伴って会社などから支給される退職金（死亡退職金）や生命保険金はどのように扱われるのか。一般の民間企業では、死亡退職金についてあらかじめ受取人の範囲や順位が定められている。この場合には死亡退職金は相続の対象とはならず、定められた受取人が自己固有の権利として取得するものと考えられる。また生命保険金は、生命保険契約に基づき、契約者死亡により受取人に指定された者に支払われるものであり、相続の対象とはならない。

お墓や仏壇等の承継

相続人が複数いる場合、被相続人の財産は相続人が共同で分割相続することになるが、被相続人が維持管理してきたお墓や仏壇、位牌など（これらを祭祀財産という）は、分割相続というわけにはいかない。民法は、祭祀財産の特殊性や人々の感情を考慮して、特に規定をおいている。それによれば、まず被相続人が仏壇やお墓を引き継ぐ者を指定している場合には、これに従う。指定がなければ慣習に従って祖先の祭祀を主宰すべき者が承継する。指定もなくまた従うべき慣習も明らかでないときは、最終的には家庭裁判所に承継すべき者を決めてもらうことになる（民法897条）。

遺体や遺骨も所有権の対象となるが、一般の所有権とは性質が異なる。あくまで埋葬管理および祭祀供養という目的に基づき認められるものであり、祭祀財産を承継すべき者に遺骨の所有権も帰属する（最高裁判決 H.1.7.18）。

4　相続財産の共有と分割

相続財産の共有

亡くなった人の財産は借金も含めて、死亡と同時に**相続人**のものとなる。所

有者，債務者が存在しないという空白状態を避けるためにとられている法律上の取扱である。相続人が複数いる場合には，まずは相続人らで相続財産を共有することになる（割合についての遺言がなければ法定相続分に従って共有することとなる）。相続財産のうち，誰が何を相続することになるかは，遺産分割手続によって決めることになる。

現金や預金あるいは人にお金を貸している場合（金銭債権）は，どのように処理すればいいのだろうか。金銭債権などは，複数の相続人の間で法律上当然に分割され，各共同相続人が相続分に応じてこれを承継することになる。預金債権については各相続人が相続分に応じて個々払戻請求することができる。しかし実際には銀行は，相続人の遺産分割協議書か相続人全員の領収書（依頼書）および戸籍謄本・印鑑証明書の提出を求めており，これがないと払戻には応じていない。金融機関としては，法定相続分や実際の相続分が必ずしも明らかではなく，相続分以上の払戻を行ってしまったあとで問題になっても困る。遺産分割協議前に相続人から相続分に応じた払戻の請求があった場合，これに応じるべきか否かが争われた裁判もあるが，裁判所の見解はまちまちである。東京地裁の判決で，銀行での実務に合致したものがある。すなわち，遺産分割協議前の遺産共有は，遺産全体に対する相続人の法定相続分に応じた抽象的権利義務にとどまり，まだ具体的に個別の財産上に持分を持つわけではないと判示している。請求に従い支払った場合には銀行が遺産争いに巻き込まれることになりかねないことを理由に，法定相続分に応じた具体的権利として払戻を請求できるわけではないとした（東京地方裁判決 H.7.3.17）。

遺産分割

以上のように，被相続人に属した財産はひとまず共同相続人らが共有することとなる（民法898条）。これはあくまで暫定的な状態であり，最終的に相続を完了させるには，相続財産のうちの何を誰がどれだけ相続するかを決める手続（共同相続人間の遺産分割手続）が必要となる。遺産分割は，相続人間の実質的な公平と平等を実現するように行われなければならず，また共同相続人間の協議による合意形成が尊重されなければならない。

遺産のなかに家族で経営している商店あるいは耕作している農地など，一体として維持することに価値があるものについては，そうした一体性と全体的価

値を尊重することも遺産分割にあたっての課題である。商店や農業を実際に引き継いでいる子が，これを維持するに必要な財産を相続するなど，遺産分割にあたっては，数量的，金額的な割合に拘泥せず，相続人の生活状況その他を総合的に勘案したうえで合目的的な分割が目指されなければならない。民法906条は，「遺産の分割は，遺産に属する物又は権利の種類及び性質，各相続人の年齢，職業，心身の状態及び生活の状況その他一切の事情を考慮してこれをする」と定めている。

遺産分割の方法

相続することになる遺産には，様々なものが含まれる。現金，預貯金，不動産，自家用車などである。相続人が複数いる場合には，これらの遺産をできるだけ公平に分けて相続することになる。民法が用意している遺産分割の方法には，**現物分割**，**代償分割**，共有による分割，**用益権設定**による分割，**換価分割**などがある。

① 現物分割

住んでいる土地あるいは建物，自動車，特定の会社の株式などを現にある形態のままで誰が相続するかを決める方法である。

② 代償分割

被相続人が所有し管理・運営してきた商店や操業中の工場，あるいは農地などを後継者に相続させて，この相続人が他の共同相続人に対して代償として一定額の金銭を支払うことにするような場合である。こうすることによって共同相続人間の各相続額を調整することができる。

③ 共有による分割

相続財産を現実に分割してしまうのではなく，共同相続人の共有にする方法である。相続することになった土地建物を複数の相続人の共同所有にするなどが考えられる（もちろん共有する不動産に対する持分は決めなければならない）。

④ 用益権の設定による分割

土地建物のような財産の場合に，当該不動産の所有権と別個に賃借権など実際上の利用権を設定し，不動産所有権と賃借権を共同相続人間で分け合う方法である。たとえば，親の土地建物を相続することになった兄弟のうち，兄が不動産の所有権を相続し弟のために賃借権を設定し弟家族が住むなどの方法が考

えられる。

⑤ 換価分割

相続財産のうち売却可能なものを売却し，その代金を共同相続人間で分割する方法である。マンションや自動車のように，分割不可能な物や分割によって価値が著しく減少するような場合に行われる。

相続分の確定

親の財産を相続することになった兄弟姉妹のうち，兄はマンションを購入する資金の一部として親から多額の援助を得たことがあるとか，姉は結婚に際して財産を分けてもらったことがあるなど，親が生きていたときのお金のやりとりは，いざ相続することになったときに共同相続人であるこの兄弟姉妹がもめる原因になりかねない。共同相続人間の相続分を確定するためには，被相続人と共同相続人間で生前に行われた財産上のやりとりや，生活上の寄与・献身等を考慮しなければ公平性を欠く。そのために民法が用意しているしくみが「**特別受益の持ち戻し**」と「**寄与分**」の考慮である。

① 特別受益の持ち戻し

親が子どもの結婚に際して一定の財産を分け与え，子がマンションを購入するに当たって資金援助を行ったことがある場合（いずれも親から子への贈与に当たる）に，相続分を確定するうえでこれを考慮するしくみを「特別受益の持ち戻し」という。こうした贈与を受けた者（特別受益者）がいる場合，その受けた贈与額分と現在の相続財産とを合算した上で各相続人の相続額を算出し，その額からすでに贈与を受けた者の贈与額を差し引いて，その者の実際の相続額を出すことになる。贈与された財産が金銭である場合には，贈与時点での金額を相続開始時点の貨幣価値に換算しなおす。不動産等の場合には価格が増減し滅失することもあるが，相続開始時点において目的物がそのまま存在するものとして評価し，その金額を算出することになる。特別受益の額が特別受益者の相続分の価格に等しいか，又は超過する場合には，その相続人（特別受益者）は相続分を受け取ることができない。ただし被相続人が，こうした持ち戻しを免除する意思を示していたときはその意思に従うことになるが，他の相続人の遺留分を損なってはならない。

被相続人が生前加入していた生命保険契約で，共同相続人のうちの一人が保

険金の受取人に指定されていた場合，この相続人が受け取る生命保険金は特別受益に当たるのだろうか。判例によれば，生命保険金を受け取る権利（**保険金請求権**）は，その保険金受取人自身の固有の権利であり，被相続人から譲り受けたものではなく，特別受益の持ち戻しが必要な贈与などではない。ただし，保険金を受け取る相続人とその他の相続人との間に著しい不平等が生じるなど特段の事情がある場合には，持ち戻しの対象となる場合もある。特段の事情の有無を考えるにあたっては，保険金の額，この額の遺産総額に対する比率のほか，同居の有無，被相続人の介護などに対する貢献の度合いなど保険金受取人である相続人及び他の共同相続人と被相続人との関係，各相続人の生活実態等のさまざまな事情が総合的に考慮される。

② 寄 与 分

子どものうちの一人が早くから父親の営む家業を手伝い，事業を維持・拡大させるのに大きく貢献したとか，病床にある親の看護を長年に渡って引き受けてきたような場合などは，相続にあたって考慮されるのだろうか。民法は，被相続人の仕事を手伝ったとか（**労務の提供**），金銭的な支出を行った，あるいは子として被相続人の療養看護に献身したなどをもって，結果として被相続人の財産の維持または増加について特別の寄与をしたものと捉える。そのうえで，こうした寄与分を金銭に換算し，これを相続財産から差し引いたものを相続財産として遺産分割の対象とする。こうして各相続人の相続分が割り出されるが，寄与のあった相続人についてはこの相続分に彼（彼女）の寄与分が上乗せされ最終的な相続分が算出されることになる（904条の2）。

5 相続しない自由

被相続人の財産といっても，プラスの財産ばかりではなくマイナスの財産，すなわち借金がある場合もある。相続人は，これらプラス・マイナスを検討し，相続するかしないか，また条件付で相続することもできる。無条件で相続することを**単純承認**，プラスとなる場合にのみ相続することを**限定承認**，なんら条件を付けないで相続を拒否することを**相続放棄**という。相続人は，被相続人の死亡に伴う相続が開始されたことを知ったときから3ヶ月以内に，単純承認，限定承認，あるいは相続放棄をしなければならず，この期間内に限定承認ある

いは相続放棄する旨を家庭裁判所に届け出なければ，単純承認したものとみなされる。

相続人などの相続財産を引き継ぐ者がいない場合，残った財産は国庫に帰属する（959条）。

単純承認

単純承認した場合には，被相続人のプラスの財産もマイナスの財産もすべて無条件で引き継ぐことになる。民法は，単純承認を原則としており，限定承認あるいは相続放棄する場合には家庭裁判所に届け出なければならない。その場合には，相続開始を知ってから3ヶ月を過ぎた場合のほか，相続人が相続財産の全部または一部を使ってしまった場合など処分したときには，3ヶ月以内でも単純承認したものとみなされる。限定承認や相続を放棄した後に，相続財産を隠したり，密かに使い込んだりした場合には，もはや限定承認・相続放棄を主張することはできず，単純承認したものとみなされる。

限定承認

相続といっても財産が残っているとは限らない。多額の借金が残っている場合もある。こういう場合に**限定承認**のメリットがある。限定承認とは，相続によって得たプラスの財産の範囲内で被相続人の借金などを引き受ける条件付相続をいう。借金が多く相続財産といっても明らかにマイナスになる場合のほか，相続財産の額が不確かで借金も不確かといった場合にも，限定承認を考えていいかもしれない。

相続放棄

相続することになったが，財産といえるほどのものはほとんどなく借金だらけだったといった場合には，相続しない自由が認められている。これを**相続放棄**という。相続放棄は，被相続人の借金を引き継ぐことを拒否する方法として行われるほか，亡くなった親の自営業を，共同相続人である兄弟のうちの一人が受け継ぐ場合（兄にすべてを引き継がせるなど）や，住んでいる土地建物あるいは農林業用の土地等を共同相続人の一人が引き継ぐ場合に，他の共同相続人が相続放棄をすることが考えられる。

相続放棄は，相続を知ったときから3ヶ月以内に家庭裁判所に「**相続放棄申述申立書**」を提出しなければならず，家庭裁判所での本人確認，確認に基づく受理審判等の手続を経たうえで認められる。

被相続人が死亡した時点では借金などないと思っていたところ，3ヶ月を過ぎてから借金が発覚した場合には，もはや限定相続や相続放棄はできないのだろうか。このような場合には，この3ヶ月の期間を，被相続人が死亡し自分が相続人になることを知った時点から起算するのではなく，借金も含めて相続することとなる財産の全体を（すべてではないにしろ借金があることを含めて）知ったときと解するのが判例である。したがって借金の存在が発覚してから3ヶ月以内であれば相続放棄などの手続をとることができる。

6 遺 言

遺言の意味と方式

自分が死んだ後のことを考えた場合，わずかではあれ財産を娘に残してやりたいとか，営んでいた事業を長男に継がせたうえで，経営に関わるあれこれを言い残しておきたいとか，書き残しておこうと思うことがいろいろあるだろう。「**遺言書**」として文書が作成されることも多い。ところがその遺言書の内容に曖昧な点があったり，相続人として受け入れがたいこともあり得る。死んだ本人は相続人間で争いがないようにと願って作成したにもかかわらず，遺言書が争いの原因になったりもする。

民法は，遺言することのできる事項と遺言の方式を，争いが起こらないように厳格に定めている。遺言は**普通方式**と**特別方式**に分けられる。普通方式としては，**自筆証書遺言，公正証書遺言，秘密証書遺言**の3種類，特別方式として，**一般危急時遺言，伝染病隔離者遺言，在船者遺言**および**難船危急時遺言**の4種類が規定されている。民法の規定するこれらの方式に該当しないものは，遺言としての効力が認められない。また遺言の訂正，撤回，開封，執行などについても厳格な規定が置かれている。

① 自筆証書遺言

自筆証書遺言は，遺言の本文，日付及び氏名を自書し，押印すれば完成する（民法968条1項）。もっとも簡便な方式であるが，偽造の恐れもあり，遺言とし

ての有効性をめぐって相続人間で紛争が起こる可能性も高い。

　自書が要件とされているのは，本人の真意であることを確認するためである。本人が，震える手で書くのを他人が手を添えた程度であるなら自書と認められるが，口述を他人が書き留めたものやワープロで作成したものは自書とはいえない。録音やビデオ録画も遺言とは認められていない。押印は**実印**（実印とは住民登録をしている市区町村長に届け出て登録申請し，受理された印鑑のことをいう。登録に基づき印鑑証明書の交付を受けることができ，これによって契約文書等の作成者が本人に間違いないことの証しとすることができる）である必要はなく，**拇印・指印**でも認められている。帰化した外国人が作成しサインはあるが押印のない遺言を有効とした判例がある。また，遺言書を入れた封筒の封じ目として押印されていれば，遺言書の**押印**と認めた判例もある。

② 公正証書遺言

　公正証書遺言は，遺言者が遺言の内容を公証人（法務大臣が任命し監督する公務員で，裁判官，検察官出身者が多い。全国に295の公証人役場があり約550人が任命されている）に伝え，公証人がこれを筆記して遺言書（公正証書）を作成する方式のものである。専門家の関与によって作成されるので，方式上の不備や内容が不明なことは少なく，また遺言の原本は，公証人役場に保管されるので偽造・変造の心配も無い。公正証書遺言は，遺言者本人による口述，公証人による筆記，遺言者および証人への読み聞かせあるいは閲覧，遺言者および証人による承認と署名，押印，公証人の付記，署名，押印により作成される。公正証書遺言の作成には，証人二人の立ち会いが必要である。証人は，遺言者が本人であること，遺言者が自己の意思に基づいて口述したこと，公証人による筆記が正確であることなどを確認する。

③ 秘密証書遺言

　遺言者が，遺言の証書に署名，押印して，これを封入して，証書に用いた印章で封印のうえ，公証人一人および証人二人以上の前に封書を提出して，自己の遺言書であること，遺言者の氏名，住所を申し述べ，公証人が本人および証人とともに署名，押印することによって作成するものである。本人があらかじめ封印しているので内容は明らかでない点で秘密が保たれている。ただし内容に曖昧な部分が残っているとしても，公証人などがこれを確認し正す手立てはない。

④ 特別方式による遺言

以上に紹介した普通方式の3種類の遺言のほか，重い病状のため自筆での作成が無理な場合や，嵐で遭難した船中で死の危険が迫るなかで作成する場合などを想定した特別方式による遺言が認められている（危急時遺言，隔絶地遺言，難船危急時遺言）。

まず危急時遺言とは，病気等の理由で死が迫っている者が遺言をしようとするときは，証人3人以上の立ち会いをもって，その一人に遺言の趣旨を口授して書き取らせることで遺言することができる。この場合，筆記されたものを遺言者および他の証人に読み聞かせまたは閲覧させ，筆記が正確なことを各証人が承認のうえ，署名・押印することによって遺言は成立する（遺言者の署名・押印は不要）。この方式によって作成された遺言書は，遺言の日から20日以内に，家庭裁判所に請求して確認の審判を得なければならない。

次に隔絶地遺言とは，伝染病のため隔離されている者は，警察官一人および証人一人以上の立ち会いのもと遺言書を作成することができる。また船舶中にある者は，船長または事務員一人および証人二人以上の立ち会いをもって遺言書を作成することができる。

最後に難船危急時遺言とは，船舶が遭難し，この船舶中にいて死が危急に迫った者は，証人2人以上の立ち会いをもって口頭で遺言をすることができる。証人による遺言の趣旨の筆記をその場で行う必要はない。証人は，その趣旨を筆記し署名押印のうえ，遅滞なく家庭裁判所に確認の請求を行わなければならない。

特別方式による遺言は，緊急時など特別な状況下での遺言である。そのため，遺言者が普通の方式のよって遺言することができるようになったときから六ヶ月間生存するときは，遺言としての効力は生じない。

公証人役場

遺言の効力と撤回など

遺言は，原則として遺言者が死亡したときにその効力が生じる。ただし，遺言の中で内容に条件が付けられている場合（「息子が大学を卒業して職に就き，結婚したら土地建物を与える」など）には，条件が成就した段階で効力が生じる（息子は土地建物の所有権を取得する）ことになる（985条2項）。

多額の財産を長男に与える遺言をしていたが，その後，長男との関係が悪化し，与える財産を減らそうと考えた場合など，遺言の内容を変更したい場合にはどうすればいいのか。遺言が効力を生じるのは，遺言者死亡の時なので，遺言者は死ぬまでいつでも遺言を撤回することができる。一度遺言書を作成した後にあらためて遺言書を作成し直した場合，新しい遺言書の内容と抵触する部分について，古い遺言は撤回されたものとみなされる。

15歳未満の者や自らの意思を表示することができない（意思能力を欠いた）者の遺言は，無効である。一般に遺言者は高齢であることが多い。認知症が進行した者の遺言をめぐっては，遺言書の内容に不満のある相続人から遺言無効の訴えが起こされる場合もある。

遺言による財産の処分

遺言者は，遺言によって財産の全部または一部を自らの意思で相続人その他の者に割り振るなどの処分をすることができる。相続人を指定している場合（妻には不動産，子には預貯金，あるいは妻に7割，子に3割など）には，遺産分割方法の指定（908条）あるいは相続分の指定（902条）と考えられる。また相続人でない者を指定しているときは，遺言による財産処分，すなわち遺贈と考えられる。遺贈によって財産を得る者を受遺者という。遺贈には，「財産のすべてを与える」「財産のうちの3分の1を与える」というように，どの財産と特定していない遺贈（包括遺贈）と，「○○の土地を与える」といったように目的物を特定した遺贈（特定遺贈）がある。特定遺贈の場合には，遺言者死亡により遺言の効力が発生したときに物権的な効力が発生する。この時点から受遺者は，当該目的物の所有権を取得する。包括遺贈の場合には，受遺者は，相続人と同一の権利義務を有することになる（990条）。したがって，たとえば財産の3分の1を遺贈された包括受遺者は，3分の1の相続分を有する相続人と同様に扱われることになる。

遺言者は，遺贈する際に一定の義務を受遺者に負わせることができる。これを負担付遺贈という。たとえば，後に残る配偶者の世話を受遺者に義務付けることもできる。この場合，受遺者は，遺贈された財産の価格を超えない限度で，指定された義務を履行しなければならない。負担内容が重すぎるなど遺贈を受けたくない場合には，放棄することができる。負担付の遺贈を受けたにもかかわらず，受遺者が義務を履行していない場合には，相続人は，相当の期間を定めてその履行を催告することができる。その期間内にも義務が履行されない場合にはこの負担付遺贈を行った遺言の取消を家庭裁判所に請求することができる（1027条）。

7　遺留分

被相続人は，遺言によって自分の財産を自由に割り振りすることができるのが原則であるが，遺言がなければ一定の財産を相続することができた相続人の利益を損なってはならない。遺言内容にかかわらず，一定部分は特定の相続人に相続させる規定が置かれている（民法1028条以下の遺留分制度）。

遺留分の割合は，相続人が被相続人の**直系尊属**（父母・祖父母等）だけの場合であるときは，被相続人の財産の3分の1，配偶者や子の場合には2分の1である（これが相続人全体での遺留分となる。以下，表14－1参照）。

個々の相続人の遺留分を確定するには，各相続人の法定相続分が前提となる。したがって各相続人の個別の遺留分は，全体の遺留分にそれぞれの相続人の法定相続分を乗じた割合となる。たとえば，被相続人の妻と子2人が相続人である場合は，全体の遺留分が2分の1で，妻の遺留分は4分の1（配偶者の法定相続分が1/2だから1/2×1/2），子それぞれの遺留分は8分の1（この場合の子の法定相続分1/2を二人で均等に分けるので×1/2，すなわち子それぞれが1/4ずつとなり，これに全体の遺留分1/2を乗ずるので，子それぞれの遺留分は1/8となる）ずつとなる。

被相続人が残した財産よりも多額の贈与を生前に行っている場合，相続人には，この贈与を受けた受遺者から贈与財産の一部を取り戻すことができる。たとえば，被相続人が生前，恩人の遺族に3000万円の不動産を贈与していたとする。被相続人の死亡時点での財産が2000万で，借金が1000万であった。相続人

第Ⅴ部 死　ぬ

表14-1　遺留分の分割

相続人	配偶者あるいは子どもが相続人になる場合（被相続人の親がいない）	被相続人の親だけが相続人になる場合	配偶者と被相続人の親が相続人になる場合
相続財産に占める遺留分の割合	1／2	1／3	配偶者　　1／3 被相続人の親　1／6
相続人	配偶者と子が相続人になる場合（被相続人に子がいる場合には被相続人の親に相続権はない）	配偶者と被相続人の親が相続人になる場合（被相続人に子がいない場合）	配偶者と被相続人の兄弟姉妹が相続人になる場合
法定相続分	配偶者　　1／2 子　　　　1／2 (子が複数の場合は各均等となる)	配偶者　　2／3 親　　　　1／3 (両親が相続する場合は各1／2ずつとなる)	配偶者　　3／4 兄弟姉妹　1／4 (兄弟姉妹が複数の場合は各均等となる)

注：相続人が複数いる場合には，相続財産に占める遺留分の割合から相続人全体としての遺留分の額を出し，これに法定相続分を乗じて，個々の相続人の最終的な遺留分が確定される。
出所：筆者作成。

の各遺留分がいくらになるかを算定するには，まず遺留分算定の基礎となる財産を確定しなければならない。死亡時点での財産2000万＋贈与された財産3000万－借金1000万＝4000万円が遺留分算定の基礎となる財産額である。配偶者と子2人が相続する場合を考えてみると，全体での遺留分の割合は1／2，従って相続人3人の全体での遺留分は2000万となり，妻1000万，子それぞれ500万が個別の遺留分となる。実際の遺産は借金を引けば1000万しか残っていない。つまり妻500万，子それぞれ250万ずつしか手にできない。つまり上記の贈与によってこの遺留分との差額が侵害されていることになる（妻500万，子それぞれ250万ずつ）。この額を3000万円の贈与を受けていた者（受贈者）に請求できるのである（遺留分減殺請求権）。

参考文献
二宮周平『家族法　第4版』新世社（2013年）
高橋朋子・床谷文雄・棚村政行『民法7　親族・相続　第3版』有斐閣（2011年）
石原豊昭『お墓のことを考えたらこの1冊』自由国民社（2011年）
PHP研究所編『葬儀・法要・相続がよくわかる本』PHP研究所（2010年）

（北山雅昭）

Column 14

第 14 章 死後に残す

葬儀とお墓

　人は必ず死ぬ。多くの人は，病院で息を引き取るが，事故や災害，あるいは事件に巻き込まれて亡くなることもある。人が亡くなったら，戸籍法の規定に従い死亡の届けを行う。死亡届は，同居していた親族その他の同居人等が死亡の事実を知った日から七日以内に，死亡地あるいは死亡者の本籍地等の市区町村役場に出す。死亡届には，医師による死亡診断書または死体検案書を添付する。病院で診療を受けていて亡くなった場合には，医師が死亡診断書を作成し遺族に交付する。診療した患者以外の者が死亡した場合や，診療を行っていた傷病と関連しない原因で亡くなった場合には，医師は死体検案書を交付することになる。

　葬儀から埋葬にいたるまでの対応は，かつては遺族・親族および地域の近しい人びとによって執り行われていたが，現在は専門の葬儀社に依頼することが多い。葬儀社との契約の締結であるので，故人や遺族の意向を明確にし，見積もりを得て内容を検討，確認しておくことが重要である。

　埋葬と墓地については，墓地埋葬法に従うことになる。多くは火葬ののち焼骨を墓地等に納めることになる。一部地域では土葬も行われている（東京都の場合は奥多摩町など一部の地域を除き条例で土葬禁止地域に指定されている。海への散骨などの自然葬を禁ずる法令はない）。遺体を火葬するには，死亡届ののち市区町村長に火葬許可証を発行してもらい，これを火葬場管理者に提出しなければならない。火葬場管理者は，火葬許可証を受理した後でなければ，火葬を行ってはならない。火葬が終了すると，火葬許可証に，火葬日時が記載された火葬証明印が押される。墓地に焼骨を納めるには，この許可証が必要である。

　火葬後の焼骨をどこに納めるか。その家の墓（○○家之墓）があれば，その墓に納骨することになる。お墓のない場合は，家で保管することは禁じられていないが，土中への埋蔵は墓地以外で行ってはならない。墓地や納骨堂（墳墓以外の焼骨の収蔵施設）の経営は，都道府県知事の許可を受けなければならない。墓地には，自治体が管理，運営しているもの（公営墓地），寺院が運営しているもの（寺院墓地），公益法人が経営しているもの（民営墓地）がある。公営墓地と民営墓地には，宗教宗派の制限はないが，寺院墓地については，そのお寺との檀信徒契約（そのお寺の檀家となったうえで寺の維持運営への協力，行事への参加などが求められる）が前提となる。

　新たにお墓を確保するためには，これら墓地管理・運営者と一定区画の使用契約を結び，石材業者と墓石の購入・施工契約を結ぶことになる。使用契約には「永代使用」などと呼ばれる無期限のものと30年，50年など期間を限ったものがある。前者の

第Ⅴ部 死 ぬ

場合，使用者は，契約時における「使用料」と毎年の管理費を支払わなければならない。使用料が支払われなかったときや管理費の支払いが滞ったときには，管理者から使用契約が解除されることもある。後者の，期間を限った契約には，最初に「永代供養料」「永代管理料」などの名目で使用料を一括して支払うものが多い。期限がきた段階で埋蔵されていた焼骨は，「合同供養」の場に合祀され，個々の墓石等は撤去される。

　このほか区画されたお墓を確保するのではなく，樹木葬など１ヶ所に合葬する形式のものもある。家族関係の変化や居住地の移動が多くなったこと，あるいはお墓についての考え方の多様化につれ，お墓の形態も多様化してきている。　　（北山雅昭）

死者との対話

おわりに

　2011年3月11日，東日本大震災が発生した。その時私たちは本書の研究会を終え地下鉄の早稲田駅に行く途中であった。突然，今まで体験したことのない激しい揺れ，なかなか止まらない。電線が揺れ，お寺の石灯篭の一部が道路に落ちてきた。駅から多くの人が出て行き，地下鉄には乗れなかった。とりあえず喫茶店に入りテレビを見た。あの大津波の状況がテレビに映し出される。現実なのか。家族，知り合いに連絡する。しかし，つながらない。その日は家には帰ることができなかった。後日，大津波の影響による福島の原発事故が報道され，住民の避難がはじまり，放射能の問題が人々の生活に影響を及ぼしはじめた。1000年に一度の大震災が語られ，日本の自然，政治，経済，文化，エネルギーのあり方が語られた。そして日本の大震災は世界にも影響を及ぼしはじめる。

　思うに，私たちは一生のある期間を，職業として法律，社会科学を学びそして教育している。それにどんな意味があったのだろう。自然の力，猛威の前に何ができたのだろう。私たちはそれなりに社会について考え，より良い社会を創ろうとしてささやかな力を出してきたとも思っている。しかし法律，社会科学はその特有の領域を対象として，言葉，概念を使い，社会，人間関係を理解しようとする。そこに限界があるのではないかという疑問がふつふつと沸き起こる。言葉を使い現実を理解することを言葉の上ではできるし，人間の幸せにも一定の寄与ができる。しかし法律，社会科学は，自然や現実の上に成り立ち，科学論としては自然科学の上に成り立つものである以上，自然や現実についても深く学び理解し，そして広く自然科学が提起する課題とも，より積極的に格闘すべきではなかったのか。世の中の諸現象が複雑に絡みあって発生する現代を解き明かすには，自然科学，社会科学，人文科学の総合の必要性が語られるが，そのためにすべきことがもっとあったのではなかったのか。

　私たちは戦後生まれであり，さまざまな体験をしてきたとはいえ，戦争，大災害をはじめとして直接の大きな体験は持たない。人間は，過去を想い，未来

を考え，現実に生きる動物である。人類の歴史，過去の体験，これまでの獲得してきたさまざまな知識から，私たちは謙虚にそして真摯に"真実"を学ぶことの大切さを，大震災から改めて教えられた気がする。"過去の真実と教訓から学び，過ちは二度と繰り返さない"ことを決意する。そして本書を執筆するなかで，法の奥にある人間社会，さらにもっと奥にある自然界の重要さを知るにつれ，"現象を根本から学ぶことの大切さ"を痛感する。

2014年1月

吉田　稔
編著者　北山雅昭
渡邉隆司

法律年表

年	世界の出来事	日本の出来事
約138億年前	宇宙の膨張が始まる（ビックバンの仮説）	
約46億年前	地球が誕生する。先カンブリア時代（無生物の時代）	
約5.4億年前	生物の誕生（植物，昆虫が出現，魚類の時代）	
約2.5億年前	中生代（恐竜の時代）	
約6500万年前	新生代（鳥類，哺乳類が繁栄）	
約500万年前	アストラロピテクス（猿人）の出現	
約250万年前	ホモ＝ハビルス（ホモ属）の出現	
約180万年前	ジャワ原人，北京原人の出現	
約20万年前	ネアンデルタール人（旧人）の出現	
約15万年前	ホモ・サピエンス（新人，「賢い人」の意味）の出現	
約4万年前	クロマニョン人，周口店上洞人の出現	
B.C.（紀元前）		
2700年〜	四大文明（メソポタミア，エジプト，インダス，中国）の成立	
7世紀〜	ギリシャ世界，ローマ帝国の成立	
552年	孔子誕生，『論語』	
5世紀頃	釈迦誕生（以後，仏教として東アジア，世界へ伝播）	
紀元元年	キリスト誕生（以後，キリスト教としてヨーロッパ，世界へ伝播）	
A.D.（紀元後）		
332年	ムハンマド（預言者としてイスラム教を創始）アラビア半島の統一	
376年	ゲルマン人の大移動	
9世紀〜	西ヨーロッパ中世社会の成立	
10世紀〜	西ヨーロッパ封建社会の成立	
11世紀〜	十字軍運動	
1215年	*大憲章（マグナ＝カルタ）	
11〜14世紀	西ヨーロッパ中央集権国家の成立	
14〜16世紀	ルネサンス（人間復興）	
15〜16世紀	大航海時代（コロンブス，ヴァスコ・ダ・ガマ，マゼラン）	

16世紀	宗教改革（ルター，カルヴァン）	
1618	ヨーロッパ30年戦争	
1642	英・ピューリタン革命	
1660	英・王政復興 ＊人身保護法	
1688	英・名誉革命（近代自然法思想の展開 ホッブズ『リヴァイアサン』，ロック『政府二論』，ルソー『社会契約論』，モンテスキュー『法の精神』など） ＊権利章典	
18世紀後半～	産業革命の進展，資本主義体制の成立へ	
1776	米・独立宣言 ＊アメリカ合衆国憲法	
1789	仏・フランス革命 ナポレオンの登場と革命の終焉 ＊フランス人権宣言	
1804	＊ナポレオン法典	
1830	仏・七月革命	
1840	清・アヘン戦争（～42）	
1848	仏・二月革命	
1853		ペリー来航
1854		＊日米和親条約
1858		＊日米友好通商条約
1861	米・南北戦争	
1867	（マルクス『資本論』第一部，以後エンゲルスが第二部，第三部を公刊）	
1868		明治維新
1871	パリ＝コミューン（ダーウィン『種の起源』） ＊仏・第三共和国憲法	
1872		（福澤諭吉『学問のすすめ』）
1875	英・スエズ運河株買収	＊樺太南千島交換条約
1882	三国同盟（独，伊，オーストリア）	
1889		＊大日本帝国憲法
1890		＊民法
1907	三国協商（英，仏，露）	
1894		日清戦争
1895		＊下関条約
1898	米西戦争	
1899		＊商法
1900		＊未成年者喫煙禁止法
1902		日英同盟
1904		日露戦争（～05）
1905		＊ポーツマス条約
1907		＊刑法
1910		＊日韓併合条約

1911	辛亥革命（孫文指導）	
1912	中華民国	＊未成年者飲酒禁止法
1914	サライヴォ事件，第一次世界大戦（～18）	
1917	中国に二十一カ条の要求	
1919	ロシア十月革命（レーニン指導） ＊ベルサイユ条約，ワイマール憲法	
1920	国際連盟発足	
1921	ワシントン会議（軍縮）中国共産党成立	
1922	ソビエト社会主義共和国連邦，印・非暴力抵抗運動（ガンジーが指導） 伊・ムッソリーニ政権掌握	＊健康保険法
1923		関東大震災
1928	＊不戦条約	
1929	ニューヨーク株式市場での株価大暴落，世界恐慌へ（米はニューディール政策採用，英・仏はブロック経済へ，独・伊・日ではファシズムが台頭，従属国・植民地では民族運動・反帝国主義運動が激化）	
1931	柳条湖事件，満州事変が起こり日中戦争へ突入	
1932	満州国建国	5.15事件
1933	独・ナチ党が第一党になる，ヒットラー内閣成立 ＊ラテンアメリカ不戦条約	日本は国際連盟脱退 ＊手形法
1936	スペイン内戦（～39） ＊ソ連憲法	2.26事件（軍部独裁体制へ） ＊小切手法
1937	伊・国際連盟脱退	盧溝橋事件から日中戦争へ（～45）
1939	＊日・独・伊三国防共協定 独ソ不可侵条約，第二次世界大戦勃発	
1940	日独伊三国軍事同盟	
1941	日・真珠湾攻撃，太平洋戦争勃発，東南アジアを制圧し大東亜共栄圏建設へ	
1942	ユダヤ人絶滅政策	
1943	イタリア無条件降伏	
1945	ヤルタ会談，アラブ連盟結成，独・無条件降伏，ポツダム会談	東京大空襲
	米軍沖縄上陸，広島・長崎に原爆投下。日本はポツダム宣言受諾，無条件降伏，第二次世界大戦終結する。サンフランシスコ会議，国際連合発足	
	ベトナム民主共和国成立 ＊IMF協定（世界では，「資本主義」陣営と「社会主義」陣営が対立する東西対立・冷戦構造が形成される。ドルを基軸通貨とするブレトン・ウッズ体制が成立する）	GHQ占領下，戦後改革（婦人解放，労働組合結成，教育・経済の民主化，秘密警察の廃止）が進む
1946		＊新憲法制定，裁判所法，国家行政組織法，国家公務員法，行政手続法，行政事件訴訟法，国家賠償法，内閣法，教育基本法，地方自治法，労働基準法，労働関係調整法
1947	トルーマン・ドクトリン，マーシャル・プラン，コミンフォルム結成，インド連邦・パキスタン分離独立	＊皇室典範，最高裁判所裁判官国民審査法，戸籍法，学校教育法，児童福祉法，独占禁止法

253

	＊GATT（関税及び貿易に関する一般協定）	
1948	朝鮮民主主義人民共和国（金日成指導），大韓民国成立，ベルリン封鎖，パレスチナ戦争 ＊世界人権宣言，ジェノサイド条約，米州相互援助条約	＊刑事訴訟法，少年法，医師法
1949	東欧経済相互援助条約（コメコン）結成，北大西洋条約機構（NATO）結成。ドイツ連邦共和国（西ドイツ）・ドイツ民主共和国（東ドイツ）の成立，ユーゴスラヴィア人民共和国（独自の社会主義），中華人民共和国の成立（毛沢東主席），蔣介石は台湾で総督になる。第一次中東戦争 ＊コスタリカ憲法，インド憲法	＊国籍法，私立学校法，労働組合法，弁護士法
1950	朝鮮戦争勃発（～53） ＊中ソ友好同盟相互援助条約，ヨーロッパ人権条約	＊国籍法，公職選挙法，生活保護法
1951	＊サンフランシスコ講和会議，サンフランシスコ平和条約・日米安全保障条約調印 ＊難民条約	＊出入国管理及び難民認定法，覚せい剤取締り法
1952	エジプト革命 ＊国際労働機関（ILO）憲章	＊破壊活動防止法
1953	朝鮮戦争休戦協定（38度線で南北分断） ＊米韓相互防衛条約	
1954	ジュネーヴ会議 ＊ジュネーヴ休戦協定成立，周恩来・ネール会談で平和五原則を発表，東南アジア条約機構 ＊中華人民共和国憲法	＊自衛隊法，厚生年金保険法
1955	ワルシャワ条約機構結成，アジア＝アフリカ会議（バンドン会議）	＊原子力基本法
1956	スターリン批判，ハンガリー動乱（反ソ暴動）スエズ戦争，スエズ運河国有化 ＊国連憲章及び国際司法裁判所規程	＊売春防止法
1957	第二次中東戦争 ＊EC条約	
1958	ヨーロッパ経済共同体（EEC）	＊国民健康保険法
1959	キューバ革命	＊日ソ共同宣言，国民年金法
1960	アフリカの年（17カ国が独立），コンゴ動乱，南ベトナム解放民族戦線の展開	＊道路交通法
	＊日米安全保障条約，日米地位協定	
1961	非同盟諸国首脳会議，ベルリンの壁構築，経済協力開発機構（OECD）発足	
1962	キューバ危機	
1963	アフリカ統一機構（OAU）結成 ＊核拡散防止条約（NPT）部分的核実験停止条約（PTBT）	
1964	パレスチナ民族解放機構結成	

1965	＊米・公民権法 米・北爆開始，ベトナム戦争（～75） ＊人種差別撤廃条約	
		＊日韓基本条約
1966	中・プロレタリア文化大革命 ＊宇宙条約　国際人権規約（社会権規約，自由権規約，自由権規約選択議定書）	
1967	ヨーロッパ経済共同体（EU）第三次中東戦争 ＊ラテンアメリカ核兵器禁止条約（トラテロルコ条約）	＊住民基本台帳
1968	チェコ事件（プラハの春）	＊都市計画法
1969	人類（アポロ11号）が初めて月に着陸 ＊米州人権条約，包括的核実験禁止条約	
1970		日本万国博覧会
		＊障害者基本法
1971	ドルの金交換を停止とするニクソン・ショック，中華人民共和国国連加盟 ＊ラムサール条約	＊沖縄返還協定
1972	ニクソン訪中，日中国交正常化 ＊SALT Ⅰ 調印，東西ドイツ基本条約，国連・人間環境宣言（ストックホルム），生物兵器禁止条約，世界遺産条約	＊日中共同声明
1973	第四次中東戦争，第一次石油危機，為替レートが変動相場制に移行 ＊ワシントン条約，海洋汚染防止条約，アパルトヘイト条約，アフリカ人権憲章ベトナム和平協定	＊高年齢者雇用安定法
1974	新国際経済秩序樹立に関する宣言	
1975	先進国首脳会議（サミット）ベトナム戦争終結 ＊生物兵器禁止条約（BWC）	
1976	カンボジア・ポルポト政権の成立 ＊核兵器の不拡散に関する条約，ベトナム社会主義憲法，キューバ共和国憲法	
1978	中・「四つの現代化」と開放政策 ＊米州人権条約	
		＊日中平和友好条約
1979	ソ連のアフガン侵攻（～88），イラン革命　中越戦争，スリーマイル島原発事故 ＊SALT Ⅱ 調印，エジプト＝イスラエル平和条約，女子差別撤廃条約	＊元号法
1980	イラン＝イラク戦争（～88），韓・光州事件	
1981	（米・レーガンが大統領に，英・サッチャーが首相に（1979年），日本・中曾根が首相となり（1982年），ともに新自由主義政策を採用する）	
1982	ナイロビ会議 ＊国連海洋法条約	
1984	＊拷問禁止条約	

1985	ソ連・ゴルバチョフがペレストロイカ（立て直し）採用，プラザ合意（日米英独仏によるドル安に導く為替レートに関する合意） ＊女子差別撤廃条約，ラロトンガ条約（南太平洋非核地帯条約）	＊労働者派遣事業法，男女雇用機会均等法
1986	チェルノブイリ原発事故	前川レポート，バブル景気（～91）
1987	＊中距離核兵器全廃条約（INF）	
1988	パレスチナ独立宣言	＊消費税法
1989	ベルリンの壁の崩壊，ソ連・東欧諸国の「社会主義」政権の崩壊，米国流の新古典派経済学の政策（ワシントンコンセンサス）の実施	＊死刑廃止議定書・児童権利条約の採択
1990	東西ドイツ統一 ＊ドイツ統一条約	＊消費者契約法
1991	湾岸戦争，独立国家共同体（CIS）創設 ＊第一次戦略兵器削減条約（STARTⅠ）	＊育児休業・介護休業法，借地借家法
1992	＊環境と開発に関するリオ宣言，気候変動枠組条約，生物多様性条約 ＊北米自由貿易協定（NAFTA）署名	自衛隊をPKOとしてカンボジアに派遣 ＊国連平和維持活動協力法（PKO）
1993	ヨーロッパ連合（EU）成立 ＊化学兵器禁止条約調印，第二次戦略核兵器削減条約（STARTⅡ）	＊行政手続法，環境基本法，借地借家法，パート労働法
1994	ルアンダ内戦 ＊NAFTA発効，民族的少数者の保護のための枠組条約	
1995	世界貿易機関（WTO）発足 ＊東南アジア非核兵器地帯条約	阪神・淡路大震災，地下鉄サリン事件
1996	＊包括的核実験禁止条約（CTBT），アフリカ非核兵器地帯条約	＊母体保護法
1997	英から中に香港が返還される ＊対人地雷禁止条約（オタワ）条約，気候変動枠組条約（京都議定書）	＊臓器移植法，介護保険法
1998	インド，パキスタン核実験	＊民事訴訟法
1999	NATO軍ユーゴを空爆，東ティモールに多国籍軍を派遣	＊周辺事態法，国旗・国家法，男女共同参画社会基本法，情報公開法，独立行政法人通則法，不正アクセス行為禁止法，児童買春・児童ポルノ禁止法
2000		＊循環型社会形成推進基本法，消費者契約法，ストーカー行為規制法，児童虐待防止法，クローン規制法（成年後見制度始まる）
2001	9.11ニューヨーク同時多発テロ，中国がWTOに加盟 ＊サイバー犯罪に関する条約	＊ドメスティック・バイオレンス（DV）法，配偶者からの暴力の防止及び被害者の保護に関する法律
2002	OUAを改組しアフリカ連合発足	＊テロ対策特別措置法，知的財産基本法
2003	イラク戦争	＊武力攻撃事態法，イラク人道支援法，個人情報保護法，少子化対策基本法，出会い系サイト規制法，性同一性障害特例法

2004	＊宇宙条約	＊公益通報者保護法，国民裁判員法
2005	＊京都議定書発効	＊会社法，高齢者虐待防止法，障害者自立支援法，食育基本法
2006	＊中央アジア非核兵器地帯条約	＊教育基本法改定，自殺対策基本法
2007		＊少年法改定，学校教育法改定，教育職員免許法関連法改定，労働契約法，国民投票法
2008	リーマン・ショック（米系投資銀行リーマン・ブラザーズの破綻，世界同時株安） ＊クラスター弾に関する条約，社会権規約選択議定書	秋葉原無差別殺傷事件 ＊学習指導要領改定，パートタイム労働法改定
2009		＊出入国管理及び難民認定法改定
2011		東日本大震災発生，東京電力福島第一原発で事故 ＊民法改正
2012		＊労働契約法改定，消費税法改定，原子力基本法改定，国民総背番号制（マイナンバー法，共通番号法）の関連法成立，いじめ防止対策推進法，特定秘密保護法，生活保護法改定，生活困窮者自立支援法
2013		

注：出来事・法律については本書を理解するうえで重要と思われることを中心として記し，法律・条約はゴチック体で示している。年代について西洋暦，イスラム暦，仏教暦，中国元号，日本年号などがあるが，ここではキリストの誕生を紀元元年とする「西洋暦」が多くの国で採用されているので，西洋暦を使う。法律は公布年，条約は採択または署名年である。
出所：吉田稔・西島和彦作成。

索　引

あ　行

IPCC　79
悪意の遺棄　91
旭川学力テスト事件　108
アジェンダ21　77
新しい権利　73
アパルトヘイト（人種隔離政策）　76
安楽死　224
　　——違法論　223
　　——適法論　223
　　間接的——　222
　　純粋な——　222
　　消極的——　222
　　積極的——　222
家永訴訟　108
違憲審査権　47
遺言　241-245
　　一般危急時——　241, 243
　　公正証書——　241, 242
　　在船者——　241, 243
　　伝染病隔離者——　241, 243
　　難船危急時——　241, 243
　　秘密証書——　241, 242
遺産分割　236
　　——協議書　236
いじめ　122
イスラム法系　5
遺贈　244
一事不再理　131
一般法　5
遺伝子組み換え生物　83
居所指定権　90
違法論　223
遺留分　231, 245
　　——減殺請求権　246

ウィーン条約　82
営業譲渡　187
永代供養料　248
ADR（裁判外紛争解決手続）　51
英米法系　5
冤罪　48
縁氏続称　31
老い　217
　　——と経済生活　196
　　——と健康　199
　　——と社会生活　200
　　——と住まい　198
オゾン層保護　82
親子関係　13

か　行

改憲　71
解雇　185
解雇権濫用法理　178
介護
　　——の社会化　215
　　——保険　215
　　——保険法　211
　　——保障　214
会社法　159, 171
下級裁判所裁判官　49
　　——指名諮問委員会　49
核家族　90
学童保育　106
家事審判　47
家族　25
家庭裁判所　48, 119
株式　162
　　——会社　161
　　——会社における所有と経営の分離　162
　　——の自由譲渡性　162

259

株主　162
　——総会　166-168
借り腹　36
カルタヘナ議定書　83
川崎協同病院事件　223
簡易裁判所　48
換価分割　237
環境権　78
監護教育権　90
監査役　167, 169
間接税　135
間接民主制　43
議院内閣制　45
帰化　39
企業の再編　186
菊田医師事件　31
気候変動枠組条約　77, 86
　——締約国会議（COP）　86
絆（第一次・第二次の）　13, 14
義務教育　104
　——以外の教育　105
　——の無償　100, 104
規約　7
休暇　180
教育
　——の機会均等の原則　104
　——の義務　100
　——の内容　107
　——の本質　110
　——の目的　111
　——を受ける権利　100
教育基本法
　——改定　103, 209
教育権　100
　国民の——説　107
　国家の——説　107
供述調書　54
行政訴訟　47
協定　7
共同親権　90
京都議定書　80, 86

　——締約国会議（COP/MOP, CMP）　86
業務執行機関　167, 168
共有による分割　237
居住福祉　199
拒否権　69
寄与分　238
近代自然法思想　71
欽定憲法　44
金融商品取引法　159
クーリング・オフ制度　197
具体的権利説　213
君主主権　43
刑事訴訟　47
契約の自由　9
血統主義　38
健康保険　211
検察官　49
　——送致　119
検察審査会　52
限定承認　239
現物分割　237
憲法　41
　——第9条　70
　——第10条　38
　——第13条　130
　——第14条　130
　——第25条　211
　——第26条　107
権利　16
権利能力平等の原則　33
合意解約　184
公営住宅法　198, 235
公開主義　47
後期高齢者医療制度　211
公教育　103
合資会社　161, 163
公証人　242
硬性憲法　42
更生の道　119
構造改革特別地域　59
公団住宅法　198

索引

公的扶助　213
合同会社　161, 163
高等教育　106
高等裁判所　48
口頭主義　47, 54
合弁会社　166
公法に関連する法律　6
合名会社　161, 163
高齢化社会（aging society）　193
高齢者　193
　——の生きがい　193, 194
　——の持ち家世帯比率　198
高齢社会（aged society）　194
高齢者虐待防止法　204
高齢単身者世帯　195
コーポレート・ガバナンス　168
国際慣習法　7
国際人権規約　105
国籍　13, 38
国籍法　38
　改正——　41
国民
　——健康保険　211
　——主権　43
　——投票法　71
　——の教育権　107
国連開発環境会議（地球サミット）　76
国連人間環境会議　75
護憲　71
個人企業と共同企業（会社）　159
個性と教育　113
戸籍　41
　——簿　58
　——法　41
子育て支援事業　97
国家　43
国旗国歌法　103
子どもの権利条約　102
雇用形態　175
婚姻　139
　——費用の分担　144

コンプライアンス　171

さ　行

サービス付き高齢者向け住宅　199
最高裁判所　48
　——裁判官　49
再婚禁止期間　141
財産
　——管理権　90
　——分与　147, 148
　祭祀——　235
再代襲　231
最低生活賃金　179
最低賃金法　178
裁判　46
裁判員制度　52
裁判外紛争解決手続　51
裁判官　46, 49
裁判所　46
　——の種類　48
採用内定　173
里親　27, 32
　親族——　32
　専門——　32
　養育——　32
三六協定　177
三権分立　47
三審制　48
事業者　117
自己決定権　226
自殺　228
　——総合対策大綱　229
　——対策基本法　229
　——対策白書　228
事実たる慣習　178
市場原理主義　102
自然遺産　84
持続可能な発展（サスティナブル・ディベロップメント）　76
死体検案書　247
失業率　187

261

自己都合退職　184
失踪者　228
指定管理者制度　59
児童　117
　　――虐待　91, 92
　　――虐待防止法　91, 93, 95
　　――相談所　94, 119
　　――買春　117
　　――福祉法　91
　　要保護――　94
自筆証書遺言　241
死亡診断書　247
私法に関連する法律　7
司法へのアクセス　50
資本多数決　162
社会あるところ法あり　46
社会規範　3
社会人教育　106
社会法に関連する法律　7
社会保障　133, 211, 215
就学前教育　105
従業員過半数代表制　177
就業環境配慮義務　182
就業規則　176
自由裁量　45
住所　58
集団の安全保障　69
修復的正義　51
住民　58
　　――基本台帳制度　57
　　――自治　55
　　――票　58
主権　43
出向, 転籍　183
出生率　156
出生地主義　38
準則主義　165
生涯学習　109
奨学金　107
証拠調べ　53
少子化問題　156

使用者　16, 174
少年審判　47
少年法の精神　118
消費者
　　――契約法　197
　　――保護法　159
　　個としての――　209
消費税　135
商法　・158
条約　7
職業紹介のしくみ　172
職業選択の自由　164
女子差別撤廃条約　39
所有権の絶対　9
事理弁識能力（判断能力）　202
シルバー人材センター　197
親権　89, 148, 149
　　――喪失の手続　96
　　――停止制度　91
　　――の濫用　91
人工授精　35
人事異動　182
審判　47
審理　53
森林原則声明　77
生活の安全網（セーフティネット）　213
生活扶助義務　202
生活保護法　211
生活保持義務　201
正規社員, 非正規社員　175
　　――限定正社員　176
制裁　4
政治活動　2
青少年健全育成条例　122
青少年保護育成条例　122
生殖補助医療　35
成年後見制度　202
生物多様性　83
　　――条約　77
成文憲法　42
生命保険金　235

整理解雇　185
税率　135
政令指定都市　56
世界遺産条約　84
世帯　58
接近禁止命令　155
宣言　7
専門委員　50, 52
葬儀　247
臓器移植法　222
相続　230, 234
　——差別　232
　——資格剝奪制度　233
　——税　232
　——放棄　239
　——放棄申述申立書　241
総務省労働力調査　187
遡及処罰の禁止　131
訴訟　47

地域の人権条約　73
地域包括支援センター　206
地球温暖化　78
　——防止条約（国連気候変動枠組条約）　80
地球サミット　76
地方公共団体　55
地方裁判所　48
地方自治　55
　——法　56
地方分権　61
　——一括法　57
嫡出推定　27
嫡出でない子　232
中小企業挑戦支援法　166
抽象的権利説　213
懲戒権　90
調停　47
直接主義　47, 54
直接税　135
直接民主制　43
直系尊属　245
治療拒否権　225
賃金　178
積立方式　212
DV（ドメスティック・バイオレンス）　150
　——法　151
貞操義務　143
定年　17, 184
同居・協力・扶助の義務　141
倒産　187
当事者主義　47, 48
道州制　61
統治権　43
独占禁止法　159
特定遺贈　244
特別受益の持ち戻し　238
特別地方公共団体　56
特別法　5
特別養子縁組・制度　27, 31
届出婚主義　140
取締役　162, 167

た 行

ダーバン会議　86
体外受精　35
大学全入時代　102
胎児　33
代襲相続　231
代償分割　237
退職強要　185
退職金　196
　死亡——　235
代諾縁組　30
大日本印刷事件　174
代理懐胎　35
大陸法系　5
代理出産　35
代理母　36
単純承認　239
単親家庭　98
団体交渉　188
団体自治　55
単独親権の原則　149

263

社外——　169
　取締役会設置会社　169
　取調べの可視化・録画　54, 131

な 行

ナイロビ会議　76
ナイロビ宣言　76
軟性憲法　42
日本国憲法の三大原則　129
日本尊厳死協会　225
任意後見制度　203
人間環境宣言（ストックホルム宣言）　75
認知　29
熱中症　200
年休取得率　180
年次有給休暇制度　180
脳死　221

は 行

バーゼル条約　81
配偶者間人工授精（AIH）　35
配偶者暴力相談支援センター　153
廃除制度　233
陪審制度　52
配転（配置換），転勤　182
働く環境　181
破綻主義　145
8時間労働制　179
バリアフリー改修　200
ハローワーク（公共職業安定所）　173
パワハラ　181
判決　11
晩婚化　140
犯罪被害者の権利　120
非核地帯構想　70
被疑者　48
非軍事的措置　69
被災者生活再建支援法　199
PIC（Prior Informed Consent）手続　82
非同盟運動　69
日の丸・君が代の強制　101

非配偶者間人工授精（AID）　35
貧困者ビジネス　214
フィルタリング　118
夫婦財産契約　143
夫婦同氏・別氏　141, 142
夫婦別産制　143
賦課方式　212
福島第一原子力発電所　86
不正競争防止法　159
普通地方公共団体　56
普通養子縁組　27
不文憲法　42
扶養　201
ブラック企業　188
振り込め詐欺　197
ブルントラント委員会　76
プログラム規定説　213
フロンガス　82
文化遺産　84
平和主義　136
平和的生存権　70
弁護士　49
　——過疎　51
変死者　228
弁論手続　53
法科大学院　49
包括遺贈　244
包括的権利　130
法規範　4
法たる慣習　178
法定相続分　230, 232
法定夫婦財産制　143
法テラス　51
冒頭陳述　53
冒頭手続　53
法の適用　11
法の下の平等　41
暴力　3
法令・労使協定　176
ホームレス　195
保険金請求権　239

保護者　117
母子及び寡婦福祉法　98
母子世帯　98
本人訴訟　50

ま 行

未婚化　140
三菱樹脂事件　174
民間教育　108
民間有料職業紹介　173
民事訴訟　47
無縁社会　195, 209
無限責任　160
無罪推定の原則　48
無料低額診療事業（無低診）　200
面接交渉　146
　　——権　149
モントリオール議定書　82

や 行

雇止め　185
有限責任　160
有責主義　145
有責配偶者　147
ゆとり教育　103, 108
ユネスコ（国連教育科学文化機関）　84
用益権設定による分割　237
養子　30
横浜地裁の判決　223
ヨハネスブルク宣言　77
予防原則　78

ら 行

離縁　31
リオ宣言　77
利害関係者（ステークホルダー）　168
離婚　144-150
　　協議——　145
　　裁判——　145, 146
　　審判——　145, 146
　　調停——　145
　　和解・認諾——　145, 146
立憲国家　42
立法　44
臨時教育審議会（臨教審）　101, 109
隣人訴訟　51
連邦国家　42
労使慣行　177
老人福祉法　201, 211
老人ホーム　194
労働安全衛生法　181
労働委員会　188
労働基準監督署　188
労働協約　176
労働局　188
労働組合　188
労働契約　174
　　——承継法　187
労働災害補償保険法　181
労働時間　179
労働者　16, 174
　　——保護の法律　133
労働審判　47
労働審判制度　188
労働トラブル解決法　188
労働判例　178
労働法　159
老齢基礎年金　212

わ 行

ワーキングプア　179
ワシントン条約　84
ワルシャワ会議　86

執筆者紹介 (所属，執筆分担，執筆順，＊は編者)

＊吉田　稔（よしだ　みのる）　　各部扉リード文，序章，第3（1・2）・6・7・13章，Column 6・7，法律年表
元姫路獨協大学法学部教授

＊北山　雅昭（きたやま　まさあき）　　第1・3（3～6）・4・8・11（2・3）・14章，Column 1・3・4・8・14
早稲田大学教育・総合科学学術院教授

西島　和彦（にしじま　かずひこ）　　第2章（1・2・4），Column 2，法律年表
ユースシアタージャパン（YTJ）劇団運営委員長

飯　考行（いい　たかゆき）　　第2章（3）
専修大学法学部教授

＊渡邉　隆司（わたなべ　たかし）　　第5・10・11（1）・12章，Column 5・10・11・12・13
元早稲田大学教育学部兼任講師

長阪　守（ながさか　まもる）　　第9章，Column 9
元和歌山大学経済学部准教授

《編著者紹介》

吉田　稔（よしだ・みのる）

1981年　早稲田大学大学院法学研究科博士課程修了。
　　　　元姫路獨協大学法学部教授。
主　著　『現代日本の法的論点』（共編著）勁草書房，1994年。
　　　　『社会に生きる法』北樹出版，1995年。
　　　　「キューバ共和国憲法──解説と全訳」『比較法学』（早稲田大学比較法研究所）第47巻第1号，2013年。

北山　雅昭（きたやま・まさあき）

1988年　早稲田大学大学院法学研究科博士後期課程修了。
現　在　早稲田大学教育・総合科学学術院教授。
主　著　『環境問題への誘い』（編著）学文社，2000年。
　　　　『地球環境はみんなで守る』旬報社，2007年。
　　　　『レクチャー環境法（第2版）』（共著）法律文化社，2010年。

渡邉　隆司（わたなべ・たかし）

1982年　早稲田大学大学院法学研究科博士課程修了。
　　　　元早稲田大学教育学部兼任講師。
主　著　「現代法の解釈と法律家の課題」『法研論集』（早稲田大学法学研究科）第11号，1974年。
　　　　『労働判例大系　第8巻　労働災害・職業病（1）認定と補償』（共著）労働旬報社，1992年。
　　　　『人間と法』（共著）北樹出版，2001年。

○本文写真　吉田智一
　　（第Ⅰ部扉裏「誕生」「地球は誰のもの？」「遊びと3つの間」「ネットで「つながる」若者たち」「パートナーと過ごす休日」「大人はつらいよ！」「住まいを求める人」「公証人役場」は渡邉隆司提供）

○本文イラスト　すずお泰樹

ライフステージから学ぶ法律入門

| 2014年3月20日　初版第1刷発行 | 〈検印省略〉 |
| 2020年3月10日　初版第3刷発行 | |

定価はカバーに
表示しています

編著者	吉田　　稔
	北山　雅昭
	渡邉　隆司
発行者	杉田　啓三
印刷者	森元　勝夫

発行所　株式会社　ミネルヴァ書房
607-8494 京都市山科区日ノ岡堤谷町1
電話代表　(075)581-5191
振替口座　01020-0-8076

© 吉田・北山・渡邉, 2014　　モリモト印刷㈱

ISBN 978-4-623-06765-7

Printed in Japan

君塚正臣 編著
法学部生のための選択科目ガイドブック　A5判・274頁　本体2800円

早田幸政 著
入門 法と憲法　A5判・378頁　本体2800円

柴田直子・松井 望 編著
地方自治論入門　A5判・292頁　本体3200円

――― やわらかアカデミズム・〈わかる〉シリーズ ―――

本澤巳代子・大杉麻美・髙橋大輔・付月 著
よくわかる家族法　B5判・236頁　本体2500円

工藤達朗 編
よくわかる憲法　B5判・240頁　本体2600円

井田 良 他著
よくわかる刑法　B5判・234頁　本体2500円

椎橋隆幸 編著
よくわかる刑事訴訟法　B5判・216頁　本体2600円

藤本哲也 著
よくわかる刑事政策　B5判・232頁　本体2500円

永井和之 編著
よくわかる会社法　B5判・224頁　本体2500円

小畑史子 著
よくわかる労働法　B5版・224頁　本体2500円

橋本基弘 他著
よくわかる地方自治法　B5版・240頁　本体2500円

鈴木秀美・山田健太 編著
よくわかるメディア法　B5判・256頁　本体2800円

大森正仁 編著
よくわかる国際法　B5判・240頁　本体2800円

深田三徳・濱 真一郎 編著
よくわかる法哲学・法思想　B5判・224頁　本体2600円

――― ミネルヴァ書房 ―――
http://www.minervashobo.co.jp/